高职高专经济管理类专业"十三五"规划教材

经济法基础

主 编 邓 伟

副主编 熊 倬 左振华

西安电子科技大学出版社

内 容 简 介

本书是作者在总结多年经济法教学经验的基础上，精心编写的一本高职高专经济、管理类专业教材。全书以培养高职高专经济管理类人才为宗旨，立足于我国最新的经济法律法规，结合当前市场经济改革与创新的成果，重点选择实际生活中常用的经济法律知识，分章阐述了经济法基本理论、企业法、公司法、合同法、工业产权法、市场规制法、金融法、税法、劳动合同法以及经济纠纷的解决等内容。

本书突出了知识的新颖性、实用性及针对性，内容深入浅出、重点鲜明、条理清晰，注重理论联系实际。同时，本书在理论讲解中融入案例解析，并精选练习题，供学生练习和自测之用，体现了"教、学、做"三合一的特色，增加了教材的可读性和实用性。本书内容的选取还考虑经济、管理类相关从业资格考试的要求，有助于学生顺利通过相应资格考试。

本书适合高职高专财经、管理专业学生使用，也可作为成人教育、社会在职人员培训教材和自学参考读物。

本书每章节均配有电子教案，可登录出版社网站免费下载，亦可通过扫每章首页的二维码获取。

图书在版编目(CIP)数据

经济法基础 / 邓伟主编. —西安：西安电子科技大学出版社，2018.3
ISBN 978–7–5606–4796–8

Ⅰ. ① 经…　Ⅱ. ① 邓…　Ⅲ. ① 经济法—中国　Ⅳ. ① D922.29

中国版本图书馆 CIP 数据核字(2017)第 298589 号

策　　划　马　琼
责任编辑　马　琼
出版发行　西安电子科技大学出版社(西安市太白南路 2 号)
电　　话　(029)88242885　88201467　　　邮　　编　710071
网　　址　www.xduph.com　　　　电子邮箱　xdupfxb001@163.com
经　　销　新华书店
印刷单位　陕西天意印务有限责任公司
版　　次　2018 年 3 月第 1 版　　2018 年 3 月第 1 次印刷
开　　本　787 毫米×1092 毫米　1/16　印　张　18
字　　数　426 千字
印　　数　1～3000 册
定　　价　39.00 元
ISBN 978-7-5606-4796-8/D

XDUP 5098001-1

如有印装问题可调换

前　言

随着我国市场经济体制的不断完善，经济法理论研究不断走向深入，经济立法的步伐也在大大加快。可以说掌握经济法律基础理论，是高职高专院校经济管理类专业培养既懂经济又懂法律的复合型人才的内在要求，更是培养适应社会主义市场经济要求的高职高专人才的迫切任务。

作为经济管理类专业的一门专业基础课，本书从实用的角度，把经济管理专业人才常用的经济法律、法规整合成系统的经济法教材体系，有利于培育和提高学生应用经济法知识解决现实中法律问题的能力。本书是作者依据多年经济法教学和研究的经验与实践成果以及借鉴国内多部相关教材内容编写而成的，具有如下三个特点：

一是新颖性。本书收集了国家最新的经济法律、法规及司法解释，如《中华人民共和国公司法》、《中华人民共和国消费者权益保护法》、《中华人民共和国个人所得税法》、《中华人民共和国企业所得税法》、《中华人民共和国增值税暂行条例》等。

二是实用性。本书以培养学生的实际应用能力为主线，着力于经济法律、法规在实践中的应用，突出可操作性。每章中均附有练习及参考答案，案例分析具有代表性，便于学生思考和应用。课后练习聚集了作者多年的教学实践成果，体现了"教、学、做"三合一的特色，增加了可读性和实用性。

三是针对性。本书根据高等教育高职高专人才培养目标的要求，以我国现行的经济法律、法规为主要内容，兼顾经济实务的法律需求，在编写中重点突出，主要围绕经济法主体的经济权利和经济义务加以阐述，没有拘泥于经济法的系统性和完整性，使内容的编排更加具有针对性和科学性。

本书由邓伟担任主编，负责拟订编写大纲和设计整体框架，对全书进行总纂；熊倬、左振华担任副主编，协助完成全书的审阅工作。具体各章节编写分工如下：邓伟编写第二章、第三章、第四章、第六章、第七章、第九章，熊倬编写第一章、第五章，左振华编写第八章，孙华编写第十章第一节、第二节。全书由邓伟统稿并审定。

在本书的编写过程中，参考了相关教材和经济法研究成果，借鉴了大量的相关书籍、学术论文和网站，并得到了有关方面的支持和帮助，成书之际，谨对相关人员深表谢意！

由于编者水平有限，书中难免存在疏漏和不足，恳请专家、学者及广大读者批评指正。

编　者

2018 年元月

目　　录

第一章 经济法概述

【学习目标】

掌握经济法的概念及调整对象；理解经济法的特征及渊源；掌握经济法律关系的概念及构成要素；了解经济法律责任的相关法律规定。

【案例导入】

甲国有公司将其某项生产任务承包给公司内部的乙车间来完成，双方为此签订了承包责任书，约定乙车间可以使用甲国有公司的机器设备及原材料，但必须在规定期限内完成该项生产任务等事宜。

问题：

(1) 甲国有公司与公司内的乙车间之间是否形成经济法律关系？

(2) 如果形成了经济法律关系，请问该经济法律关系的主体、客体和内容分别是什么？

第一节 经济法的概念及调整对象

一、经济法的概念和特征

(一) 经济法概念

经济法是从社会本位出发，调整国家管理、协调经济运行过程中发生的经济关系的法律规范的总称。

(二) 经济法特征

1. 经济性

经济性是经济法的首要特征。经济法以社会本位为出发点，立法的宗旨在于追求社会整体利益，以此为出发点，保障总量平衡、优化经济结构、维护公平竞争。

2. 管理性

经济法是国家对社会经济活动进行管理的行为准则，因此具有管理的特点。为此，经济法在管理机构设置、权责分配、运行程序、行为控制、社会监督等方面进行规范，将国家经济管理纳入法制轨道。

3. 政策性

政策性是指经济制度要随着经济生活的变化适时进行调整，和其他法律部门相比，经济法的内容和调整手段显得更灵活。经济生活处于不断变化中，有时会出现异常情况，如金融危机、自然灾害、战争等，为了稳定经济和社会秩序，政府通常要采取经济政策解决危机。

4. 综合性

综合性是指经济法的调整手段具有综合特点，集中了民事、行政、刑事以及专业化制裁等手段。根据同一行为对社会危害的不同程度，分别适用相应制裁手段。例如假冒商品造成消费者人身伤害、财产损失的，商品经营者应当承担民事赔偿责任；工商、质检、商标管理等部门可以进行行政处罚；构成犯罪的，应当追究刑事责任。

5. 系统性

系统性是指经济法运用系统理论对经济活动进行整体、全局调整，而不是片面、单环节调整。例如市场管理法既涉及市场准入、市场交易，也涉及市场竞争、市场退出，还涉及产品质量、标准化、消费者权益保护等内容。

二、经济法的调整对象

经济法调整对象是由经济法所调整的经济关系的特殊性决定的，是国家以法的形式对人的经济行为进行规范。经济法的调整对象是需要由国家干预的具有全局性和社会公共性的经济关系，主要包括以下几类：

1. 市场主体法律关系

市场主体法律关系是指市场主体的设立、变更、终止和市场主体内部组织机构在管理过程中发生的经济法律关系。目前调整市场主体关系的法律主要有：《中华人民共和国公司法》、《中华人民共和国个人独资企业法》、《中华人民共和国合伙企业法》、《中华人民共和国外资企业法》、《中华人民共和国中外合资经营企业法》、《中华人民共和国中外合作经营企业法》等。

2. 市场运行法律关系

市场运行法律关系是指国家为了维护国家、生产经营者和消费者的合法权益而干预市场所发生的经济关系。目前调整市场运行关系的法律主要有：《中华人民共和国合同法》、《中华人民共和国反不正当竞争法》、《中华人民共和国产品质量法》、《中华人民共和国消费者权益保护法》等。

3. 宏观调控法律关系

宏观调控法律关系是指国家为了实现经济总量的基本平衡，促进经济结构的优化，推动国民经济的发展，在对国民经济总体活动进行调节和控制的过程中发生的经济关系。目前宏观调控关系的法律主要有：《中华人民共和国商业银行法》、《中华人民共和国保险法》、《中华人民共和国证券法》、《中华人民共和国个人所得税法》、《中华人民共和国企业所得税法》和《中华人民共和国增值税暂行条例》等。

4. 社会保障法律关系

社会保障法律关系是国家在从事社会保障各项事业的过程中与劳动者及全体社会成员之间所形成的物质利益关系。调整社会保障关系的法律主要有：《中华人民共和国劳动法》、《中华人民共和国劳动合同法》等。

【案例 1-1】 下列各项中，属于经济法调整对象的有(　　)。

A. 国家计划与产业政策的制定和实施

B. 税收征管

C. 制止不正当竞争

D. 企业领导机构与下属车间班组之间的关系

解析：A 项属于宏观调控经济关系，B 项属于经济管理关系，C 项属于维护公平竞争关系，D 项属于经济组织内部关系，均属于经济法的调整对象，故选 ABCD。

三、经济法的渊源

经济法的渊源是指经济法律规范的各种具体表现形式，它主要表现在各级国家机关根据其权限范围所制定的各种规范性文件之中。经济法的渊源包括以下几项：

(一) 宪法

宪法是国家的根本大法，由全国人民代表大会制定和修改，具有最高的法律效力，是经济法的基本渊源。经济法以宪法为渊源，主要是从中汲取有关国家经济制度的精神和基本规范。

(二) 法律

法律是由全国人民代表大会及其常务委员会制定的规范性文件，其地位和效力仅次于宪法，是经济法的主要渊源，它规定的主要是基本经济关系，以法律形式表现的经济法主要有《中华人民共和国公司法》、《中华人民共和国消费者权益保护法》等。

(三) 行政法规

行政法规是国务院制定的规范性文件，其效力仅次于宪法和法律。如 2014 年国务院出台的《存款保险条例》、《不动产登记暂行条例》等。

(四) 地方性法规和地方政府规章

地方性法规是地方的立法机关与行政机关制定的规范性文件，它不得与宪法、法律和行政法规相抵触。如 2013 年吉林省人大常委会出台的《吉林省预防职务犯罪工作条例》、2015 年黑龙江省人民政府出台的《黑龙江省安全生产条例》等。

(五) 部门规章

部门规章是指国务院的组成部门及直属机构在其职权范围内制定的规范性文件。如2014 年中国银行业监督管理委员会及国家发展和改革委员会联合出台的《商业银行服务价格管理办法》等。

　　【案例 1-2】 下列规范性文件中，属于行政法规的是(　　)。

　　A. 全国人民代表大会常务委员会制定的《中华人民共和国公司法》

　　B. 国务院制定的《外汇管理条例》

　　C. 深圳市人民代表大会制定的《深圳经济特区注册会计师条例》

　　D. 中国人民银行制定的《人民币银行结算账户管理办法》

　　解析： A 属于法律，C 属于地方性法规，D 属于部门规章，只有 B 才属于行政法规，故选 B。

(六) 自治条例、单行条例

　　自治条例和单行条例是民族自治地方的人民代表大会制定或批准的规范性文件。如 2014 年广西壮族自治区政府出台的《广西壮族自治区政府非税收入管理条例》等。

(七) 特别行政区法律

　　特别行政区的法律包括特别行政区基本法以及由特别行政区立法机关制定的规范性文件，如《中华人民共和国香港特别行政区基本法》等。

(八) 司法解释

　　司法解释是最高人民法院发布的指导性文件和法律解释。如最高人民法院颁发的《最高人民法院关于适用〈中华人民共和国合同法〉若干问题的解释》等。

(九) 国际条约、国际协定

　　国际条约、国际协定是指我国同外国缔结或者我国批准加入的确定相互间权利和义务关系的协议。国际条约、国际协定在我国生效后，对我国国家机关、公民、法人或者其他组织具有法律约束力，如《建筑业安全卫生公约》等。

第二节　经济法律关系

　　法律关系是法律规范在调整人们的行为过程中所形成的权利与义务关系。社会关系多种多样，并非所有的社会关系都是法律关系，只有那些由某种法律规范加以调整的关系才能称为法律关系。经济法律关系是法律关系中的一种。

一、经济法律关系的概念和特征

(一) 经济法律关系的概念

　　经济法律关系是指经济法律规范在调整经济管理和经营协调过程中所产生的经济权利和经济义务关系。

(二) 经济法律关系的特征

1. 经济法律关系是经济管理和经营协作相统一的法律体系

经济法调整的经济管理关系和经营协作关系之间尽管有差别，但又是有机联系、相互统一的，是社会经济关系中的两个不可分割的方面。

2. 经济法律关系以有效的经济法律规范存在为前提

经济法律规范是经济法律关系产生、变更和终止的前提，经济权利、经济义务关系是依照经济法律规定而产生的。任何经济法主体不享有法律规定以外的权利，同样也不承担法律规定以外的义务。

3. 经济法律关系以经济权利和经济义务关系为内容

法律通过规范人们的权利与义务来达到对人们行为调整的目的。经济法律规范中规定的经济权利与经济义务是抽象的、可能的，而经济法律关系中的经济权利和经济义务是具体的、现实的。

4. 经济法律关系是国家强制力保障实施的社会关系

为了保证市场经济的发展，防止破坏市场秩序、影响公平竞争的行为发生，国家须以经济立法的手段来调控和管理市场经济秩序，对违法的经济行为进行惩治，从而达到对经济法主体的合法经济权利保护的目的。

二、经济法律关系的构成要素

经济法律关系的要素是构成经济法律关系的必要条件，它由经济法律关系的主体、客体和内容三个要素构成，三者紧密相连，缺一不可。

(一) 经济法律关系的主体

1. 经济法律关系主体的概念

经济法律关系的主体指是指享有经济权利、承担经济义务的当事人或者参与人。经济法律关系主体具有资格复杂性、形式广泛性和主体间隶属性的特点。

2. 经济法律关系主体的种类

(1) 国家机关。国家机关是指行使国家职能的各种机关的通称，包括国家权力机关、国家行政机关、国家司法机关和国家军事机关。作为经济法律关系主体的国家机关主要是指国家行政机关中的经济管理机关。在特殊情况下，国家也可以成为经济法的主体。

(2) 社会组织。社会组织是经济法律关系最主要的主体，包括以下几种：企业，即自主经营、自负盈亏，以营利为目的的商品或服务的提供者；事业单位，即拥有一定财政预算或其他拨款，并从事科、教、文、卫、体等社会事业的非营利性组织；社会团体，即根据自愿原则进行社会活动的群众团体、公益性组织和学术团体、自律性组织等。

(3) 企业内部组织和有关人员。经济组织内部担负一定经济管理职能的分支机构和有关人员，在根据法律、法规的有关规定参与经济组织内部的经济管理法律关系时，具有经济法律关系主体的资格，包括企业内部车间、职能科室、班组等。

(4) 个人。个人包括个体工商户、农村承包经营户和自然人，当他们参与经济法律、法规规定的经济活动时，便成为经济法律关系的主体。

【案例1-3】 下列可以成为经济法主体的是(　　)。

A. 李某　　　　　　　　　　B. 某省人民政府

C. 某股份有限公司　　　　　D. 某大学法学院

解析： D 选项属于事业单位法人的分支机构，没有法人资格，不能独立享有经济权利和承担经济义务，其他选项则相反，故选 ABC。

(二) 经济法律关系的客体

经济法律关系的客体是法律关系主体权利和义务所共同指向的对象。一般而言，法律关系的客体包括物、行为和智力成果。没有经济法律关系的客体，经济法律关系主体的活动就失去了意义，权利义务也就失去了目标。

经济法律关系的客体可以分为以下三类：

1. 物

物是指可以为人们控制和支配，有一定经济价值并以物质形态表现出来的物体。按照不同的标准，物可分为以下几种：流通物、限制流通物和禁止流通物；种类物和特定物；主物和从物；可分物和不可分物等。

2. 行为

行为，是指经济法律关系的主体为达到一定经济目的所进行的行为，包括经济管理行为、完成一定工作的行为和提供一定劳务的行为。

3. 智力成果

智力成果又称无形资产，是指人们创造的能够带来经济价值的创造性脑力劳动成果。智力成果不具有物化形态，但却可以创造物质财富，提供经济效益，如发明、实用新型、外观设计、商标、商业秘密、计算机软件、非专利技术、商誉等。

【案例1-4】 下列物或行为能够成为经济法律关系客体的是(　　)。

A. 枪支弹药　　　　　　　　B. 海洛因

C. 太阳　　　　　　　　　　D. 黄金

解析： A、B 均属于禁止流通物，C 虽然有一定经济价值但目前不能完全为人们所控制和支配，故选 D。

作为法律关系的客体不是指人们的一切行为，而是指法律关系的主体为达到一定目的所进行的作为(积极行为)或不作为(消极行为)。因此，该类法律行为必须具有产生、变更或消灭经济法律关系的目的。

(三) 经济法律关系的内容

经济法律关系的内容是指经济法律关系的主体所享有的经济权利和应承担的经济义务。经济法律关系内容是经济法律关系的实质和核心，它包括经济权利和经济义务两个部分的内容。

1. 经济权利

经济权利是指经济法主体依法能够为一定行为或不为一定行为，以及要求他人为一定行为或不为一定行为的资格。

我国法律赋予经济法律关系主体的经济权利主要有以下几项：

(1) 国有资产管理权。国家授权的单位对所有权属于国家的资产进行管理的权利，既包括所有权属于国家的自然资源和能源，又包括所有权属于国家的其他有形的和无形的资产。

(2) 经营管理权。国有企业对于国家授予其经营管理的财产享有占有、使用、收益和依法处分的权利，包括生产经营决策权、产品劳务定价权、产品销售权、物资采购权、进出口权、投资决策权、劳动用工权、内部机构设置权、人事管理权、拒绝摊派权等。

(3) 自主经营权。集体所有制经济组织、个体经营者和私营企业对自己的财产依法享有的占有、使用、收益和处分的权利。集体经济组织、个体经营者和私营企业的自主经营权和国有企业的经营管理权相比，具有更大的"自主性"。

(4) 承包经营权。农民、农村承包经营户和企业职工、班组、车间等为完成一定任务对集体或者国家的财产行使占有、使用和收益的权利。其表现形式为对土地、森林、山岭、草原、荒地、滩涂、水面等自然资源的承包权，也可以表现为对农副业生产活动的承包经营权；在企业中，也可以表现为基于某项生产经营过程或者任务而产生的承包经营权。

(5) 经济请求权。经济法律关系主体享有的可以请求他人为一定行为或不为一定行为的权利，是一种救济性权利。它主要有两种表现形式：一种是管理性的请求权，如在税收法律关系中，因不可抗拒力不能履行纳税义务时，纳税人有权请求减免；另一种是损害赔偿请求权，如产品责任承担请求权以及环境污染损害赔偿请求权等。

(6) 申诉、举报和起诉权。经济法律关系主体的合法权益受到法律保护，任何部门、单位和个人都不得干预和侵犯，否则，被侵权的经济法律关系主体有权向政府和政府有关部门申诉、举报或者依法向法院提起诉讼。

2. 经济义务

经济义务是指经济法律关系主体在国家干预经济的过程中依法必须为一定行为和不为一定行为的责任。

经济义务的表现形式可以归纳如下：

(1) 贯彻执行国家的方针、政策、法律和法规的义务。国家的方针和政策是经济法律关系主体行动的指南，法律和法规是经济法律关系主体行动的具体规则。

(2) 正确行使经济权利的义务。其含义包括四个方面：一是不得滥用经济权利；二是不得超越权利，如无权减免税的机关作出减免税决定；三是不得随意放弃权利，若放弃权利给他人的合法权益构成损害，则是法律所禁止的；四是不得非法转让权利，由于许多经济权利具有专属性，因而不得转让给其他主体行使。

(3) 服从合法干预的义务。在我国，无论是国家对国民经济的干预，还是企业对自己内部机构和成员干预，都是以国家的法律和授权或者企业的自律机制为依据的，这就决定了凡是干预所及范围，被干预者都有服从的义务，否则，干预就没有任何意义。

(4) 征收、缴纳税金和其他合法费用的义务。税收是国家财政收入的重要来源，税务机关必须依法尽到征税的义务；纳税人必须及时、足额地向国家交纳税金。此外，凡是国家规定必须缴纳的费用，征收机关不得怠于行使权利，相对人不能借口抵制不合理摊派而逃避纳税义务。

(5) 承担经济法律责任的义务。经济法律责任就其实质而言，是国家对违反行为做出的一种否定性评价，其目的在于恢复被破坏的法律秩序；而这种恢复，又必须通过经济法律责任主体承担责任才能实现。

三、经济法律关系的产生、变更和消灭

经济法律关系是根据经济法律规范在经济法主体之间形成的权利义务关系。

经济法律关系的产生是指由于一定客观情况的出现而在特定的经济法主体之间形成一定的经济权利与经济义务关系。

经济法律关系的变更是指在原有的经济法律关系中，部分或全部要素发生改变。

经济法律关系的终止是指特定经济法主体之间原有的经济权利与经济义务关系的消灭。

经济法律关系的产生、变更和消灭需要具备以下三个条件：

(1) 经济法律范围，即经济法律关系产生、变更、消灭的基本依据。

(2) 经济法律关系主体，即经济权利和经济义务的承担者。

(3) 经济法律事实，即能够引起经济法律关系的产生、变更和消灭的客观现象。

经济法律事实是指能够引起经济法律关系产生、变更和消灭的客观情况。依照经济法律事实的发生与当事人的意志有无关系，分为事件与行为两类。

1. 事件

事件是指不以当事人的主观意志为转移的，能够引起经济法律关系产生、变更和消灭的客观事实，它包括自然现象和社会现象两种。自然现象如地震、台风、洪水、瘟疫等；社会现象如战争、罢工、政府行为、自然人死亡等。

【案例1-5】 下列属于经济法律事实中事件的是(　　)。

A. 经营管理行为　　　　　　　　B. 偷税行为

C. 战争　　　　　　　　　　　　D. 发行债券

解析：本案A、B、D三项均为以当事人的主观意志为转移的客观事实，故选C。

2. 行为

行为是指以当事人意志为转移的，能够引起经济法律关系产生、变更和消灭的有意识的活动。行为分为合法行为和违法行为两种，两者均可以引起经济法律关系的产生、变更和消灭。有些经济法律关系的产生、变更和消灭，只需一个法律事实的出现即可成立；有些经济法律关系的产生、变更或消灭，则需要两个以上的法律事实同时具备。引起某一经济法律关系产生、变更或消灭的数个法律事实的总和称为事实构成。如保险赔偿关系的发生，需要订立保险合同和发生保险事故两个法律事实出现才能成立。

第三节　经济法律责任

一、经济法律责任的概念

经济法律责任是指在国家干预和调控市场经济过程中，因经济法主体违反经济法律、

法规而依法应承担的法律后果。

二、经济法律责任的特征

经济法律责任除了具有法律责任的一般特征外，又有其独有的特征。

1. 经济法律责任具有相互分离性

在经济法律关系中，经济法的调控主体与受控主体并非同类，不属于同一层面，因而他们分别承担不同的法律责任。

2. 经济法律责任具有社会性

经济法的基本宗旨是维护社会公共利益，从社会本位出发，维护社会公平竞争。从全社会的角度来规定违法者的法律责任，是经济法不同于其他法律的一个重要特点。

3. 经济法律责任具有经济性

经济性是经济法律责任的重要特征。主要表现为经济法律关系主体违反经济法定义务，因而要承担相应的责任。经济法律责任的实现方式包括经济制裁、行政制裁和刑事制裁，经济责任是经济法律责任的主要实现方式，具有惩罚性和补偿性双重功能。

4. 经济法律责任具有强制性

法律的强制性是法律与其他社会规范的重要区别。法律的强制性主要体现在法律责任的承担上。经济法律责任同样也是一种法定的强制性义务，责任的具体形式由经济法律规范予以明文规定，并由国家强制力保证实施。

三、经济法律责任的构成要素

通常情况下，经济法律责任的构成要素包括违法行为、损害事实、因果关系、主观过错四个方面。

1. 有经济违法行为存在

经济违法行为是构成经济法律责任的核心要素。经济法主体的违法行为既包括违反法定经济义务的行为，如偷税、抗税、骗税、生产伪劣产品、销售侵权产品等，也包括不正确地行使权利的行为，如错误吊销营业执照、超额罚款、擅自审批、擅自减免税款等；既包括作为的经济违法行为，如私设金融机构、诈骗贷款等，又包括不作为的经济违法行为，如偷税、玩忽职守等。

2. 违法行为已造成损害事实

经济法律责任既是一种经济责任，又是一种社会责任。损害事实既包括实际损害，也包括间接损害；既包括有形的损害，也包括无形的损害；既包括对国家和社会的损害，也包括对个人的损害。

3. 违法行为与损害事实之间存在因果关系

主体要承担经济法律责任，不仅要有经济违法行为和损害事实，而且要求经济违法行为与损害事实之间存在因果关系。因果关系是认定经济法律责任的前提和基础。如果违法行为仅仅是损害事实产生的外部的、偶然的条件，经济法主体一般不承担经济法律责任。

4. 主体在主观上存在过错

主体承担经济法律责任，不仅要具备客观方面的条件，还必须同时具备主观方面的条件，即要具备法定的故意或者过失的主观因素。所谓故意是指主体对其经济违法行为具备明知的认识因素和希望或者放任的意志因素。所谓过失是指主体对其经济违法行为是当知而因疏忽大意未知或已知但轻信能避免的心理态度。

四、经济法律责任的种类

根据法律的规定，经济法律关系主体对其违法行为必须承担经济法律责任。概括起来，经济法律责任的承担主要有经济责任、行政责任和刑事责任三种。

1. 经济责任

经济责任是指对违反经济法律、法规并依法应承担经济法律责任的国家机关、自然人、法人或其他组织所采取的具有经济和财产权益内容的惩罚性措施。经济责任是经济法律责任的主要实现方式，具有惩罚性和补偿性双重功能。

2. 行政责任

行政责任是指国家行政机关对违反经济法律、法规并依法应承担经济法律责任的行为人依行政程序而要求其承担的不利后果。行政责任包括行政处罚和行政处分。其中，行政处罚主要有罚款、责令停产停业、没收违法所得、吊销营业执照等；行政处分主要有警告、记过、记大过、降职、撤职、开除等。

3. 刑事责任

刑事责任是经济法律责任中最为严厉的一种责任形式，是指经济法律关系主体严重违反经济法律、法规，根据法律规定已经构成犯罪。依照我国刑法的规定，刑罚包括主刑和附加刑两种。主刑有管制、拘役、有期徒刑、无期徒刑和死刑；附加刑有罚金、剥夺政治权利和没收财产。此外，对于犯罪的外国人，可以独立适用或者附加适用驱逐出境。

【案例1-6】 经济法主体违反经济法律规定，应承担经济责任的种类有(　　)。
A. 警告　　　　B. 赔偿损失　　　　C. 没收财产　　　　D. 暂扣或吊销许可证
解析：本案中A、D为行政责任，C属于刑事责任，故选B。

【课后练习】

一、单项选择题

1. 经济法最主要的主体是(　　)。
A. 国家机关　　　B. 企业　　　　　C. 事业单位　　　D. 个体工商户

2. 下列各项中，不属于经济法律关系客体的是(　　)。
A. 空气　　　　　B. 消费资料　　　C. 提供劳务　　　D. 商业秘密

3. 下列各项中，属于法律事实中事件的是(　　)。
A. 经济管理行为　　　　　　　　　　B. 承兑汇票

C. 房地产政策变更　　　　　　　　　　D. 订立合同

4. 下列属于法律行为的是(　　)。

A. 甲乙双方订立了一份买卖合同　　　B. 塔克拉玛干沙漠三月没下雨

C. 海湾战争爆发　　　　　　　　　　　D. 突发海啸

5. 下列各项中,不属于经济法主体承担刑事责任的是(　　)。

A. 管制　　　　　B. 罚金　　　　　C. 拘役　　　　　D. 没收违法所得

二、多项选择题

1. 下列属于经济法调整对象的是(　　)。

A. 市场主体法律关系　　　　　　　　　B. 市场运行法律关系

C. 宏观调控法律关系　　　　　　　　　D. 社会保障法律关系

2. 下列各项中,属于经济法律关系的有(　　)。

A. 消费者因商品质量问题与商家发生的赔偿与被赔偿关系

B. 税务局局长与税务干部发生的领导与被领导关系

C. 企业厂长与企业职工在生产经营管理活动中发生的经济关系

D. 税务机关与纳税人之间发生的征纳关系

3. 属于经济法律关系构成要素的是(　　)。

A. 主体　　　　　B. 内容　　　　　C. 经济法律事实　　　　　D. 客体

4. 下列各项中,可以成为经济法主体的是(　　)。

A. 某市国家税务机关　　　　　　　　　B. 承包经营企业

C. 某社会团体　　　　　　　　　　　　D. 公司设立的分公司

5. 下列各项中,能够引起经济法律关系消灭的法律事件有(　　)。

A. 合同的履行　　　　　　　　　　　　B. 甲企业的侵犯商业秘密行为

C. 瘟疫横行　　　　　　　　　　　　　D. 叙利亚战争的爆发

第二章　企　业　法

【学习目标】

了解企业的概念、特征及分类；掌握个人独资企业设立的条件及程序，了解个人独资企业的解散和清算；掌握合伙企业的概念、特征及种类，合伙企业的设立条件；了解普通合伙和有限合伙的法律规定；理解合伙企业财产的规定及事务执行；掌握入伙与退伙的法律规定；了解外商投资企业的类型。

【案例导入】

2013 年 1 月，赵、钱、孙、李等四人决定设立一合伙企业，并签订了书面协议，内容如下：(1) 赵出资 10 万元，钱以实物折价出资 8 万元，经其他人同意孙以劳务出资 6 万元，李以货币出资 4 万元；(2) 赵、钱、孙、李四人按 2∶2∶1∶1 比例分配利润和承担风险；(3) 由赵执行合伙企业事务，对外代表企业，但签订大于 1 万元的销售合同应经其他合伙人同意。协议未约定企业的经营期限。合伙企业发生以下事实：

(1) 2013 年 5 月赵擅自以合伙企业名义与红天公司签订合同，红天公司不知道其内部限制。钱获知后，向红天公司表示不承认。

(2) 2014 年 1 月，李提出退伙，并不给企业造成任何不利影响。2014 年 3 月李经企业清算退伙。4 月新合伙人周出资 4 万元入伙。2014 年 5 月，合伙企业的债权人绿光公司就合伙人李退伙前的 24 万元债务，要求合伙人和李共同承担连带责任。李以自己退伙为由，周以自己新入伙为由拒绝承担。

(3) 赵为了改善企业的经营管理，于 2014 年 4 月独自聘任田某为合伙企业的经营管理人，并以合伙企业的名义对蓝海公司提供担保。

(4) 2015 年 4 月，合伙人钱在与黄河公司的买卖合同中，无法偿还到期债务 8 万元。黄河公司于 2015 年 6 月向人民法院提起诉讼。黄河公司胜诉，于 2015 年 8 月申请强制执行钱在合伙企业中的财产份额。

据以上事实回答下列问题：

(1) 赵与红天公司的合同是否有效？为什么？

(2) 李的主张是否成立？为什么？如果李向红天偿还 24 万元，可以向哪些当事人追偿？金额多少？

(3) 周的主张是否成立？为什么？

(4) 赵聘用田某以及为蓝海公司担保是否合法？为什么？

第一节 企业法概述

一、企业概述

(一) 企业的概念

企业是指依法设立的，以营利为目的的，从事商品生产、经营或者服务活动，自主经营、自负盈亏、独立核算的经济组织。

企业是现代经济社会中最常见、最基本的组织形式，也是相对于国家机关、事业单位和社会团体而独立存在的一种社会组织。

(二) 企业的特征

1. 企业是一种经济组织

企业是一种经济组织的特征表现了企业的经济性和组织性。经济性是指企业不是政治组织、行政机构，而是从事生产经营活动及追求经济利益的组织，如公司、合伙企业等。组织性指企业是依照法定程序成立的经济组织，企业的这一特征使它与非组织的自然人、个体工商户区分开来。

2. 企业是营利性的经济组织

企业成立的目的是获取利润并使投资者获益，以营利为目的是企业与其他社会组织的根本区别，例如国家机关等。当然，企业也应该承担社会责任，如正当竞争、尊重社会公益、保护环境等。

3. 企业是持续经营的经济组织

企业不是为了临时经营而组织的，而是为了持续生产和经营而成立的，根据《中华人民共和国公司登记管理条例》第62条规定，公司成立后无正当理由超过6个月未开业的，或者开业后自行停业持续超过6个月以上的，由公司登记机关吊销其营业执照。

4. 企业具有一定的法律地位

企业一旦成立，在一定程度上就独立于其设立人。根据独立程度的不同，企业划分为公司企业、合伙企业和个人独资企业。公司企业完全与设立人相分离，设立个人投资公司的财产为公司财产，因此，设立人要对企业债务承担连带责任。

(三) 企业的分类

1. 依据投资人的出资方式和责任形式分类

企业依照不同的标准，有着不同的分类。根据企业投资人的出资方式和责任形式不同，将企业分为独资企业、合伙企业和公司，这是企业的最基本、最典型的分类。

(1) 个人独资企业。特指由一个自然人投资，财产为投资人所有，投资人以其个人财产或家庭财产对企业债务承担无限责任的企业。个人独资企业不具有法人资格。

(2) 合伙企业。特指自然人、法人和其他组织依法在中国境内设立的普通合伙企业和有限合伙企业。普通合伙企业由普通合伙人组成，合伙人对合伙企业的债务承担无限连带责任；有限合伙企业由普通合伙人和有限合伙人组成，普通合伙人对合伙企业债务承担无限连带责任，有限合伙人则对合伙企业债务承担有限责任。

(3) 公司。特指依法设立的，以营利为目的的企业法人。公司具有独立的法律人格，依照《中华人民共和国公司法》(以下简称《公司法》)规定，公司包括有限责任公司和股份有限公司。

2. 依据企业所有制性质分类

根据企业所有制性质不同，将企业分为全民所有制企业、集体所有制企业、私营企业：

(1) 全民所有制企业。是指企业财产为全民所有，自主经营、自负盈亏、独立核算的企业法人。规范全民所有制企业的法律规范主要有《中华人民共和国全民所有制工业企业法》。

(2) 集体所有制企业。是指企业财产归一定范围内的社会成员集体所有，由集体成员投资或社员入股集资设立的企业。规范集体所有制企业的法律规范主要有《中华人民共和国乡镇集体所有制企业条例》、《中华人民共和国城镇集体所有制企业条例》。

(3) 私营企业。是指企业资本或财产属于私人所有，由私人投资经营的企业。规范私营企业的法律规范主要有《中华人民共和国个人独资企业法》(以下简称《个人独资企业法》)。

3. 依据企业资金来源分类

根据企业资金来源的不同，将企业分为内资企业和外商投资企业：

(1) 内资企业。是指由中国内地投资者单独投资设立的企业。

(2) 外商投资企业。是指依照中华人民共和国法律的规定，在中国境内设立的，由中国投资者和外国投资者共同投资，或者仅有外国投资者投资设立的企业。包括中外合资经营企业、中外合作经营企业、外资企业三种形式。

二、企业法概述

(一) 企业法概念和特征

企业法是调整企业设立、存续和终止过程中各种法律关系的法律规范的总和。其特征是：

(1) 企业法是规范企业法律地位及其内外部组织关系的组织法。企业法规定和调整企业的设立、变更、终止、企业的法律地位、企业的资本、企业内部组织结构、企业与其他企业之间的控制与被控制关系等。

(2) 企业法是规范企业本身的组织和运作的行为法，如企业的兼并和改组，股份和债券的发行和转让、盈余的分配等。但是这些行为应以企业本身的组织和运作为出发点，超过企业组织范畴的行为，如买卖、租赁、信贷、运输、承揽等，不属企业法范畴。

(3) 企业法是国家对企业进行管理调控的法律依据之一。如《公司法》规定，公司必须保障职工合法权益，加强劳动保护，实行安全生产等。当然，国家也可依据其他法律规范对企业进行监督和管理。

(二) 企业法

目前我国相继出台各类企业的基本法律及配套法规，改变了长期以来企业立法主要以

《中华人民共和国民法通则》为主、其他单行企业法为辅的模式，基本上形成了我国特有的立法体系，制定了一系列有关企业的法律、法规。自1993年12月29日第八届全国人大常委会第五次会议通过了《公司法》以来，该法经历了4次大的修订，目前实行的是2013年12月28日通过的、自2014年3月1日起施行的《公司法》。1997年2月23日制定的《中华人民共和国合伙企业法》已经于2006年8月27日第十届全国人大常委会第二十三次会议修订通过，自2007年6月1日起施行。1999年8月30日通过了《个人独资企业法》，自2000年1月1日起施行。同时还包括：《中华人民共和国中外合资经营企业法》(以下简称《中外合资经营企业法》)、《中华人民共和国中外合作经营企业法》(以下简称《中外合作经营企业法》)、《中华人民共和国外资企业法》(以下简称《外资企业法》)等。

第二节 个人独资企业法

一、个人独资企业法概述

(一) 个人独资企业的概念

个人独资企业简称独资企业，是指在中国境内设立，由一个自然人投资，全部资产为投资人所有的营利性经济组织。其典型特征是个人投资、个人经营、自负盈亏和自担风险。

(二) 个人独资企业的特征

1. 投资主体方面

个人独资企业仅由一个自然人投资设立。这是个人独资企业在投资主体上与合伙企业、公司的区别所在。

2. 企业财产方面

个人独资企业的全部财产为投资人个人所有，投资人对所投资企业的财产享有占有、使用、收益和处分的权利。

3. 责任承担方面

个人独资企业的投资人以其个人财产对企业的债务承担无限责任。这是在责任形态方面独资企业与公司(包括一人有限责任公司)的本质区别。

4. 主体资格方面

个人独资企业不具有法人资格，但个人独资企业却是独立的民事主体，可以以自己的名义从事民事活动。这一特点与合伙企业相同而区别于公司。

(三) 个人独资企业法

个人独资企业法有广义和狭义之分。广义的个人独资企业法，是指国家关于个人独资企业的各种法律规范的总称；狭义的个人独资企业法，是指1999年8月30日第九届全国人大常委会第11次会议通过，自2000年1月1日起施行的《个人独资企业法》。

二、个人独资企业的设立

（一）设立条件

个人独资企业设立应当具备以下条件。

1. 投资人为一个具有中国国籍的自然人

法律、行政法规禁止从事营利性活动的人，不得作为投资人申请设立个人独资企业。主要包括：

(1) 法官。即凡取得法官任职资格、依法行使国家审判权的审批人员。

(2) 检察官。即凡取得检察官任职资格、依法行使国家检察权的检察人员。

(3) 人民警察。

(4) 国家公务员。

【案例 2-1】 根据《个人独资企业法》的规定，能够成为个人独资企业投资人的是（   ）。

A. 某国有企业下岗工人　　　　　B. 某外国公司外籍人员

C. 某国家机关公务员　　　　　　D. 某派出所警察

解析：根据《个人独资企业法》的规定，设立个人独资企业只能是一个自然人。国家机关、国家授权投资的机构或者国家授权的部门、企业、事业单位等都不能作为个人独资企业的设立人。自然人既包括中国公民，也包括外国人及无国籍的人，但是《个人独资企业法》所指的自然人只是指中国公民，因此，外商独资企业不适用《个人独资企业法》的规定，故选 A。

2. 有合法的企业名称

个人独资企业享用名称权和商号权，但是名称中不得使用"有限"、"有限责任"字样。

3. 有投资人申报的出资

《个人独资企业法》不要求个人独资企业有最低注册资本金，仅要求投资人有自己申报的出资即可。这一规定便于个人独资企业的设立，有利于企业的发展。

4. 有固定的生产经营场所和必要的生产经营条件

生产经营场所包括企业的住所和与生产经营相适应的处所。住所是企业的主要办事机构所在地，且只能有一处。处所是企业的生产经营场所，按需设置，可以是一处或多处。

5. 有必要的从业人员

有必要的从业人员是指要有与其生产经营范围、规模相适应的从业人员。

（二）设立程序

个人独资企业的设立采取直接登记制，即设立该企业无须经过任何部门的审批，而由投资人根据设立准则直接到工商行政管理部门申请登记。委托代理人申请设立登记时，应当出具投资人的委托书和代理人的合法证明。

1. 提出申请

投资人申请设立登记,应当向登记机关提交下列文件:

(1) 设立申请书。设立申请书应当包括企业的名称和住所、投资人的姓名和居所、投资人的出资额和出资方式、经营范围等。

(2) 投资人身份证明。

(3) 生产经营场所使用证明等文件。

2. 核准登记

个人独资企业实行准则设立的原则,即个人独资企业依据《个人独资企业法》规定的条件设立,登记机关应当在收到设立申请文件之日起 15 日内,对符合《个人独资企业法》规定条件者,予以登记,发给营业执照;对不符合条件者,不予登记,并给予书面答复及说明理由。

个人独资业设立分支机构,应当由投资人或者其委托的代理人向分支机构所在地的登记机关申请设立登记。分支机构的民事责任由设立该分支机构的个人独资企业承担。个人独资企业在存续期间登记事项发生变更的,应当在作出变更决定之日起 15 日内依法向登记机关申请办理变更登记。

个人独资企业的营业执照的签发日期,为个人独资企业的成立日期。

三、个人独资企业的事务管理

(一) 事务管理的方式

投资人有权自主选择企业事务的管理方式。个人独资企业事务管理主要有三种模式:

(1) 自行管理。即由个人独资企业投资人本人对本企业的经营事务直接进行管理。

(2) 委托管理。即由个人独资企业投资人委托其他具有民事行为能力的人负责企业的事务管理。

(3) 聘任管理。即由个人独资企业投资人聘用其他具有民事行为能力的人负责企业的事务管理。

【案例2-2】个人独资企业投资人甲聘用乙管理企业事务,同时对乙的职权予以限制,即凡乙对外签订标的额超过 1 万元以上的合同,须经甲同意。某日,乙未经甲同意与善意第三人丙签订了一份标的额为 2 万元的买卖合同。下列关于该合同效力的表述中,正确的是( )。

A. 该合同有效,但如果给甲造成损害,由乙承担民事赔偿责任

B. 该合同无效,如果给甲造成损害,由乙承担民事赔偿责任

C. 该合同为可撤销合同,可请求人民法院予以撤销

D. 该合同效力待定,经甲追认后有效

解析:根据《个人独资企业法》的规定,投资人对受托人或者聘用的人员职权的限制,不得对抗善意第三人,故选 A。

委托或聘用管理应签订书面合同。委托管理,须由投资人与受托人签订书面合同,明确委托的具体内容和授权的权利范围。聘用管理,须由投资人与被聘用人签订书面合同,明确委托的具体内容和授权的权利范围。

投资人对受托人或者被聘用的人员职权的限制，不得对抗善意第三人。

(二) 事务管理的内容

1. 会计事务管理

个人独资企业应当依法设置会计账簿，进行会计核算。

2. 用工事务管理

个人独资企业应当依法与职工签订劳动合同，正确履行合同义务，保障职工的合法权益不受侵犯。

3. 社会保险事务管理

个人独资企业负有为职工缴纳社会保险费的义务。

(三) 受托人或者被聘用的管理人的义务

受托人或者被聘用人应当有诚信、勤勉的义务，按照与投资人签订的合同负责个人独资企业的事务管理。

根据法律规定，投资人委托或者聘用的管理个人独资企业事务的人员不得有下列行为：

(1) 利用职务上的便利，索取或者收受贿赂。

(2) 利用职务或者工作上的便利，侵占企业财产。

(3) 挪用企业的资金归个人使用或者借贷他人。

(4) 擅自将企业资金以个人名义或者以他人名义开立账户储存。

(5) 擅自以企业财产提供担保。

(6) 未经投资人同意，从事与本企业相竞争的业务。

(7) 未经投资人同意，同本企业订立合同或者进行交易。

(8) 未经投资人同意，擅自将企业商标或者其他知识产权转让给他人使用。

(9) 泄露本企业的商业秘密。

(10) 法律、行政法规禁止的其他行为。

投资人委托或者聘用的人员违反上述规定，侵犯个人独资企业财产权益的，责令其退还侵占的财产；给企业造成损失的，依法承担赔偿责任；有违法所得的，没收违法所得；构成犯罪的，依法追究刑事责任。

四、个人独资企业的解散和清算

(一) 个人独资企业的解散

个人独资企业的解散是指独资企业因出现某些法律事由而导致其民事主体资格消灭的行为。个人独资企业有下列情形之一时，应当解散：

(1) 投资人决定解散。

(2) 投资人死亡或被宣告死亡，无继承人或者继承人决定放弃继承。

(3) 被依法吊销营业执照。

(4) 法律、行政法规规定的其他情形。

(二) 个人独资企业的清算

1. 清算人的产生

个人独资企业的解散原则上以投资人为其清算人。但经债权人申请，人民法院得指定投资人以外的人为清算人。

2. 通知与公告程序

投资人自行清算的，应当在清算前 15 日内书面通知债权人，无法通知的，应当予以公告。债权人应当在接到通知之日起 30 日内，未接到通知的应当在公告之日起 60 日内，向投资人申报其债权。在清算期间，个人独资企业不得开展与清算无关的经营活动。

3. 财产清偿顺序

根据《个人独资企业法》规定，财产清偿顺序为：

(1) 所欠职工工资和社会保险费用；

(2) 所欠税款；

(3) 其他债权，包括合同之债、侵权之债等。

个人独资企业财产不足以清偿债务的，投资人应当以其个人的其他财产予以清偿。

4. 责任消灭制度

个人独资企业解散后，原投资人对个人独资企业存续期间的债务仍应承担偿还责任，但债权人自独资企业解散后 5 年内未向债务人提出偿债请求的，该责任消灭。

5. 注销登记程序

个人独资企业清算结束后，投资人或者人民法院指定的清算人应当编制清算报告，并于 15 日内到登记机关办理注销登记。注销登记一旦完成，个人独资企业即告消灭。

第三节 合伙企业法

一、合伙企业概述

(一) 合伙企业的概念和特征

1. 合伙企业的概念

合伙企业指由两个或两个以上的自然人、法人和其他组织共同出资、共同经营、共享收益、共担风险的企业组织形式。

根据《合伙企业法》规定，合伙企业包括普通合伙企业和有限合伙企业。普通合伙企业由普通合伙人组成，合伙人对合伙企业债务承担无限连带责任。有限合伙企业则包括普通合伙人和有限合伙人，前者对合伙企业债务承担无限连带责任，后者则以其认缴的出资额为限对合伙企业债务承担有限责任。

根据《合伙企业法》第 3 条规定：国有独资公司、国有企业、上市公司以及公益性的事业单位、社会团体不得成为普通合伙人。

2. 合伙企业的特征

(1) 合伙协议是合伙企业存在的前提和基础。合伙企业与公司不同，合伙企业成立的基础是合伙协议，而公司成立的基础是公司章程。合伙协议经全体合伙人签字、盖章后生效。

(2) 合伙人共同出资、共同经营、共享收益、共担风险。这是由合伙企业的性质所决定的，即合伙企业属于人合性企业。

(3) 合伙人对合伙企业债务承担无限连带责任。所谓无限连带责任，包括两个方面：一是无限责任，即所有的合伙人不仅以自己投入合伙企业的资金对债权人承担清偿责任，而且在不够清偿时还要以合伙人自己其他财产对债权人承担清偿责任；二是连带责任，即所有的合伙人对合伙企业的债务都有义务向债权人偿还，不管自己在合伙协议中所承担的比例如何，但当某一合伙人偿还合伙企业的债务超过自己所应承担的数额时，有权向其他合伙人追偿。

(4) 合伙企业不具有法人资格。合伙企业的强制性规范较少，设立条件宽松，合伙人可以用资金、实物、知识产权、土地使用权出资，经全体合伙人同意，普通合伙人还可以用劳务出资。另外，法律对合伙企业的出资数额没有限额要求，有别于公司资本。

(二) 合伙企业法

合伙企业法的概念有广义和狭义两种。广义的合伙企业法是指国家制定的调整合伙企业关系的各种法律规范的总称。狭义的合伙企业法是指第八届全国人大常委会第 24 次会议于 1997 年 2 月 23 日审议通过，自 1997 年 8 月 1 日起施行的《合伙企业法》；该法于 2006 年 8 月 27 日第十届全国人大常委会第 23 次会议修订通过，修订后的《合伙企业法》自 2007 年 6 月 1 日起施行。

二、普通合伙企业的设立条件与程序

(一) 普通合伙企业的设立条件

根据《合伙企业法》第 14 条的规定，设立普通合伙企业应具备以下条件。

1. 有符合要求的合伙人

(1) 合伙人的人数。合伙人数应不少于 2 人，且没有上限限制，合伙人可以是自然人，也可以是法人或者其他组织。

(2) 合伙人的行为能力。合伙人必须具有完全民事行为能力且能承担无限责任。但根据《合伙企业法》第 48 条的规定，无民事行为能力人或限制行为能力人也有可能成为有限合伙人，但不能成为普通合伙人。

(3) 合伙人的职业禁止。法律、行政法规禁止从事营利性活动的人，不得成为合伙人，具体包括国家公务员、法官、检察官及警察等。

(4) 合伙人的种类。根据修订后的《合伙企业法》规定，除自然人外，法人和其他组织均可以成为合伙企业的合伙人。法人合伙得到立法的承认，这是合伙企业法的重大修改。

(5) 国有独资公司、国有企业、上市公司以及公益性的事业单位、社会团体不得成为普通合伙人，但可以成为有限合伙人。

【案例2-3】 在普通合伙企业设立时，下列不可以成为普通合伙企业合伙人的是( )。

A. 公民张某的父亲

B. 公益性的事业单位

C. 警察李某

D. 上市公司

解析：根据《合伙企业法》规定，国有独资公司、国有企业、上市公司以及公益性的事业单位、社会团体不得成为普通合伙人；国家公务员不能成为合伙企业的合伙人，故选BCD。

2. 有书面合伙协议

合伙协议是合伙人为设立合伙企业而签订的书面合同，它载明以下内容：

(1) 合伙企业的名称和主要经营场所的地点。

(2) 合伙的目的和合伙企业的经营范围。

(3) 合伙人的姓名或者名称及其住所。

(4) 合伙人的出资方式、数额和缴付出资的期限。

(5) 利润分配和亏损分担办法。

(6) 合伙企业事务的执行。

(7) 入伙与退伙。

(8) 争议解决办法。

(9) 合伙企业的解散与清算。

(10) 违约责任。

合伙协议经全体合伙人签名、盖章后生效。合伙协议的修改及补充应当经过全体合伙人一致同意，但合伙协议另有约定的除外。

3. 有合伙人实际缴付的出资

合伙人可以用货币、实物、土地使用权、知识产权或者其他财产权利出资，经协商一致，合伙人也可以用劳务、技术等出资。

合伙人以货币以外的形式出资，一般应进行评估作价，评估作价由合伙人协商确定，也可以由全体合伙人委托法定评估机构进行评估。若以劳务出资，其评估办法由合伙人协商确定，并在合伙协议中载明。以非货币财产出资的，依照法律、行政法规的规定，需要办理财产权转移手续的，应当依法办理。

合伙人应当按照合伙协议约定的出资方式、数额和缴付的出资期限，履行出资义务。如果合伙人违反了出资义务，即构成违约，其他合伙人可追究其违约责任。

4. 有合伙企业名称和生产经营场所

普通合伙企业应当在其名称中标明"普通合伙"字样，其中特殊的普通合伙企业，应当在其名称中标明"特殊普通合伙"字样。

5. 法律、行政法规规定的其他条件

【案例2-4】 下列对普通合伙企业设立的论述，符合法律规定的是( )。

A. 公民张某与自己年仅 13 周岁的儿子成立一个合伙企业

B. 合伙人必须一次全部缴付出资，不可以约定分期出资

C. 公民甲、乙、丙、丁出资设立一个普通合伙企业，甲可以以劳务出资

D. 合伙企业名称中没有标明"普通"或是"有限"字样的话，就视为是普通合伙企业

解析：根据《合伙企业法》规定，限制行为能力人不能成为普通合伙人。合伙人出资应当按照合伙协议约定。普通合伙企业应当在其名称中标明"普通合伙"字样。合伙企业法没有规定合伙企业的最低注册资本，故选 C。

(二) 合伙企业的设立程序

1. 提出申请

设立合伙企业，应向工商行政管理部门申请设立登记。申请时应提交的材料：

(1) 全体合伙人签署的设定登记申请书。

(2) 全体合伙人的身份证明。

(3) 全体合伙人指定的代表或者共同委托的代理人的委托书。

(4) 合伙协议。

(5) 出资权属证明。

(6) 经营场所证明。

(7) 国务院工商行政管理部门规定提交的其他文件。法律、行政法规规定设立合伙企业须报经审批的，还应当提交有关批准文件。

2. 登记

企业登记机关应自收到申请人提交所需的全部文件之日起 20 内，作出是否登记的决定。予以登记的，发给营业执照，合伙企业的营业执照签发日期，为合伙企业成立之日。不予登记的，登记机关应当书面答复并说明理由。

合伙企业可以设立分支机构。合伙企业设立分支机构的，应当向分支机构所在地的企业登记机关申请登记，领取营业执照。

三、普通合伙企业的财产

(一) 合伙企业财产的概念与范围

合伙企业财产指合伙存续期间，合伙人的出资和所有以合伙企业名义取得的收益以及依法取得的其他财产。

合伙财产包括两部分：一是全体合伙人实际缴付的出资，二是合伙企业成立后至解散前，以合伙企业名义取得的全部收益和依法取得的其他财产。

(二) 合伙企业财产的管理与使用

合伙企业财产依法由全体合伙人共同管理和使用，具体表现为：

(1) 合伙企业存续期间，合伙人向合伙人以外的人转让其在合伙企业中的全部或部分财产份额时，须经其他合伙人一致同意，在同等条件下其他合伙人有优先受让权。作为合

伙人以外的人受让合伙财产份额后，经修改合伙协议即成为合伙人，新合伙人依照修改后的合伙协议享有权利、承担义务。

(2) 合伙企业存续期间，合伙人之间可以转让在合伙企业中的全部或部分财产份额，但应通知其他合伙人。

(3) 合伙企业存续期间，合伙人以其在合伙企业中的财产份额出质的，须经其他合伙人一致同意。否则出质行为无效。由此给其他合伙人造成损失的，依法承担赔偿责任。

(4) 合伙存续期间，除依法退伙等法律特别规定的外，合伙人不得请求分割合伙企业财产，也不得私自转移或者处分合伙企业财产。但合伙企业不得以此对抗不知情的善意第三人。

【案例 2-5】 甲、乙、丙为某普通合伙企业的合伙人，甲因急需一笔现金，在未经乙、丙同意的情况下，私自将其在合伙企业中的财产转让给丁。

问题：

(1) 甲的转让行为是否有效？

(2) 甲未经乙同意，将其在合伙企业中的财产份额转让给丁，是否有效？

解析：

(1) 无效。丁是合伙人以外的人，甲的转让行为须经其他合伙人一致同意方能生效。

(2) 有效。因为丁为不知情的善意第三人。

四、普通合伙事务的执行

(一) 合伙事务执行方式

(1) 由全体合伙人共同执行。这种方式适合于合伙人数较少的合伙。

(2) 由数名合伙人共同执行。这种方式适合于合伙人数较多的合伙。

(3) 由各合伙人分别单独执行。

(4) 由一名合伙人执行。这种方式同样适合于合伙人数较多的合伙。

法人或者其他组织作为合伙人的，其执行合伙事务由其委托的代表执行。

(二) 合伙事务的决议

合伙事务的决议与合伙事务的执行是不同的，先有决议后有执行；合伙事务依法可由一名或数名合伙人代表全体合伙人执行，也可由全体合伙人执行，而合伙企业事务的决议只能由合伙人依法作出，不得委托其他合伙人或合伙人以外的人进行。

1. 合伙事务的决议方式

根据《合伙企业法》第 30 条规定，合伙人对合伙企业有关事项作出决议，按照合伙协议的表决办法办理。如果合伙协议未约定或者约定不明，一般情况下实行合伙人一人一票并经全体合伙人过半数通过的表决办法处理。

根据《合伙企业法》第 31 条规定，下列事项应当经全体合伙人一致同意：

(1) 改变合伙企业名称。

(2) 改变合伙企业的经营范围、主要经营场所的地点。

(3) 处分合伙企业的不动产。

(4) 转让或者处分合伙企业的知识产权和其他财产权利。

(5) 以合伙企业名义为他人提供担保。

(6) 聘任合伙人以外的人担任合伙企业的经营管理人员。

【案例2-6】 普通合伙企业的合伙人甲在单独执行企业事务时，未经其他合伙人同意，独自决定实施了下列行为。其中哪一项行为的实施，违反了《合伙企业法》的规定？（　　）

A. 为合伙企业购置办公用品

B. 为购买生产原料而向银行贷款

C. 以企业的设备为乙公司向银行借款提供抵押

D. 聘请律师办理土地使用权抵押登记手续

解析：根据《合伙企业法》规定，以合伙企业名义为他人提供担保的事项应当经全体合伙人一致同意，而甲未经其他合伙人同意，独自决定为乙公司提供抵押的行为是无效的，故选C。

(三) 合伙人的权利与义务

1. 合伙人的主要权利

(1) 对执行合伙事务享有同等的权利。

(2) 执行合伙事务的合伙人对外代表合伙企业。

(3) 不执行合伙事务的合伙人有监督检查权。

(4) 合伙人具有查阅企业会计账簿资料的权利。

(5) 合伙人有提出异议的权利和撤销委托的权利。

2. 合伙人的主要义务

(1) 合伙事务执行人按照约定向不参加执行事务的合伙人报告事务执行情况及企业经营情况和财务状况。

(2) 合伙人不得自营或者同他人合作经营与本合伙企业相竞争的业务。

(3) 除合伙协议另有约定或经全体合伙人同意外，合伙人不得同本合伙企业进行交易。

(4) 合伙人不得从事损害本合伙企业利益的活动。

(四) 利润分配与亏损分担

合伙企业的利润分配方法和亏损分担方法，均由合伙协议约定处理。如果未作约定或者约定不明，则由合伙人协商确定；协商不成的，由各合伙人按照实际的(而非约定的)出资比例分配利润和分担亏损。若无法确定各合伙人的出资比例，则由各合伙人平均分配利润和分担亏损。但是，合伙协议不得约定将全部利润分配给部分合伙人或者由部分合伙人承担全部亏损。如果有这样的约定，应属无效，而按照《合伙企业法》的相关规定处理。

五、普通合伙企业与第三人的关系

(一) 合伙企业与善意第三人的关系

合伙企业对合伙人执行合伙事务以及对外代表合伙企业权利的限制，不得对抗善意的第三人。所谓善意第三人，指不知道情况也不应该知道情况的第三人，包括善意取得合伙财产和善意与合伙企业确定其他法律关系的人。

(二) 合伙企业与债务人的关系

合伙企业对其债务，应先以其全部财产进行清偿；合伙企业财产不足以清偿到期债务的，各合伙人应当承担无限连带责任。

合伙人个人债务的清偿规则如下：

(1) 合伙企业中某一合伙人的债权人，不得以该债权抵消其对合伙企业的债务。

(2) 合伙人个人负有债务，其债权人不得代位行使该合伙人在合伙企业中的权利。

(3) 合伙人个人财产不足以清偿其个人所负债务时，该合伙人只能以其从合伙企业中的财产份额用于清偿。

六、普通合伙企业的入伙与退伙

(一) 入伙

入伙是指在合伙企业存续期间，合伙人以外的第三人加入合伙企业并取得合伙人资格的行为。

1. 入伙的条件与程序

入伙是一种民事法律行为，因此，入伙应具备一定的条件，即：

(1) 全体合伙人同意。新合伙人入伙，除合伙协议另有约定外，应当经全体合伙人一致同意。

(2) 入伙与原合伙人订立书面入伙协议。订立入伙协议时，应履行告知的义务，即告之入伙人原合伙企业的经营状况和财务状况。

2. 入伙的后果

入伙的后果是入伙人取得合伙人的资格；新合伙人对入伙前合伙企业的债务承担连带责任；除入伙协议另有约定外，新入伙人与原合伙人享有同等权利，承担同等义务。

【案例2-7】 甲欲加入乙、丙设立的合伙企业。除合伙协议另有约定以外，以下各项要求中，( )是甲入伙时满足的条件。

A. 乙、丙一致同意，并与甲签订书面的入伙协议

B. 乙、丙向甲告知合伙企业的经营状况和财务状况

C. 甲应向乙、丙说明自己的个人负债情况

D. 甲对入伙前的该合伙企业的债务不承担连带责任

解析：《合伙企业法》规定，新合伙人入伙，除合伙协议另有约定外，应当经全体合伙人一致同意，并依法订立书面入伙协议。订立入伙协议时，原合伙人应当向新合伙人如实告知原合伙企业的经营状况和财务状况。新合伙人对入伙前合伙企业的债务承担无限连带责任，故选 AB。

(二) 退伙

退伙是指合伙存续期间，合伙人资格的消灭，即合伙人退出合伙企业。

1. 退伙的形式

(1) 声明退伙：声明退伙，又称自愿退伙，是指合伙人基于自愿的意思表示而退伙。

它分为协议退伙和通知退伙两种情况。

关于协议退伙，合伙协议中约定合伙企业的经营期限的，合伙人有下列情况之一的可以退伙：

① 合伙协议约定的合伙事由出现。

② 经全体合伙人同意退伙。

③ 发生合伙人难以继续参加合伙企业的事由。

④ 其他合伙人严重违反合伙协议约定的义务。

关于通知退伙，合伙协议未约定合伙企业的经营期限的，合伙人在不给合伙企业事务执行造成不利影响的情况下，可以退伙，但应当提前 30 日通知其他合伙人。

(2) 法定退伙：法定退伙又称强制退伙，是指直接根据法律的规定而退伙。它又可分为当然退伙和除名退伙。

当然退伙，是指发生了某种客观情况而导致的退伙，合伙人有下列情况之一可以退伙：

① 作为合伙人的自然人死亡或者被依法宣告死亡。

② 个人丧失偿还能力。

③ 作为合伙人的法人或其他组织依法被吊销营业执照、责令关闭、撤销或者被宣告破产。

④ 法律规定或者合伙协议约定合伙人必须具有相关资格而丧失该资格。

⑤ 合伙人在合伙企业中的全部财产份额被人民法院强制执行。

合伙人被依法认为无民事行为能力人或者限制民事行为能力人的，经其他合伙人一致同意，可以依法转为有限合伙人，普通合伙企业转为有限合伙企业。否则合伙人要退伙。

除名退伙，也称开除退伙，是指在合伙人出现法定事由的情况下，由其他合伙人决议将该合伙人除名，《合伙企业法》规定了下列除名退伙的情形：

① 未履行出资义务。

② 因故意或者重大过失给合伙企业造成损失。

③ 执行合伙企业事务时有不正当竞争行为。

④ 合伙协议约定的其他事项。

除名决议，应当书面通知被除名人。被除名人接到除名通知之日起，除名生效，即被除名人退伙。被除名人对除名决议有异议的，可以自接到除名通知之日起 30 日内向人民法院起诉。

2. 退伙的效力

就退伙的效力而言，声明退伙与法定退伙基本一致，具体表现为

(1) 退伙人丧失合伙人身份，脱离原合伙协议约定的权利与义务。

(2) 导致合伙财产的清理与结算。

七、特殊的普通合伙企业

(一) 特殊的普通合伙企业的设立

特殊的普通合伙企业是指以专业知识和专门技能为客户提供有偿服务的专业服务机构。这些特殊的服务机构可以设立为特殊的普通合伙企业，例如设计师事务所、会计师事

务所、律师事务所、医师事务所等。特殊的普通合伙企业名称中必须标名"特殊普通合伙企业"字样，以区别于普通的合伙企业。

【案例2-8】《合伙企业法》仅适用于其规定的合伙形态，下列各项中，不适用该法的有(　　)。

A. 律师事务所　　　　　　　　　　B. 会计师事务所

C. 三人出资开设的合伙制网吧　　　D. 两个自然人出资设立的有限责任公司

解析：《合伙企业法》规定，以专业知识和专门技能为客户提供有偿服务的专业服务机构可以设立特殊的普通合伙企业，承担无限责任。而有限责任公司属于承担有限责任的企业法人，故选D。

(二) 特殊普通合伙企业的责任承担

在特殊普通合伙企业中，一个或者数个合伙人在执业活动中因故意或者重大过失造成合伙企业债务的，应当承担无限责任或者无限连带责任，其他合伙人以其在合伙企业中的财产份额为限承担责任，这与普通合伙企业是不同的。

当然，如果特殊普通合伙企业的合伙人并非因故意或者重大过失导致合伙企业债务，应当由全体合伙人承担无限连带责任，这与普通合伙企业一样，由全体合伙人承担无限连带责任。

八、有限合伙企业

(一) 有限合伙企业的概念

有限合伙企业是指由一个以上的普通合伙人和一个以上的有限合伙人共同设立的合伙企业。换言之，有限合伙企业中至少有一个普通合伙人和至少一个有限合伙人，否则就不能成为有限合伙。

关于有限合伙企业，还需掌握以下几点：

(1) 有限合伙企业由普通合伙人和有限合伙人组成，根据《国合伙企业法》规定，有限合伙企业仅剩有限合伙人的，应当解散；有限合伙企业仅剩普通合伙人的，转为普通合伙企业。

(2) 在有限合伙企业中，普通合伙人执行合伙事务，而有限合伙人不执行合伙企业事务。

(3) 有限合伙人以出资额为限承担有限责任，普通合伙人之间承担无限连带责任。

(二) 有限合伙企业的设立

1. 有限合伙企业人数

有限合伙企业由两个以上五十个以下合伙人设立，但是法律另有规定的除外。有限合伙企业至少应当有一个普通合伙人。

2. 有限合伙企业名称

有限合伙企业名称中应当标明"有限合伙"字样。

3. 有限合伙企业协议

合伙协议除符合普通合伙企业的规定外，还应当载明下列事项：

(1) 普通合伙人和有限合伙人的姓名或者名称、住所。

(2) 执行事务合伙人应具备的条件和选择程序。

(3) 执行事务合伙人权限与违约处理办法。

(4) 执行事务合伙人的除名条件和更换程序。

(5) 有限合伙人入伙、退伙的条件，程序以及相关责任。

(6) 有限合伙人和普通合伙人相互转变程序。

4. 有限合伙人出资形式

有限合伙人可以用货币、实物、知识产权、土地使用权或者其他财产权利作价出资。但是，有限合伙人不得以劳务出资。

5. 有限合伙人出资义务

有限合伙人应当按照合伙协议的约定按期足额缴纳出资；未按期足额缴纳的，应当承担补缴义务，并对其他合伙人承担违约责任。

凡《合伙企业法》对有限合伙企业有特殊规定的，应当适用其特殊规定；无特殊规定的，适用有关普通合伙企业及其合伙人的一般规定。

(三) 有限合伙企业的事务执行

有限合伙企业的事务由普通合伙人执行，有限合伙人不执行合伙事务，也不得对外代表有限合伙企业。这是有限合伙企业与普通合伙企业的重大区别。

有限合伙人的下列行为不视为执行合伙事务：

(1) 参与决定普通合伙人入伙、退伙。

(2) 对企业的经营管理提出建议。

(3) 参与选择承办有限合伙企业审计业务的会计事务所。

(4) 获取经审计的有限合伙企业财务会计报告。

(5) 对涉及自身利益的情况，查阅有限合伙企业财务会计账簿等财务资料。

(6) 在有限合伙企业中的利益受损时，向有责任的合伙人主张权利或者提起诉讼。

(7) 执行事务合伙人怠于行使权利时，督促其行使权利或者为了本企业的利益以自己的名义提起诉讼。

(8) 依法为本企业提供担保。

【案例 2-9】 下列关于有限合伙企业的表述中，正确的是(　　)。

A. 有限合伙企业由两个以上五十个以下合伙人设立，但法律另行规定的除外

B. 有限合伙企业名称中应当标明"有限合伙"字样

C. 有限合伙企业中至少有一个普通合伙人和一个有限合伙人

D. 普通合伙人从事合伙事务的执行，而有限合伙人不执行合伙事务

解析： 根据《合伙企业法》规定，有限合伙企业的设立须符合规定，特别是有限合伙企业的事务由普通合伙人执行，有限合伙人不执行合伙事务，也不得对外代表有限合伙企

业，故选 ABCD。

(四) 有限合伙人的特殊权利

(1) 除非合伙协议另有约定，有限合伙人可以同合伙企业进行交易，而普通合伙人是不可以的，除非合伙协议另有约定或者经过全体合伙人同意。

(2) 除非合伙协议另有约定，有限合伙人可以自营或者同他人合作经营与本合伙企业相竞争的业务，而普通合伙人是不可以的。

(3) 除非合伙协议另有约定，有限合伙人可以将其在合伙企业中的财产份额出资；而普通合伙人须经其他合伙人一致同意方可。

(4) 有限合伙人可按合伙协议的约定对外转让合伙财产份额，提前 30 天通知其他合伙人即可；而普通合伙人须经其他合伙人一致同意，否则除非合伙协议另有约定。

(5) 作为有限合伙人的自然人丧失民事行为能力的，不当然退伙；而若是普通合伙人，除非经全体合伙人一致同意，否则只能作退伙处理。

九、合伙企业解散与清算

(一) 合伙企业的解散

合伙企业解散，是指各合伙人解除合伙协议，合伙企业终止活动。根据《合伙企业法》的规定，合伙企业有下列情形之一的，应当解散：

(1) 企业期限届满，合伙人决定不再经营。

(2) 合伙协议约定的解散事由出现。

(3) 全体合伙人决定解散。

(4) 合伙人已不具备法定人数满 30 天。

(5) 合伙协议约定的合伙目的已经实现或者无法实现。

(6) 依法被吊销营业执照，责令关闭或者被撤销。

(7) 法律、行政法规规定的其他原因。

(二) 合伙企业的清算

合伙企业解散的，应当进行清算。《合伙企业法》对合伙企业清算作了以下几方面的规定。

1. 清算人的确定

清算人应由全体合伙人担任；经全体合伙人过半数同意，也可以自合伙企业解散后 15 日内指定一名或者数名合伙人，或者委托第三人担任清算人。

2. 清算人的职责

清算人的职责包括：清算合伙企业财产，分别编制资产负债表和财产清单；处理与清算有关的合伙企业未了结的事务；清缴所欠税款；清理债权、债务；处理合伙企业清偿债务后的剩余财产；代表合伙企业参与民事诉讼活动。

3. 清算程序

清算人确定后，应当自确定日起 10 日内将合伙企业解散事项通知合伙企业的债权人，并且应当于 60 日内在报纸上予以公告。债权人自接到通知日起 30 日内，未接到通知书的自公告之日起 45 日内，向清算人申报债权。债权人申报债权时应当说明债权的有关事项，并提供证明材料，清算人应当对债权进行登记。

合伙企业清算期间，其企业主体资格仍然存续，但不得开展与清算无关的经营活动。

4. 清偿顺序

清偿顺序为：清算费用；合伙企业所欠职工工资和劳动保险费；合伙企业所欠税款；合伙企业的债务；退还合伙人的出资。合伙企业财产按照以上顺序清偿后还有剩余的，按照合伙协议的约定办理；合伙协议未约定或者约定不明确的，由合伙人协商决定；协商不成的，由合伙人按照实缴出资比例分配；无法确定出资比例的，由合伙人平均分配。

5. 合伙企业注销后的债务承担

清算结束后，清算人应当编制清算报告，经全体合伙人签名、盖章后，在 15 日内向企业登记机关报送清算报告，申请办理合伙企业注销登记。

合伙企业注销后，原普通合伙人对合伙企业存续期间的债务仍应承担连带责任，债权人仍然可以向普通合伙人进行追偿。

6. 合伙企业的破产与债务清偿

合伙企业不能清偿到期债务的，债权人可以依法向人民法院提出破产清算申请，也可以要求普通合伙人清偿。

第四节　外商投资企业法

一、外商投资企业法概述

(一) 外商投资企业的概念

外商投资企业是指按照我国法律的规定，在中国境内设定的，由中国投资者和外国投资者共同投资或者仅由外国投资者投资的企业。中国投资者包括中国的公司、企业或者其他经济组织，外国投资者包括外国的公司，企业和其他经济组织或个人。

(二) 外商投资企业的种类

依照外商在企业注册资本和资产中所占股份和份额的比例不同以及其他法律特征的不同，可就外商投资企业分为三种类型：

(1) 中外合资经营企业：其主要法律特征是外商在企业注册资本中的比例有法定要求；企业采取有限责任公司的组织形式。故此种合营称为股权式合营。

(2) 中外合作经营企业：其主要法律特征是外商在企业注册资本中的份额无强制性要

求；企业采取灵活的组织管理、利润分配、风险负担方式。故此种合营称为契约式合营。

(3) 外资企业：其主要法律特征是企业全部资本均为外商出资和拥有。

【案例2-10】 下列各项中，不适用外商投资企业法的企业是(　　)。

A. 外国某公司与中国某公司，经中国政府批准，在中国境内设立的由双方共同投资、共同经营，按照各自的出资比例共担风险，共负盈亏的企业

B. 外国某自然人同中国某公司，经中国政府批准，在中国境内设立的由双方通过订立合作合同约定各自的权利与义务的企业

C. 外国某公司与中国某公司，经中国政府批准，在中国境内设立的股份有限公司

D. 经中国政府批准，在中国境内设立的某外国公司的分支机构

解析：根据《外商投资企业法》的规定，外国公司指的是在我国境外成立的企业，其分支机构虽在我国境内设立，但不适用外商投资企业法，而适用公司法，故选D。

二、中外合资经营企业法

(一) 中外合资经营企业的概念和特征

中外合资经营企业(以下简称合营企业)，是指中国合营者与外国合营者依照我国法律的规定，在中国境内共同投资、共同经营，并按照投资比例分享利润、分担风险及亏损的企业。

合营企业具有以下法律特征：

(1) 在合营企业的股东中，外方包括外国的公司、企业和其他经济组织或个人。中方包括中国的公司、企业或者其他经济组织，不包括中国公民个人。

(2) 合营企业的组织形式为有限责任公司，具有法人资格。作为股东的中外合营各方以投资额为限对企业债务承担有限责任。

(3) 在合营企业的注册资本中，外方合营者的出资比例一般不得低于25%。

(4) 中外各方依照出资比例分享利润，分担亏损，回收投资。

(5) 合营企业不设股东会，其最高权力机构为董事会，董事会成员由合营各方按投资比例协商分配，并载明于合营企业合同和章程。合营企业一方对他方委派的董事不具有否决权，但董事的资格应当不违反公司法关于董事任职条件的规定。

(二) 合营企业的设立

1. 设立合营企业的条件

在中国境内设立的合营企业应当能够促进中国经济的发展和科学技术水平的提高，有利于社会主义现代化建设。申请设立的合资企业有下列情况之一的，不予批准：

(1) 有损中国主权的。

(2) 违反中国法律的。

(3) 不符合中国国民经济发展要求的。

(4) 造成环境污染的。

(5) 签订的协议、合同、章程显属不公平，损害合营一方权益的。

国家鼓励、允许、限制或者禁止设立合营企业的行业，按照国家指导外商投资方向的规定及外商投资产业指导目录执行。随着我国经济的发展和世界贸易组织(WTO)对成员国的要求，国家将会逐步放宽外商投资企业的行业限制。

2. 设立合营企业的申请

申请设立合营企业，应向审批机关报送下列正式文件：

(1) 设立合营企业的申请书。

(2) 合营各方共同编制的可行性研究报告。

(3) 由合营各方授权代表签署的合营企业协议、合同和章程。

(4) 由合营各方委派的合营企业的董事长、副董事长、董事人选名单。

(5) 审批机构规定的其他文件。

合营企业协议是指合营各方对设立合营企业的某些要点和原则达成一致意见而订立的文件。合营企业合同是指合营各方为设立合营企业就相互权利、义务关系达成一致意见而订立的文件。合营企业章程是按照合营企业合同规定的原则，经合营各方一致同意，规定合营企业的宗旨、组织原则与经营管理方法等事项的文件。

合营企业协议与合营企业合同有抵触时，以合营企业合同为准。经合营各方同意，也可以不订立合营企业协议而只订立合营企业合同、章程。在上述各文件中，合营企业合同是最主要的法律文件，有关合营企业合同的订立、效力、解释、执行及其争议的解决，均应适用中国的法律。

3. 设立合营企业的审批

(1) 设立合营企业的审批机关。在中国境内设立合营企业，必须经国务院对外经济贸易主管部门即商务部审查批准，发给批准证书。但具备以下两个条件的，国务院授权省、自治区、直辖市人民政府或国务院有关部门审批：① 投资总额在国务院规定的投资审批权限以内，中国合营者的资金来源已落实的；② 不需要国家增拨原材料，不影响燃料、动力、交通运输、外贸出口配额等全国平衡的。后一类审批机关批准设立的合营企业，应报国务院对外经济贸易主管部门即商务部备案。

(2) 设立合营企业的审批期限。审批机关自接到报送的全部文件之日起，在 90 天内决定批准或不批准。

4. 设立合营企业的登记

合营企业办理开业登记，应当在收到审批机关发给的批准证书后 30 天内，持批准证书、合同、章程、场地使用文件等，依据《中华人民共和国企业法人登记管理条例》的规定，向登记主管机关即工商行政管理机关办理登记手续。登记事项主要包括：名称、住所、经营范围、投资总额、注册资本、法定代表人、营业期限、分支机构、股东姓名或名称等。

合营企业的营业执照签发日期即为该合营企业的成立日期，凭借登记机关核发的企业法人营业执照，合资企业即可刻制印章、开设银行账号、办理税务和财产登记，开展生产经营活动。

(三) 合营企业组织形式与注册资本

1. 合营企业的组织形式

合营企业的组织形式为有限责任公司。合营各方对合营企业的责任以各自认缴的出资额为限。合营各方缴付出资额后,应由中国的注册会计师验证,出具验资报告,然后由合营企业根据验资报告发给合营各方证明其出资数额的出资证明书。

2. 合营企业的注册资本与投资总额

(1) 合营企业的注册资本。

① 合营企业的注册资本是指为设立合营企业在登记管理机构登记的资本总额,它是合营各方认缴的出资额之和。

② 合营企业的注册资本在该企业合营期内不得减少。因投资总额和生产经营规模发生变化而确需减少的,须经审批机关批准。注册资本的增加或减少应由合营企业董事会会议通过,并报原审批机关批准,向原登记管理机构办理变更登记手续。

③ 在合营企业的注册资本中,外国合营者的投资比例一般不低于25%。特殊情况需要低于该比例的(如设立高新技术产业的合资企业),需报国务院审批。

④ 合营各方的投资比例在一定条件下也是可以变化的。因为经合营他方同意和审批机关批准,合营一方可以向第三者转让其全部或部分出资额;合营一方转让其全部或部分出资额时,合营他方有优先购买权。合营一方向第三者转让股权的条件,不得比向合营他方转让的条件优惠。违反上述规定的,其转让无效。

(2) 合营企业的投资总额。合资企业的投资总额是按照合营企业合同、章程规定的生产规模需要投入的基本建设资金和生产流动资金的总和。如果合营各方的出资额之和达不到投资总额,可以以合营企业的名义进行借款,在这种情况下,投资总额包括注册资本和企业借款。

(3) 合营企业的注册资本与投资总额的比例,应当遵守如下规定:

① 投资总额在300万美元以下(含300万美元)的,其注册资本至少应占投资总额的7/10。

② 投资总额在300万美元以上至1000万美元(含1000万美元)的,其注册资本至少应占投资总额的1/2,其中投资总额在420万美元以下的,注册资本不得低于210万美元。

③ 投资总额在1000万美元以上至3000万美元(含3000万美元)的,其注册资本至少应占投资总额的2/5,其中投资总额在1250万美元以下的,注册资本不得低于500万美元。

④ 投资总额在3000万美元以上的,其注册资本至少应占投资总额的1/3,其中投资总额在3600万美元以下的,注册资本不得低于1200万美元。

(四) 合营企业合营各方的出资方式与出资期限

1. 合营各方的出资方式

合营各方可以用下列方式出资:

(1) 货币,即以现金出资。

(2) 实物，即以建筑物、厂房、机器设备或其他物料作价出资。

(3) 工业产权、专有技术。

(4) 场地使用权。

以实物、工业产权、专有技术、场地使用权作为出资的，其作价由合营各方按照公平合理的原则协商确定，或者聘请合营各方同意的第三者评定。

2. 合营各方的出资期限

合营各方应当在合营合同中订明出资期限，并且应当按照合营合同规定的期限缴清各自的出资：

(1) 合营合同中规定一次缴清出资的，合营各方应当从营业执照签发之日起 6 个月内缴清。

(2) 合营合同中规定分期缴付出资的，合营各方的第一期出资不得低于各自认缴出资额的 15%，并且应当在营业执照签发之日起 3 个月内缴清。

(3) 合营各方未能在合营合同规定的上述期限内缴付出资的，视同合营企业自动解散，合营企业批准证书自动失效。

(4) 合营各方缴付第一期出资后，超过合营合同规定的其他任何一期出资期限 3 个月，仍未出资或者出资不足时，工商行政管理机关应当会同原审批机关发出通知，要求合营各方在 1 个月内缴清出资。未按上述通知期限缴清出资的，原审批机关有权撤销对该合营企业的批准证书。

合营一方未按照合营合同的规定如期缴付或者缴清其出资的，即构成违约，应当按照合同规定支付迟延利息或者赔偿损失。

【案例 2-11】 某中外合资经营企业合同规定，合营双方各出资 1000 万人民币，其中，中方以实物和土地使用权各投资 400 万元，现金投资 200 万元，外方投资者投资现金 800 万元，专有技术 200 万元。在合同期限内，中方投资 800 万元，外方投资专有技术 200 万元，现金 50 万元。按照现有规定，下列说法正确的是(   )。

A. 合营双方没有违反合同中的出资规定

B. 外方专有技术出资比例过高

C. 因外方总出资达不到注册资本的 25%，企业不能作为中外合资经营企业继续存在

D. 企业应在 3 年内缴清全部出资

解析： 根据《中华人民共和国中外合资经营企业法》的规定，合资企业中工业产权不能超过公司注册资本 20%，本企业注册资本为 2000 万人民币，中方没有工业产权出资，外方工业产权出资 200 万元，没有超过法定比例；合资企业的注册资本为认缴资本，不是实缴资本，本企业中外双方各认缴 1000 万元，各占 50%，所以外方出资已经达到不低于注册资本 25% 的法定标准；本企业属于注册资本在 100 万美元以上，300 万美元以下的外商投资企业，应自营业执照合法之日起 2 年内缴清全部资本，故选 A。

(五) 合营企业的组织机构

1. 合营企业的权力机构

合营企业的董事会是合营企业的最高权力机构。

董事会的职权是按合营企业章程的规定，讨论决定合营企业的一切重大问题。董事会的人数，由合营各方协商，在合营企业合同、章程中确定，但不得少于 3 人。

董事名额的分配，由合营各方参照出资比例协商确定。然后，由合营各方按照分配的名额分别委派董事。董事的任期为 4 年，经合营者继续委派可以连任。

董事长和副董事长由合营各方协商确定或由董事会选举产生。中外合营者的一方担任董事长的，由他方担任副董事长。董事长是合营企业的法人代表。董事长不能履行职责时，应授权副董事长或其他董事代表合营企业。

董事会会议每年至少召开一次。经 1/3 以上的董事提议，可召开董事会临时会议。董事会会议应有 2/3 以上董事出席方能举行。

下列事项由出席董事会会议的董事一致通过方可作出决议：

(1) 合营企业章程的修改。

(2) 合营企业的中止、解散。

(3) 合营企业注册资本的增加、减少。

(4) 合营企业的合并、分立。

其他事项，可以根据合营企业章程载明的议事规则作出决议。

2. 合营企业的经营管理机构

合营企业的经营管理机构负责企业的日常经营管理工作。

经营管理机构设总经理一人，副总经理若干人，其他高级管理人员若干人。总经理、副总经理可以由中国公民担任，也可以由外国公民担任。总经理或者副总经理不得兼任其他经济组织的总经理或者副总经理，不得参与其他经济组织对本企业的商业竞争。

3. 合营企业的工会组织

职工依法建立工会组织，开展工会活动，维护职工的合法权益。合营企业应当为本企业工会提供必要的活动条件。

(六) 合营企业的经营期限、解散和清算

1. 合营企业的期限

不同行业合营企业的期限规定各不相同。下列行业的合资企业，应当约定合营期限：

(1) 服务性行业的。

(2) 从事土地开发及经营房地产的。

(3) 从事资源勘查开发的。

(4) 国家规定限定投资项目的。

(5) 国家其他法律、法规需要约定和与经营期限的。

除上述行业外，可以约定合约期限，也可以不约定合约期限。

约定合约期限合资企业，合营各方欲延长合营期限的，应在距合营期届满 6 个月向审批机关提出申请。审批机关应自接到申请之日起 1 个月内决定是否审批。

2. 合营企业的解散

有下列情形之一，合营企业应当解散：

(1) 合营期届满。

(2) 企业发生严重亏损，无力继续经营。

(3) 合营一方不履行合资企业协议、合同、章程规定的义务，致使企业无法继续经营。

(4) 因自然灾害、战争等不可抗力遭受严重损失，无法继续经营。

(5) 合营企业既达不到其经营目的，同时又无发展前途。

(6) 合营企业合同、章程所规定的其他解散原因已经出现。

在发生上述第(2)、(4)、(5)、(6)种情况时，由董事会提出解散申请书，报审批机构批准；在发生第(3)种情况时，由履行合同一方提出申请，报审批机构审批。

3. 合营企业的清算

合营企业宣告解散时，应当进行清算，清算委员会的成员一般应在合资企业的董事中选任。合资企业的清算工作结束后，由清算委员会提出清算结束报告，提请董事会会议通过后，报告原审批机关，并向登记管理机关办理注销登记手续，缴销营业执照。

三、中外合作经营企业法

(一) 合作企业概念和特征

中外合作经营企业(以下简称合作企业)是指中国合作者与外国合作者依照我国法律，在中国境内共同举办的，按合作企业合同的约定分配收益、分担风险和亏损的企业。

与合营企业相比，合作企业具有以下特征：

(1) 合作企业属于契约式企业。合作各方的权利、义务不是取决于投资比例，而是取决于合作企业合同约定，而合营企业属于股权式企业。

(2) 合作企业组织形式多样。合作企业既可以是法人企业，也可以是非法人企业，而合营企业都具有法人资格。

(3) 合作企业组织机构与管理方式灵活。既可以是董事会制，也可以是联合管理委员会制，还可以是委托第三方管理。

(4) 合作企业一般采取让外方先行回收投资的做法，外方承担的风险较小。但合作期满，企业的资产均归中方所有。

(二) 合作企业的设立

《中外合作经营企业法》第 4 条规定：国家鼓励兴办产品出口的或者技术先进的生产型合作企业。

申请设立中外合作企业，应当将中外合作者签订的协议、合同、章程等文件报国家对外经济贸易主管部门或者国务院授权的部门和地方人民政府批准。

审批机关应当自接到申请之日起 45 日内决定批准或者不批准。

设立中外合作企业的申请经批准后，应当自接到批准之日起 30 日内向工商行政管理机构申请登记，领取营业执照。

营业执照签发日期为企业的成立日期。合作企业自成立之日起 30 日内向税务机关办理税务登记。

(三) 合作企业的组织形式与注册资本

1. 组织形式

《中外合作经营企业法》第 2 条第 2 款规定：合作企业符合中国法律关于法人条件的规定的，依法取得中国法人资格。换言之，可以申请设立具有法人资格的合作企业，也可以申请设立不具有法人资格的合作企业。具有法人资格的合作企业，其组织形式为有限责任公司。合作各方对合作企业的责任以各自认缴的出资额或提供的合作条件为限。合作企业以其全部资产对其债务承担责任。不具有法人资格的合作企业，合作各方的关系是一种合伙关系。合作各方应根据其认缴的出资额或提供的合作条件，在合作合同中约定各自承担债务责任的比例，但不得影响合作各方连带责任的履行。偿还合作企业债务超过自己应当承担数额的合作一方，有权向其他合作者追偿。

2. 注册资本

合作企业的注册资本，是指为设立合作企业，在工商行政机关登记的合作各方认缴的出资额之和。注册资本可以用人民币表示，也可以用合作各方约定的一种可自由兑换的外币表示。注册资本与投资总额不是同一概念。投资总额包括注册资本和借贷资本。

合作企业注册资本在合作期限内不得减少。但是，因投资总额和生产规模等变化，确需减少的，须经审查批准机关批准。

3. 出资方式

出资可以是货币，也可以是实物或者工业产权、专有技术、土地使用权等财产权利。合作各方缴纳投资或者提供合作条件后，应由中国注册会计师验证，合作企业据此发给合作各方出资证明书。

4. 出资比例

具有法人资格的合作企业，外方合作者的投资一般不低于合作企业注册资本的 25%。不具备法人资格的中外合作企业，对合作各方向合作企业投资或者提供合作条件的具体要求，由中华人民共和国对外贸易经济合作部确定。

5. 出资期限

合作各方应当依照有关法律、行政法规的规定，在合作企业合同中约定。

(四) 合作企业的组织机构

《中外合作经营企业法》第 12 条规定：合作企业应当设立董事会或者联合管理机构，依照合作企业合同或者章程的规定，决定合作企业的重大问题。此外，还规定，合作企业成立后可改为委托中外合作者以外的他人经营管理。可见，合作企业在组织机构的设置上有较大的灵活性，同中外合资经营企业有很大区别。

1. 合作企业的管理形式有以下三种：

(1) 董事会制。法人型合作企业，一般实行董事会制。董事会是合作企业的最高权力机构，决定合作企业的重大问题。董事长、副董事长由合作各方协商产生；一方担任董事长的，必须由他方担任副董事长。

(2) 联合管理制。非法人型合作企业一般实行联合管理制，即由合作各方委派代表组成联合管理委员会负责管理合作企业，是合作企业的最高权力机构。一方担任联合管理机构主任的必须由他方担任副主任。

(3) 委托管理制。经合作各方一致同意，可以由合作一方进行经营管理，也可以委托合作各方以外的第三人经营管理合作企业。

委托合作者以外的第三方经营管理的，必须经董事会或者联合管理机构一致同意。合作企业应当与第三方签订委托管理合同，报审批机关批准，向工商行政管理机关办理变更登记手续。

综上所述，具有法人资格的合作企业，其组织形式为有限责任公司。不具有法人资格的合作企业，合作各方是一种合伙关系，依合作合同约定承担各自的权利与义务。

【案例 2-12】 根据中外合作经营企业法律制度的规定，下列有关中外合作经营企业组织形式和组织机构的表述中，正确的是(　　)。

A. 合作企业的组织形式均为有限责任公司

B. 合作企业均应设联合管理委员会

C. 合作企业的负责人由主管部门任命

D. 合作企业总经理负责企业日常经营管理工作

解析：根据《中外合作经营企业法》规定，本题考核的是合作企业的组织形式和组织机构的规定。合作企业的组织形式可以是有限责任公司，也可以是一种合伙关系；具备法人资格的合作企业，设立董事会，而不具备法人资格的合作企业，则设立联合管理委员会；合作企业的负责人是董事长，是经董事会选举产生的，故选 D。

2. 议事规则

合作企业的董事会会议或者联合管理委员会会议每年至少召开一次，由董事长或主任召集并主持。董事长或者主任因特殊原因不能履行职务时，由副董事长、副主任或者其他董事、委员召集并主持。1/3 以上董事或委员可以提议召开董事会会议或联合管理委员会会议。

会议应当有 2/3 以上董事或者委员出席方能举行，不能出席会议的董事或委员应当书面委托他人代表其出席和表决。会议作出决议，须经全体董事或者委员的过半数通过。董事或者委员无正当理由不参加又不委托他人代表其参加会议的，视为出席会议并在表决中弃权。

会议负责人应当在会议召开的 10 天前通知全体董事或者委员。董事会或者联合管理委员会也可以用通讯方式作出决议。

董事会或联合管理委员会作出决议一般由出席会议董事或委员的过半数同意。但章程的修改，注册资本的增加和减少，企业的解散，企业资产的抵押，企业的合并、分立和变更组织形式以及其他约定必须一致通过的事项，应由出席董事会会议的董事或者管理委员会的委员一致通过，方可作出决议。

(五) 合作企业的收益分配及投资回收

1. 收益分配

合作企业收益或者产品的分配方式应当在合作企业合同中予以约定。合作企业在分配方式上，可以实行利润分成，也可以实行产品分成，后者一般是在资源开发项目中采用的。至于利润分成、产品分成的比例，也是由中外合作者在合作企业合同中约定的。由于具体情况不同，合同当事人可以约定在合作企业期满前始终按同一个比例实行利润或产品分成，也可以在合作企业期满前的一定时期按某种比例分成，在另外的时期，按另外的比例分成。

2. 外方先行回收投资的规定

在实践中，通常约定合作企业在合作期满时，其全部固定资产归中国合作者所有。为平衡中外各方的利益，一般采用让外国合作者在合作期限内先行回收投资的办法。具体有三种：其一，合作前期从企业税后利润中给外方多分配，以后逐年递减；其二，经税务机关批准，实行税前分配，即外方合作者在合作企业缴纳所得税前回收投资；其三，经税务机关批准，通过加速固定资产折旧的办法，用折旧金额还外方的投资。

如果外国合作者在合作期限内回收投资尚未完毕，经过审批机关批准，可以延长合作期限，以保证外商继续回收应予回收而尚未回收的投资。

合作企业合同约定外国合作者在缴纳所得税前回收投资的，必须向财政税务机关提出申请，由财政税务机关依照国家有关税收的规定审查批准。

合作企业的亏损未弥补前，外国合作者不得先行回收投资。

(六) 合作企业的期限、解散

1. 期限

合作企业的期限由中外合作者协商并在合作企业合同中规定。期限届满，合作各方同意延长的，应当在期限届满 180 日前向审查批准机关申请，审批机关自接到申请之日起 30 日内作出批准或不批准的决定。

合作企业中，外方先行收回投资的，并且已经收回完毕的，不再延长合作期限。但外国合作者增加投资，合作各方协商同意延长的，可向审查批准机关申请延长合作期限。合作延长期限一经批准，合作企业应到工商行政管理部门办理变更登记手续。

2. 解散

合作企业解散的原因有：

(1) 合作期限届满。

(2) 合作企业发生严重亏损或者因不可抗力遭受严重损失，无力继续经营。

(3) 中外合作者一方或数方不履行合作企业合同、章程规定的义务，致使合作企业无法继续经营。

(4) 合作企业合同、章程规定的解散原因已经出现。

(5) 合作企业因违反法律而被依法责令关闭。

四、外资企业法

(一) 外资企业的概念和特征

外资企业是指依照中华人民共和国法律的规定，在中国境内设立的、全部资本由外国投资者投资的企业。外资企业不包括外国企业和其他经济组织在中国境内设立的分支机构。例如，Microsoft Corporation(微型计算机软件公司，即美国微软)是外国企业，而微软(中国)有限公司属于外资企业(属于中国的企业)，微软北京代表处则为外国企业在中国境内设立的分支机构。

外资企业的特征如下：

(1) 外资企业的资本全部由外国投资者投资。外国投资者可以是公司、企业以及其他经济组织或者个人。这是它与合营企业、合作企业的明显不同，后者的资本是由中外合营者或中外合作者共同投资的。

(2) 外资企业是外国投资者根据中国法律在中国境内设立的。尽管外资企业的全部资本均来自于外国投资者，但它是根据中国法律在中国境内设立，受中国法律的管辖和保护，是具有中国国籍的企业。这是外资企业与外国企业的根本不同。

(3) 外资企业是独立的经济实体。一般情况下，外资企业以自己的名义进行经营活动，独立承担民事责任，外国投资者对其债务不承担无限责任。这是外资企业与外国企业在中国境内设立的分支机构的根本不同，外国企业的分支机构不具有独立的民事主体资格，其进行经营活动由外国企业承担民事责任。除非外资企业设立时已登记为无限责任的独资或合伙企业。

【案例2-13】 下列关于外资企业的表述正确的有(　　　)。

A. 外资企业就是外商投资企业的简称

B. 外资企业不包括外国企业驻中国的分支机构

C. 外资企业是中国企业

D. 外资企业的资本全部来源于外国

解析：根据《外资企业法实施细则》的规定，资本全部由外国投资者投资，并非全部来源于外国。经审批机关批准，外国投资者也可以用其从中国境内举办的其他外商投资企业获得的人民币利润出资，故选BC。

(二) 外资企业的设立与变更

1. 外资企业的设立

(1) 设立外资企业的条件。设立外资企业，必须有利于中国国民经济的发展，国家鼓励产品出口或者技术先进外资企业进入。禁止或者限制设立外资企业的行业，按照国家指导外商投资方向的规定及《外商投资产业指导目录》执行。

申请设立外资企业，有下列情况之一的。不予批准：

① 有损中国主权或者社会公共利益的。

② 危及中国国家安全的。

③ 违反中国法律、法规的。

④ 不符合中国国民经济发展要求的。

⑤ 可能造成环境污染的。

(2) 设立外资企业的申请。外国投资者在提出设立外资企业的申请前，应当就下列事项向拟设立外资企业所在地的县级或者县级以上地方人民政府提交报告。报告内容包括：

设立外资企业的宗旨；经营范围、规模，生产产品，使用的技术设备，用地面积及要求，需要用水、电、煤、煤气或者其他能源的条件及数量，对公共设施的要求等。县级或者县级以上地方人民政府应当在收到外国投资者提交的报告之日起 30 日内以书面形式答复外国投资者。

外国投资者设立外资企业，应当通过拟设立外资企业所在地的县级或者县级以上人民政府向审批机关提出申请。

两个或者两个以上外国投资者共同申请设立外资企业，应当将其签订的合同副本报送审批机关备案。

(3) 设立外资企业的审批。外资企业法规定，设立外资企业的申请，由中华人民共和国对外经济合作部或者国务院授权的机关审查批准。审查批准机关应当在接到申请之日起 90 日内决定批准或者不批准。根据上述规定，外资企业法实施细则对设立外资企业的审批做了具体规定。

设立外资企业的申请由中华人民共和国对外经济合作部审查批准后，发给批准证书。

审批机关应当在收到申请设立外资企业的全部文件之日起 90 日内决定批准或者不批准。审批机关如果发现上述文件不齐备或者有不当之处，可以要求限期补报或者修改。

(4) 设立外资企业的登记。设立外资企业的申请经批准后，外国投资者应当在接到批准证书之日起 30 日内，向国家工商行政管理局或者国家工商行政管理局授权的地方工商行政管理局申请开业登记。登记主管机关应当在受理申请后 30 日内，作出核准登记或者不予核准登记的决定。申请开业登记的外国投资者，经登记主管机关核准登记注册，领取营业执照后，企业即告成立。外资企业的营业执照签发日期为该企业成立日期。外资企业应当在企业成立之日起 30 日内在税务机关办理税务登记。

外资企业符合中国法律关于法人条件规定的，依法取得中国法人资格。

2. 外资企业的变更

外资企业改变名称、住所、经营场所、法定代表人、经济性质、经营范围、经营方式、注册资本、经营期限以及增设或撤销分支机构，应当报审查批准机关批准。

外资企业申请变更登记，应当在审查批准机关批准后 30 日内，向登记主管机关申请办理变更登记。

外资企业分立、合并、迁移，应当报审查批准机关批准，并在批准后 30 日内，向登记主管机关申请办理变更登记、开业登记或者注销登记。

(三) 外资企业的组织形式与注册资本

1. 组织形式

根据《外资企业法实施细则》的规定，外资企业的组织形式为有限责任公司。经批准也可为其他责任形式。实践中外资企业大多数都采用了有限责任公司的形式，外国投资者对企业的责任以其认缴的出资额为限，外资企业以其全部资产对其债务承担责任。即使投资者只有一人，也可为有限责任公司，所以外资企业中的一人公司是合法的事实存在。

外资企业为其他责任形式的，外国投资者对企业的责任适用中国法律、法规的规定。所谓其他责任形式，主要是指伙形式和独资形式。如果外资企业采用的是这类责任形式，则外国投资者应对企业债务承担无限责任或连带责任。

【案例 2-14】 按照我国有关法律规定，有些外商投资企业的组织形式可以为有限责任公司，经批准也可以为其他责任形式。组织形式不一定或不可能为有限责任公司的外商投资企业是(   )。

A. 中外合资经营企业　　　　　　　　B. 中外合作经营企业

C. 外资企业　　　　　　　　　　　　D. 外资企业在中国境内的分支机构

解析： 根据《外资企业法》及其实施细则的规定，外资企业的组织形式为有限责任公司，经批准也可以为其他责任形式。中外合作经营企业可以组建成具有法人资格的企业，也可以组建为不具有法人资格的企业。根据《中外合作经营企业法》的规定，具备法人资格的合作企业，为有限责任公司。外国企业境内的分支机构不具有法人资格，不是有限责任公司，故选 BCD。

2. 注册资本

外资企业的注册资本，是指为设立外资企业在工商行政管理机关登记的资本总额，即外国投资者认缴的全部出资额。

外资企业在经营内不得减少其注册资本。外资企业注册资本的增加、转让，须经审批机关批准，并向工商行政管理机关办理变更登记手续。

外资企业将其财产或者权益对外抵押、转让，需经审批机关批准，并向工商行政管理机关备案。

(四) 外国投资者的出资方式与出资期限

1. 出资方式

外国投资者可以用可自由兑换的外币出资，也可以用机器设备、工业产权、专有技术等作价出资。经审批机关批准，外国投资者也可以用其从中国境内兴办的外商其他投资企业获得的人民币利润出资。

2. 出资期限

出资期限应当在设立外资企业申请书和外资企业章程中载明。

(五) 外资企业的用地及其费用

外资企业的用地，由外资企业所在地的县级或者县级以上地方人民政府审核后，予以安排。

外资企业应当在营业执照签发之日起 30 日内，持批准证书和营业执照到外资企业所在地县级或者县级以上地方人民政府的土地管理部门办理土地使用手续，领取土地证书。土地证书为外资企业使用土地的法律凭证。

外资企业的土地使用年限，与经批准的该外资企业的经营期限相同。外资企业在经营期限内未经批准，其土地使用权不得转让。

外资企业在领取土地时。应当向其所在地人民政府土地管理部门缴纳土地使用费。使用经过开发的土地的，应当缴付土地开发费。

(六) 外资企业的经营管理工作

1. 外资企业的物资购买

外资企业有权自行决定购买本企业自用的机器设备、原材料、燃料、零部件、配套件、元器件、运输工具和办公用品等。外资企业在批准的经营范围内所需的原材料、燃料等物资，按照公平、合理的原则，可以在国内市场或者国际市场购买。外资企业在中国购买物资，在同等条件下，享受与中国其他企业同等待遇。

2. 外资企业的产品销售

外资企业可以在中国市场销售其产品。外资企业可以自行在中国销售本企业生产的产品，也可以委托商业机构代理销售。

3. 外资企业的财务与会计

外资企业应当依照中国法律、法规和财政机关的规定，建立财务会计制度并报其所在地财政、税务机关备案。

4. 外资企业职工的劳动管理

外资企业在中国境内雇用职工，企业和职工双方应当依照中国的法律、法规签订劳动合同。合同中应当订明雇用、辞退、报酬、福利、劳动保护、劳动保险等事项。外资企业不得雇用童工。

(七) 外资企业的经营期限、终止和清算

1. 外资企业经营期限

经营期限由外国投资者在设立外资企业的申请书中拟定，由审批机关批准。期限需要延长的，应在期满前 180 日向审批机关提出申请。审批机关应当在收到申请书之日 30 日内决定批准或不批准。

2. 外资企业终止

外资企业有下列情形之一的应予终止：

(1) 经营期限届满。

(2) 经营不善或严重亏损，外国投资者决定解散。

(3) 因自然灾害、战争等不可抗力而遭受严重损失，无法继续经营。

(4) 破产。

(5) 违反中国法律、法规，危害社会公共利益被依法撤销。

(6) 外资企业章程规定的其他解散事由已经出现。

外资企业如存在上述第(2)、(3)、(4)项所列情形，应当自行提交终止申请书，报审批机关批准。

3. 外资企业清算

外资企业如果是因前述第(1)、(2)、(3)、(6)项所列的情形终止的，应在终止之日起 15 日内对外公告并通知债权人，并在终止公告发出之日起 15 日内，提出清算程序、原则和清算委员会人选，按审批后进行清算。

清算委员会应当由外资企业的法定代表人、债权人代表以及有关主管机关的代表组成，并聘请中国的注册会计师、律师等参加。

清算委员会的职权包括：召集债权人会议；接管并清理企业财产，编制资产负债表和财产目录；提出财产作价和计算依据；制定清算方案；收回债权和清偿债务；追回股东应缴而未缴的款项；分配剩余财产；代表外资企业起诉和应诉。

【课后练习】

一、单项选择题

1. 下列关于个人独资企业法律特征的表述中，正确的是(　　)。

A. 个人独资企业可以独立承担民事责任

B. 个人独资企业具有法人资格

C. 个人独资企业的投资人对企业债务承担有限责任

D. 个人独资企业的投资人只能是中国公民

2. 不能以(　　)作为个人独资企业的出资。

A. 货币　　　　　　　　　　B. 实物

C. 土地使用权　　　　　　　D. 国有资产

3. 合伙人不具备法定人数满(　　)的，应当解散。

A. 10 天　　　　　　　　　　B. 20 天

C. 30 天　　　　　　　　　　D. 45 天

4. 有限合伙人不可以用(　　)作价出资。

A. 货币　　　　　　　　　　B. 实物

C. 劳务　　　　　　　　　　D. 知识产权

5. 除合伙协议另有约定外，普通合伙企业存续期间，下列行为中，不必经全体合伙人一致同意的是(　　)。

A. 合伙人之间转让其在合伙企业中的财产份额

B. 以合伙企业名义为他人提供担保

C. 聘任合伙人以外的人担任合伙企业的经营管理人员

D. 处分合伙企业的不动产

6. 以下不是合伙企业的财产(　　)。

A. 以合伙企业名义取得的收益　　　　B. 合伙人接受赠与

C. 合伙人的出资　　　　　　　　　　D. 合伙人个人财产

7. 根据《合伙企业法》的有关规定，普通合伙人承担合伙企业债务责任的方式是(　　)。

A. 对外承担连带责任，对内承担按份责任

B. 对内对外均承担连带责任

C. 对内对外均承担按份责任

D. 对内承担连带责任，对外承担按份责任

8. 合伙人对合伙企业有关事项作出决议，应当按照合伙协议约定的表决办法办理。如果合伙协议未约定或者约定不明确的，下列各项中，其表决办法符合《合伙企业法》规定的表决办法是(   )。

A. 实行合伙人一人一票

B. 实行合伙人一人一票并经全体合伙人过半数通过

C. 实行合伙人一人一票并经全体合伙人 2/3 以上通过

D. 实行合伙人一人一票并经全体合伙人一致通过

9. 中外合营企业的组织形式是(   )。

A. 合伙企业　　　　　　　　　B. 股份有限公司

C. 事业单位　　　　　　　　　D. 有限责任公司

10. 合营企业成立日期是(   )。

A. 营业执照签发日期　　　　　B. 达成合营协议日期

C. 合营合同签发日期　　　　　D. 合营企业章程通过日期

二、多项选择题

1. 下列内容中符合《个人独资企业法》规定的有(   )。

A. 公务员、警官、法官不得成为个人独资企业的投资人

B. 个人独资企业为非法人企业，没有注册资本的限额规定

C. 个人独资企业投资人对聘用人员职权的限制不得对抗外部善意的第三人

D. 个人独资企业不能设立分支机构

2. 甲、乙、丙准备设立一家普通合伙企业，在其拟定的合伙协议中的下列内容，不符合规定的有(   )。

A. 以劳务出资的甲对企业债务承担有限责任

B. 企业名称中只标明"合伙"字样

C. 由乙执行企业事务

D. 出资最多的丙有权修改合伙协议

3. 关于有限合伙企业的概念理解，下列说法正确的是(   )。

A. 有限合伙企业必须是由有限合伙人和普通合伙人共同组成的

B. 有限合伙企业至少应当有 1 个有限合伙人

C. 有限合伙中普通合伙人对合伙企业债务承担无限连带责任

D. 有限合伙中有限合伙人对合伙企业债务以其实缴的出资额为限承担有限责任

4. 外资企业终止的情形有(   )。

A. 经营期限届满

B. 经营不善、严重亏损，外国投资者决定解散

C. 因自然灾害、战争等不可抗力而遭受严重损失，无法继续经营

D. 破产

5. 某个人独资企业决定解散，并进行清算。该企业财产状况如下：企业尚有可用于清偿的财产 10 万元；欠缴税款 3 万元；欠职工工资 1 万元；欠社会保险费用 0.5 万元；欠甲公司到期债务 5 万元；欠乙未到期债务 2 万元。根据《中华人民共和国个人独资企业法》的规定，该个人独资企业在清偿所欠税款前，应先行清偿的款项有(   )。

A. 所欠职工工资 1 万元   B. 所欠社会保险费用 0.5 万元

C. 所欠甲公司到期债务 5 万元   D. 所欠乙未到期债务 2 万元

三、案例分析题

1. 2009 年 1 月 15 日，甲出资 5 万元设立 A 个人独资企业(以下简称 A 企业)。甲聘请乙管理企业事务，同时规定，凡乙对外签订标的额超过 1 万元以上的合同，须经甲同意。2 月 10 日乙未经甲同意，以 A 企业名义向善意第三人丙购买价值 2 万元的货物。2009 年 7 月 4 日，A 企业亏损，不能支付到期的丁的债务，甲决定解散该企业，并请求人民法院指定清算人。7 月 10 日，人民法院指定戊作为清算人对 A 企业进行清算。经查，A 企业和甲的资产及债权债务关系情况如下：(1) A 企业欠缴税款 2000 元，欠乙工资 5000 元，欠社会保险费用 5000 元，欠丁 10 万元；(2) A 企业的银行存款 1 万元，实物折价 8 万元；(3) 甲在 B 合伙企业出资 6 万元，占 50%的出资额，B 合伙企业每年可向合伙人分配利润；(4) 甲个人其他可执行的财产价值 2 万元。

问题：

(1) 简述 A 企业的设立条件及设立程序。

(2) 乙于 2 月 10 日以 A 企业名义向丙购入价值 2 万元货物的行为是否有效？为什么？

(3) 试述 A 企业的债务清偿顺序。

(4) 如何满足丁的债权请求？

2. A 与 B、C、D 合伙开办一家普通合伙企业，由 A、B、C 各出资 5 万元，D 提供技术入伙，4 人办理了有关手续并租赁了房屋，但并未订立书面协议。半年后，B 想把自己的一部分财产份额转让给 E，A 和 C 表示同意，但 D 不同意，并表示愿意受让 B 转让的那部分财产份额，因多数合伙人同意 E 成为新的合伙人，D 于是提出退伙，A、B、C 同意，此时，企业已对银行负债 2 万元。此后，企业经营状况持续恶化，半年后解散，又负债 3 万元。

问题：

(1) 该普通合伙关系是否成立？为什么？

(2) D 可否作为合伙人？为什么？

(3) B 转让财产份额的行为是否有效？为什么？

(4) D 是否可以退伙？为什么？

(5) 若企业解散后，债权人银行要求 D 偿还 2 万元的债务，D 有无偿还义务？为什么？

(6) D 退伙后，企业所负 3 万元债务应由谁来承担？为什么？

第三章 公 司 法

【学习目标】

掌握公司的概念、特征和分类，了解公司的设立、公司章程，理解公司合并及分立、公司增减资本；掌握有限责任公司的概念、特征及设立条件；掌握一人有限责任公司的概念及特殊规定；掌握股份有限公司的概念、特征及设立条件；掌握有限责任公司、股份有限公司的组织机构及股份转让等法律规定；了解股份的发行和转让，公司债券的发行和转让。

【案例导入】

甲、乙、丙、丁四个国有企业和戊有限责任公司投资设立股份有限公司，注册资本为8000万元。2006年8月1日，该股份有限公司召开的董事会会议情形如下：

(1) 该公司共有董事7人，有5人亲自出席。列席本次董事会的监事A向会议提交另一名因故不能到会的董事出具的代为行使表决权的委托书，该委托书委托A代为行使本次董事会的表决权。

(2) 董事会会议结束后，所有决议事项均载入会议记录，并由出席董事会会议的全体董事和列席会议的监事签名后存档。

2006年9月1日，该股份有限公司召开的股东大会作出如下决议：

(1) 更换两名监事。一是由甲国有企业的代表杨某代替乙国有企业代表韩某出任该公司的监事；二是公司职工代表曹某代替公司职工代表赵某。

(2) 为扩大公司的生产规模，决定发行公司债券500万元。

根据公司法律制度的规定，分析说明下列问题：

(1) 在董事会会议中A能否接受委托代为行使表决权？为什么？

(2) 董事会会议记录是否存在不妥之处？为什么？

(3) 股东大会会议决定更换两名监事是否合法？为什么？

(4) 股东大会会议决定发行公司债券是否符合规定？为什么？

第一节 公司法概述

一、公司概念及特征

公司是指依法设立的，以营利为目的的企业法人。公司是现代社会经济活动中最基本的主体，是当今世界最普遍、最重要的企业形式。《公司法》第 2 条规定：本法所称公司是指依照本法在中国境内设立的有限责任公司和股份有限公司。其主要特征如下。

1. 法定性

凡在我国境内设立的公司，必须依照我国《公司法》、《中华人民共和国公司登记管理条例》以及其他相关法律、法规所规定的条件和程序设立。依法设立的公司，由公司登记机关发给公司营业执照，营业执照的签发日期为公司的成立日期。

2. 营利性

公司以营利为目的，是指设立公司的目的及公司的运作，都是为了谋求经济的利益。为此，公司必须连续不断地从事某种经济活动，如商品生产、交换或提供某种服务。营利性是公司的基本特征，也是公司区别于非营利性法人组织的重要特征。公司的营利性实质上是股东设立公司的目的的反映。

3. 法人性

法人是指具有民事权利能力和民事行为能力，依法独立享有民事权利和承担民事义务的社会组织。法人是与自然人并列的一类民商事主体，具有独立的主体性资格，具有法律主体所要求的权利能力与行为能力，能够以自己的名义从事民商活动并以自己的财产独立承担民事责任。《公司法》规定的有限责任公司和股份有限公司均具有法人资格。

二、公司的分类

依据不同的标准，可将公司作不同的分类。

• 以公司股东的责任范围为标准，将公司分为有限责任公司、股份有限公司、无限责任公司、两合公司、股份两合公司。这是公司的最主要分类。

(1) 有限责任公司是指股东仅以其出资额为限对公司债务承担责任，公司以其全部资产对公司债务承担责任的公司。

(2) 股份有限公司是指公司由一定以上的人数组成，公司全部资本分为等额股份，股东以其所持股份对公司债务承担责任，公司以其全部资产对公司债务承担责任的公司。

(3) 无限责任公司是指由两个以上股东组成，全体股东对公司债务承担无限责任的公司。

(4) 两合公司是指由部分有限责任股东和部分无限责任股东共同组成的公司，前者对公司债务仅以出资额为限承担责任，后者对公司债务负无限责任的公司。

(5) 股份两合公司是指由部分仅以所持股份对公司债务承担有限责任的股东和部分对公司债务承担无限责任的股东共同组建的公司。

• 以公司股份转让方式为标准，将公司分为封闭式公司与开放式公司。

(1) 封闭式公司又称不公开公司，不上市公司等，是指公司股本全部由设立公司的股东拥有，且其股份不能在证券市场上自由转让的公司。有限责任公司属于封闭式公司。

(2) 开放式公司又称公开公司，上市公司等，是指可以通过法定程序公开招股，股东人数无法限制，公司股份可以在证券市场公开自由转让的公司。股份有限公司中的上市公司属于开放式公司。

• 以公司的信用基础为标准，将公司分为人合公司、资合公司以及人资兼合公司。

(1) 人合公司是指公司经营活动以股东个人信用而非公司资本的多寡为基础的公司。

无限责任公司是典型的人合公司。

(2) 资合公司是指公司经营活动以公司的资本规模而非股东个人信用为基础的公司。股份有限公司是典型的资合公司。

(3) 人资兼合公司是指公司设立和经营同时依赖于股东个人信用和公司资本规模,从而兼有两种公司的特点。两合公司,股份两合公司和有限责任公司属于典型的人资兼合公司。

• 以公司之间的控制关系为标准,将公司分为总公司与分公司,母公司与子公司。

(1) 总公司又称本公司,是指依法设立的管辖公司全部组织的具有企业法人资格的总机构。总公司通常先于分公司而设立,在公司内部管辖系统中,处于领导,支配地位。分公司是指在业务、资金、人事等方面受本公司管辖而不具有法人资格的分支机构,分公司不具有企业法人资格,其民事责任由总公司承担。

(2) 母公司是指拥有其他公司一定数额的股份或根据协议,能够控制、支配其他公司的人事、财务、业务等事项的公司,母公司最基本的特征,不在于是否持有子公司的股份,而在于是否参与子公司业务经营。子公司是指一定数额的股份被另一公司控制或依据协议被另一公司实际控制、支配的公司。子公司具有独立法人资格,能够独立承担民事责任。

• 以公司的国籍标准,将公司分为本国公司、外国公司和跨国公司。

(1) 本国公司是依中国法律在中国境内登记设立的公司。

(2) 外国公司是依外国法律在外国境内登记设立的公司。

(3) 跨国公司是指通常具有两个以上的国籍、在多个国家设有公司的公司。

三、公司法概念和调整对象

(一) 公司法概念及特证

1. 公司法概念

公司法是指规定公司的设立、组织、运营、变更、解散、股东权利与义务和其他公司内部、外部关系的法律规范的总称。

公司法的概念有广义、狭义之分。广义上的公司法,是指规定各种公司的设立、组织、活动、解散以及公司对内对外关系的法律规范的总称,包括涉及公司的所有法律、法规,如《公司法》、《公司登记管理条例》等。狭义上的公司法,专指以"公司法"命名的立法文件,在我国,即由立法机关颁布的《公司法》。

《公司法》于 1993 年 12 月 29 日第八届全国人民代表大会常务委员会第五次会议通过,自 1994 年 7 月 1 日起施行。1999 年 12 月 25 日第九届全国人民代表大会常务委员会第十三次会议第一次修正,2004 年 8 月 28 日第十届全国人民代表大会常务委员会第十一次会议第二次修正,2005 年 10 月 27 日第十届全国人民代表大会常务委员会第十八次会议第三次修正,2013 年 12 月 28 日第十二届全国人民代表大会常务委员会第六次会议第四次修正,自 2014 年 3 月 1 日起施行。

2. 公司法特征

(1) 公司法是组织法与行为法的结合。作为组织法,规定了公司的设立、变更和终止;公司章程;公司内部机构的设立及其权利义务;公司与股东之间的关系及股东与股东之间的关系；公司的人格权等。作为行为法，规定了公司股票的发行和交易、债券的发行和转让等内容。

(2) 公司法是强行法与任意法的结合。公司法规范中，既有强制性规范又有任意性规范。对于涉及债权人利益的规范，主要是强制性规范。但对于公司内部关系的规范主要是任意性规范。

(3) 公司法是兼具程序法律内容的实体法。公司法属于实体法，但是包含了大量程序法内容。公司法中关于公司设立的条件、公司资本制度、公司组织结构及其职权、股东权利义务属于实体法规范。而关于公司设立的程序、公司组织机构行使职权的方式以及公司变更、清算、解散的程序属于程序法规范。

(二) 公司法的调整对象

公司法的调整对象主要是指在公司设立、组织、运营或解散过程中所发生的社会关系。具体有：

(1) 公司内部财产关系：如公司发起人之间、发起人与其他股东之间、股东相互之间、股东与公司之间在设立、变更、破产、解散和清算过程中所形成的带有经济内容的社会关系。

(2) 公司外部财产关系：主要指公司从事与公司组织特征密切相关的营利性活动，与其他公司、企业或个人之间发生的财产关系，如发行公司债券或公司股票。

(3) 公司内部组织管理与协作关系：主要指公司内部组织机构，如股东会或股东大会、董事会、监事会相互之间，公司同公司职员之间发生的管理或合同关系。

(4) 公司外部组织管理关系：主要指公司在设立、变更、经营活动和解散过程中与有关国家经济管理机关之间形成的纵向经济管理关系。如公司的设立审批、登记，股份与公司债的发行审批、交易管理，公司财务会计的检查监督等。

四、公司的设立

(一) 公司设立的概念

公司设立是指公司设立人依照法定的条件和程序，为组建公司并取得法人资格而必须采取和完成的法律行为。公司设立和公司成立不同，公司设立是一种法律行为，公司成立则是公司设立行为的法律后果。另外，公司设立阶段不具有法人资格，公司成立则取得法人资格。

(二) 公司设立的立法原则

公司设立有四种不同的原则，即自由设立原则、特许设立原则、核准设立原则和准则设立原则。《公司法》中的有限责任公司和股份有限公司采用准则设立原则。

(三) 公司设立的方式

公司设立的方式有两种，即发起设立和募集设立。发起设立是指由发起人认购公司应发行的全部股份而设立公司。募集设立是指由发起人认购公司应发行股份的一部分，其余部分向社会公开募集而设立公司。

(四) 公司设立登记

公司设立应当向公司登记机关提出申请，办理登记。在我国，公司登记机关为工商行政管理机关。

1. 公司名称预先核准

设立有限责任公司，应当由全体股东指定的代表或者共同委托的代理人向公司登记机关申请名称预先核准；设立股份有限公司，应当由全体发起人指定的代表或者共同委托的代理人向公司登记机关申请名称预先核准。

预先核准的公司名称保留期为 6 个月。预先核准的公司名称在保留期内不得用于从事经营活动，不得转让。

2. 公司设立登记程序

公司设立人首先应当向公司登记机关申请设立登记。设立有限责任公司，应当由全体股东指定的代表或共同委托的代理人作为申请人；设立国有独资公司，应当由国家授权机构或国家授权的部门作为申请人；设立股份有限责任公司应由董事会作为申请人。

3. 公司设立的法律效力

《公司登记管理条例》第 25 条规定：依法设立的公司，由公司登记机关发给《企业法人营业执照》。公司营业执照的签发日期为公司成立日期。公司凭公司登记机关核发《企业法人营业执照》刻制印章，开立银行账户，申请纳税登记。由此可见，公司经设立登记的法律效力就是公司取得法人资格，进而取得从事经营活动的合法身份。

(五) 发起人

发起人是指依法筹办股份有限公司事务的人。发起人可以是自然人、法人及其他组织，国家一定程度上也可以成为发起人，具体由国有资产管理部门作为出资者代表而履行发起人职责。在设立公司的过程中，发起人的职责主要包括：

(1) 签订出资协议。

(2) 订立公司章程。

(3) 确认出资方式，对以实物、知识产权、土地使用权出资的进行协议作价或者委托评估。

(4) 办理公司登记手续。

(5) 其他与公司设立相关的事务。

五、公司的名称和住所

(一) 公司的名称

公司名称是表示公司性质或特点并与其他公司相区别的标志。

根据《公司法》和国家工商总局的《公司名称登记管理条例》及实施办法，我国的公司名称一般由四部分组成：行政区划、商号(字号)、行业、组织形式。

例如："贵州茅台酒业股份有限公司"，其中"贵州"是行政区划；"茅台"是商号(字号)；"酒业"是行业；"股份有限公司"是组织形式。

一个公司只能有一个名称。在同一公司登记机关的辖区内，同一行业的公司不允许有相同或类似的名称。有限责任公司必须在公司名称中标明"有限责任公司"或"有限公司"字样。股份有限公司必须在公司名称中标明"股份有限公司"或"股份公司"的字样。我国对公司名称登记管理实行预先核准制度，公司在申请设立登记之前，必须首先申请名称预先核准。

(二) 公司住所

依照《公司法》第10条规定，公司的住所是其主要办事机构所在地。确定公司的住所有以下法律意义：

(1) 确定诉讼管辖地。民事诉讼中，根据住所地来确定地域管辖及诉讼文书送达的地点。

(2) 确定公司登记管辖地。公司登记依法应当由国家工商行政管理局或省、自治区、直辖市工商行政管理局核准登记注册公司以外，其他公司由所在市、县、区工商局核准登记。

(3) 确定债务履行地。对履行地不明确的债务，给付货币的，在接受一方所在地履行，其他标的在履行义务一方所在地履行，所在地即为公司的住所。

六、公司章程

公司章程是指公司依法制定的，规定公司名称、住所、经营范围、经营管理制度等重大事项的基本文件。公司章程是公司组织和活动的基本准则，是确定公司权利、义务关系的基本法律文件。

公司章程是公司设立的一个必备条件和重要步骤。公司的设立程序以订立公司章程开始，以设立登记结束。《公司法》规定：设立公司必须依照本法制定公司章程。审批机关和登记机关要对公司章程进行审查，以决定是否给予批准或者给予登记。

(一) 公司章程内容

公司章程的内容即指公司章程所记载的事项。公司章程具体内容可因公司种类、公司经营范围、公司经营方式的不同有以下三类：

(1) 绝对记载事项。对于绝对记载事项，公司有义务将其一一记载，没有权利作出自由选择。如果缺少其中一项或者任何一项记载不合法，将导致整个章程无效。

(2) 相对记载事项。法律列举规定了某些事项，但这些事项是否记入公司章程，由章程制定者决定。相对记载事项，非经载明于章程，不生效力。

(3) 任意记载事项。法律并没有明文规定，公司章程制定者认为需要记载在章程中的事项，如董事、监事、高级管理管理人员报酬等，此类事项不记入则不发生法律效力。

(二) 我国公司法对公司章程内容的规定

1. 有限责任公司

有限责任公司章程绝对记载事项：

(1) 公司名称和住所。

(2) 公司经营范围。

(3) 公司注册资本。

(4) 公司股东的姓名或名称。

(5) 股东的出资方式、出资额和出资时间。

(6) 公司的机构及其生产办法、职权、议事规则。

(7) 公司法定代表人。

(8) 股东会会议认为需要规定的其他事项。

2. 股份有限公司

股份有限公司绝对记载事项：

(1) 公司名称和住所。

(2) 公司经营范围。

(3) 公司设立方式。

(4) 公司股份总数、每股金额和注册资本。

(5) 发起人的姓名或者名称，认购的股份数，出资方式和出资时间。

(6) 董事会的组成、职权和议事规则。

(7) 公司法定代表人。

(8) 监事会的组成、职权和议事规则。

(9) 公司利润分配方法。

(10) 公司的解散事由和清算办法，公司的通知和公告方法以及股东大会会议认为需要规定的其他事项。

(三) 公司章程的效力

公司章程必须采取书面形式，经全体股东或发起人同意并在章程上签名、盖章，才能生效。公司章程对公司股东、董事、监事、高级管理员具有约束力。

(四) 公司章程的变更程序

公司章程的变更是指已经生效的公司章程的修改。但变更公司章程要遵循以下原则：

(1) 不损害股东利益。

(2) 不损害债权人利益。

(3) 不妨害公司法人的一致性原则。

就公司章程变更的程序而言，首先，由董事会提出修改公司章程提议；其次，将修改公司章程的提议通知其他股东；再次，由股东会或股东大会表决通过。《中华人民共和国公司法》规定：有限责任公司修改公司章程的决议，必须经代表 2/3 以上的表决权的股东通过；股份有限公司修改公司章程的决议，必须经出席股东大会的股东所持表决权的 2/3 以上通过。

公司的章程变更后，公司董事会应向工商行政管理机关申请变更登记。

七、公司资本

(一) 公司资本的概念

公司资本也称为股本，它在公司法上的含义是指由公司章程确定并载明的、全体股东的出资总额。

(二) 公司资本的具体形态

1. 注册资本

注册资本即狭义上的公司资本，是指公司在设立时筹集的、由章程载明的、经公司登记机关登记注册的资本。《公司法》第 26 条规定：有限责任公司的注册资本为在公司登记机关登记的全体股东认缴的出资额。第 80 条规定：股份有限公司采取发起设立方式设立的，注册资本为在公司登记机关登记的全体发起人认购的股本总额，股份有限公司采取募集方式设立的，注册资本为在公司登记机关登记的实收股本总额。

2. 发行资本

发行资本又称认缴资本，是指公司实际上已向股东发行的股本总额。发行资本可能等于注册资本，也可能小于注册资本。实行法定资本制的国家，公司章程所确定的资本应一次全部认足资本后，可以分期缴纳股款。实行授权资本制的国家，一般不要求注册资本都能得到发行，所以它小于注册资本。

3. 认购资本

认购资本是指出资人同意缴付的出资总额。

4. 实缴资本

实缴资本又称实收资本，是指公司成立时公司实际收到的股东的出资总额。它是公司现实拥有的资本。由于股东认购股份以后，可能一次全部还清，也可能在一定期限内分期缴纳，故实缴资本可能等于或小于注册资本。

我国原公司法对公司资本采纳了法定资本制，即在公司设立时，必须在公司章程中明确规定公司资本总额，并一次性发行、全部认足或募足，否则公司不得成立的资本制度。我国新公司法的注册资本制度由实缴制改为了认缴制，公司的注册资本等于公司成立时全体股东的认缴资本总额，但公司成立时的实缴资本可能小于注册资本。我国原公司法中的法定资本制是建立在资本信用基础上的资本形成制度，新公司法通过取消法定最低注册资本限额及注册资本认缴制，使得严格的法定资本制有所缓和。

(三) 公司资本原则

公司资本原则，是指由公司法所确立的在公司设立、营运以及管理的整个过程中为确保公司资本的真实、安全而必须遵循的法律准则。传统公司法所确认的三项资本原则最为重要，即资本确定原则、资本维持原则和资本不变原则。

1. 资本确定原则

资本确定原则是指公司设立时应在章程中载明的公司资本总额，并由发起人认足或募足，否则公司不能成立。现在很少有国家严守此项原则。如前所述，我国原来的公司法实行的是严格的资本确定制度，即要求公司资本与公司成立之时全部募足或全部缴足，并要经法定验资机构验资，但现行公司法已经取消了注册资本实缴制以及验资机构的验资程序。

2. 资本维持原则

资本维持原则又称资本充实原则，是指公司在其存续过程中，应当经常保持与其资本额相当的财产。我国公司法贯彻了资本维持原则的要义，规定了若干强制性规范以确保公司拥有充足的财产，主要有：公司成立后，发起人或股东不得退股，不得抽回股本；股票发行价格不得低于股票面值；公司应按规定提取和使用法定公积金。法定公积金可视为资本储备，主要用途在于弥补公司的亏损、扩大公司经营规模而增加资本；亏损或无利润不得分配股利；公司原则上不能收购自己的股份，也不得接受本公司的股票作为抵押权的标的等。

3. 资本不变原则

资本不变原则是指公司资本总额一旦确定，非经法定程序，不得任意变动。实际上资本不变原则是资本维持原则的必然要求。我国公司法主要对公司资本的减少作出严格限制。这些规定有：须编制资产负债表和财务清单；须经股东大会作出决议；须于减资决议后的法定期间内向债权人发出通知并且公告；债权人有权在法定期间内要求公司清偿债务或者提供相应的担保；须向公司登记机关办理变更登记。

八、公司的董事、监事、高级管理人员

(一) 公司董事、监事、高级管理人员的任职资格

公司董事是指有限责任公司、股份有限公司董事会的全体董事。公司监事是指有限责任公司的监事会的全体监事或者不设监事会的有限责任公司的监事，以及股份有限公司监事会的全体监事。公司的高级管理人员是指公司的经理、副经理、财务负责人、上市公司董事会秘书和公司章程规定的其他人员。

公司的董事、监事、高级管理人员均是公司机关中具有法定职权的管理人员，在公司中处于重要地位，因此，需要对其任职资格作限制性规定，以保证其具有正确履行职责的能力和条件。根据《公司法》的规定，有下列情形之一的，不能担任公司的董事、监事、高级管理人员：

(1) 无民事行为能力或者限制民事行为能力。

(2) 因犯有贪污、贿赂、侵占财产、挪用财产罪或者破坏社会经济秩序罪，被判处刑罚，执行期满未逾 5 年，或者因犯罪被剥夺政治权利，执行期满未逾 5 年。

(3) 担任破产清算公司、企业的董事或者厂长、经理，并对该公司、企业的破产负有个人责任，自公司、企业破产清算完结之日起未逾 3 年。

(4) 担任因违法被吊销营业执照、责令关闭的公司、企业的法定代表人，并负有个人责任的，自该公司、企业被吊销营业执照之日未逾 3 年。

(5) 个人所负数额较大的债务到期未清偿。

董事、监事、高级管理人员如果在任职期间出现上述情形的，公司应当解除其职务。

【案例3-1】 甲股份有限公司在审议董事会人选时，有下列四人的任职资格受到股东质疑。下列各项中，属于《公司法》规定的不得担任公司董事的情形有(   )。

A. 赵某，五年前因对一起重大工程事故负有责任，被判处有期徒刑一年

B. 钱某，两年前被任命为一家长期经营不善、负债累累的国有企业的厂长，上任仅六个月，该企业被宣告破产

C. 孙某，曾独资开办一家工厂，一年前该厂因无力清偿大额债务而倒闭，债权人至今仍在追讨

D. 李某，5 年前担任因违法被吊销营业执照、责令关闭的 w 公司的法定代表人，并且负有个人责任

解析： 本案 A 项中的赵某，虽然被判处刑罚，执行期满未逾五年，但其所犯罪行为不在公司法禁止的经济类犯罪之内；B 项中钱某，虽然管理的企业破产，但在其上任之前即已负债累累，达到破产界限，因此钱某对该企业的破产并不负有个人责任；D 项中的李某，担任因违法被吊销营业执照、责令关闭的公司的法定代表人，并负有个人责任，但公司被吊销营业执照之日起已超过 3 年。所以，以上三个选项不在公司法规定的禁止之列。C 选项属于个人所负数额较大的债务，到期不能清偿的，不得担任公司的高级管理人员，故选 C。

(二) 董事、监事、高级管理员人员的义务和责任

董事、监事、高级管理人员的共同义务：

(1) 遵守法律、行政法规，遵守公司章程，忠实履行职务，维护公司利益。

(2) 不得利用在公司的地位和职权为自己牟取私利。

(3) 不得利用职权收受贿赂或者其他非法收入。

(4) 不得侵占公司的财产。

(5) 不得泄露公司秘密。

董事、高级管理人员不得有下列行为：

(1) 挪用公司资金。

(2) 将公司资金以其个人名义或者以其他个人名义开立账户存储。

(3) 违反公司章程的规定，未经股东会、股东大会或者董事会同意，将公司资金借贷给他人或者以公司资产为他人提供担保。

(4) 违法公司章程的规定或者未经股东会、股东大会同意，与本公司订立合同或者进行交易。

(5) 未经股东会或者股东大会同意，利用职务之便为自己或者他人谋取属于公司的商业机会，自营或者为他人经营与所任职公司同类的业务。

(6) 接收他人与公司交易的佣金归已有。

(7) 擅自披露公司秘密。

(8) 违反对公司忠实义务的其他行为。

董事、高级管理人员违反上述规定所得的收入归公司所有。

九、公司债券

公司债券是指公司依照法定条件和程序发行的，约定在一定期限内还本付息的有价证券。公司债券的性质为民法上的合同之债、单一之债、金钱之债。

(一) 公司债券的种类

依照不同的标准，对公司债券可以进行不同的分类：

(1) 根据公司债券期限标准，公司债券分为短期公司债券、中期公司债券和长期公司债券。按照我国现行公司债券发行的期限，短期公司债券的期限在 1 年以内，中期公司债券的期限在 1 年以上 5 年以内，长期公司债券的期限在 5 年以上。

(2) 根据是否在公司债券上记载债权人姓名为标准，公司债券分为记名公司债券和无记名公司债券。记名公司债券是指在公司债券上记载债权人姓名或者名称的债券。无记名公司债券是指在公司债券上不记载债权人姓名或者名称的债券。区分记名公司债券和无记名公司债券的法律意义在于转让的要求不同。记名公司债券的转让，转让人需要在债券上背书；而无记名公司债券的转让，交付债券时，转让即发生法律效力。

(3) 根据公司债券能否可转换为公司股票标准，公司债券可分为可转换公司债券和不可转换公司债券。可转换公司债券是指可以转换成为公司股票的公司债券。不可转换公司债券是指不能转换为公司股票的公司债券。按照我国公司法规定，只有上市公司才可以申请发行可转换公司债券。

(二) 公司债券发行的条件

公开发行公司债券，应当符合下列条件：

(1) 股份有限公司的净资产不低于人民币 3000 万元，有限责任公司的净资产不低于人民币 6000 万元。

(2) 累计债券余额不超过公司净资产的 40%。

(3) 最近 3 年平均可分配利润足以支付公司债券 1 年的利息。

(4) 筹集资金的投向符合国家产业政策。

(5) 债券利率不得超过国务院限定的利率水平。

(6) 国务院规定的其他条件。

公开发行公司的债券筹备的资金，必须用于核准的用途，不得用于弥补亏损和非生产性支出。上市公司发行可转换为股票的公司债券，除应当符合上述条件外，还应当符合关于公开发行股票的条件，并报国务院证券监督管理机构核准。

有下列情形之一的，不得再次公开发行公司债券：

(1) 前一次公开发行的公司债券尚未募足的。

(2) 对已公开发行的公司债券或者其他债务有违约或者延迟支付本息的事实，且仍处于继续状态的。

(3) 违反本法规定，改变公开发行公司债券所募资金的用途的。

十、公司财务与会计制度

(一) 公司财务会计概述

根据我国公司法规定，公司均应当按照《公司法》、《中华人民共和国会计法》和经国务院批准财政部颁布的《企业财务通则》、《企业会计准则》建立本公司的财务、会计制度。

公司财务会计制度主要包括两个内容：一是财务会计报告制度，即公司应当依法编制财务会计表和制作财务会计报告。二是收益分配制度，即公司年度分配，应当依照法律规定及股东会的决议，将公司利润用于缴纳税款、提取公积金以及进行红利分配。

公司应当聘用会计师事务所承办公司的审计业务。公司应在每一会计年度终了时编制公司财务会计报告，会计师事务所的聘用和解聘应由公司的股东会、股东大会或者董事会决定。公司股东会、股东大会或者董事会就解聘会计师事务所进行表决时，应当允许会计师事务所陈述意见。

有限责任公司应按公司章程规定的期限，将公司财务会计报告及时送交公司的各个股东。股份有限公司的财务会计报告应在召开股东大会的 20 日以前置备于本公司，供股东查阅。

(二) 公司的财务会计报告

公司的财务会计报告是指公司业务执行机构每一会计年度末时制作的反映公司经营现状的财务会计状况和经营效果的书面文件。公司应当在每一会计年度终了时编制财务会计报告，并依法经会计师事务所审计。

1. 公司的财务会计报告的内容

(1) 资产负债表。这是反映公司在某一特定日期财务状况的报表。它是根据"资产 = 负债 + 所有者权益"这一会计公式，按照资产、负债和所有者权益分项列示并编制而形成的。资产负债表为人们提供公司一定时期的静态的财务状况，可以使人们了解公司在某一特定时间点上的资本构成、公司的负债以及投资者拥有的权益。由此可以评价公司的变现能力和偿债能力，考核公司资本的保值增值情况，预测公司未来的财务状况变动趋势。

(2) 利润分配表。利润分配表是反映公司利润分配和年末未分配利润情况的报表。他是损益表的附属明细表。利润分配表通常按税后利润、可供分配利润、未分配利润分项列示。

(3) 损益表。损益表又称利润表，是反映公司一定时期的经营成果以及分配情况的报表。损益表向人们提供一定时期内动态的公司营业盈亏的实际情况，人们可以利用该表分析公司利润增减变化的原因，评价公司的经营成果和投资价值，判断公司的盈利能力和未来一定时期的盈利趋势。

(4) 财务状况变动表。财务状况变动表是综合反映公司一定会计期间内营运资金来源、运用及其增减变动情况的报表。财务状况变动表向人们提供公司在一定会计期间内财务状况变动的全貌，说明资金变化的原因。人们通过分析财务状况变动表，了解公司流动资金流转情况，判断公司经营管理水平高低。

(5) 财务情况说明书。财务情况说明书是对财务会计报表所反映的公司财务状况作进一步的说明和补充的文书。它主要说明公司的营业情况、利润实现和分配情况资金增减和周转情况、税金缴纳情况各项财产物资变动情况、对本期或者下期财务状况发生重大影响的思想以及需要说明的其他事项。

2. 公司财务会计报告的提供

公司财务会计报表制作的主要目的，是向有关人员和部门提供财务会计信息，满足有关各方了解公司的财务状况和经营成果的需求。因此，公司的财务会计报告应及时报送有关人员和部门。有限责任公司应当按照公司章程规定的期限将财务会计报告送交各股东。股份有限公司的财务会计报告应当在召开股东大会年会的 20 日以前置备于本公司，供股东查阅。以募集设立方式成立的股份有限公司必须公告企业财务会计报告。依照有关法律的规定，公司的财务会计报告要报送国家有关行政部门，以接受其管理和监督，如报送财政部门或其他有关部门。

(三) 公司的收益分配制度

1. 公司收益分配顺序

依照我国公司法的相关规定，公司当年税后利润分配规定的法定顺序是：

(1) 弥补亏损。即在公司已有的法定公积金不足以弥补上一年度公司亏损时，先用当年利润弥补亏损。

(2) 提取法定公积金。即应当提取税后利润的 10%列入公司法定公积金：公司法定公积金累积额为公司注册资本的 50%以上的，可以不再提取。

(3) 提取任意公积金。即经股东会或股东大会决议，提取任意公积金，任意公积金的提取比例由股东会或者股东大会决定。任意公积金不是法定必须提取的，是否提取以及提取比例由股东会或股东大会决议。

(4) 支付股利。即在公司弥补亏损和提取公积金后，所余利润应分配给股东，即向股东支付股息。

2. 股东利润的分配

分配利润是公司股东最重要的权利，也是股东投资公司的目的所在，股东从公司所分配的利润成为红利、股利和股息。

公司只有在弥补亏损和提取法定公积金后，才能将所余利润分配于股东。这表明公司向股东分配股利，必须以有这种盈余为条件。

有限责任公司股东分配红利的原则是按照实缴的出资比例。但如果全体股东通过出资协议、公司章程或者其他方式约定不按出资比例分配红利的，该约定具有法律效应，依照该约定分配股利，而不依各股东的出资比例。《公司法》第 35 条规定：股东按照市价的出资比例分取红利；公司新增资本时，股东有权优先按照实缴的出资比例认缴出资。但是，全体股东约定不按出资比例分取红利或者不按照出资比例优先认缴出资的除外。

股份有限责任公司的股东原则上以其所持有的股份比例分配红利，但股东可以通过公司章程规定不按持股比例分配红利。如果股份公司的公司章程规定的红利分配方法，依其规定分配。

如果在弥补亏损和提取法定公积金之前向股东分配红利的，属于违反公司法的行为，股东应当将其分配的利润退还给公司。

公司持有的本公司股份不得分配利润。

3. 公积金

公积金又称储备金，包括法定公积金和任意公积金，是指公司为增强自身财产的能力，扩大生产经营和预防意外亏损，依法从公司利润中提取的一种款项。公积金主要用于：

(1) 弥补公司的亏损；(2) 扩大公司生产经营；(3) 转增公司资本。

但公积金中的资本公积金不得用于弥补公司亏损；当以法定公积金转增为资本时，所留存的法定公积金不得少于转增前注册资本的 25%。法定公积金的提取比例属于公司法的强行性规范，公司必须遵守，即公司分配当年税后利润时，应当提取利润的 10% 列入公司法定公积金。当公司法定公积金累计额达到公司注册资本的 50% 以上时，可以不再提取。当然，公司经股东会或股东大会决议也可以继续提取。

十一、公司合并、分立以及增减资本

(一) 公司的合并

公司合并是指两个或两个以上的公司订立合并协议，依照《公司法》的规定，不经过清算程序，而直接结合为一个公司的法律行为。

1. 公司合并的方式

(1) 吸收合并，是指一个公司吸收其他公司，合并组成一个公司，被吸收的公司解散，公式为 A + B = A。B 公司消灭，A 公司存续。

(2) 新设合并，是指两个或者两个以上的公司合并设立一个新的公司，合并各方解散，公式为 A + B = C。A、B 都解散，产生新的 C 公司。

2. 公司合并程序

(1) 股东会或股东大会作出合并或决议。

(2) 签订合并协议。

(3) 报审批机关审批。

(4) 编制资产负债表和财产清单。

(5) 通知债权人，即公司应当自作出合并决议之日 10 日内通知债权人，并于 30 日内在报纸上公告。债权人自接到通知书之日起 30 日内，未接到通知书的自公告之日起 45 日内，可以要求公司清偿债务或者提供相应的担保。

(6) 办理合并登记手续。公司合并，应当自公告之日起 45 日后申请登记。

公司合并时，合并各方的债权、债务，应当合并后存续的公司或者新设的公司承继。

(二) 公司的分立

公司分立是指一个公司通过依法签订分立协议，不经过清算程序，分为两个或两个以上公司的法律行为。公司分立前的债务由分立后的公司承担连带责任。但是，公司在分立前与债权人就债务清偿达成的书面协议另有约定的除外。

1. 公司分立的方式

(1) 新设分立，是指公司全部资产分别设立两个或两个以上的新公司，原公司不复存在。公式为 A = B + C。A 公司消灭，分别设立两个或两个以上的新公司 B 和 C。

(2) 派生分立，是指公司以其部分资产和业务另设立一个新的公司，原公司存续。公式为 A = A + B。B 公司被派生出来，A 公司继续存续。

2. 公司分立程序

(1) 股东会或股东大会作出合并决定或决议。

(2) 签订合并协议。

(3) 报审批机关审批。

(4) 编制资产负债表和资产清单。

(5) 通知债权人，即公司应当自作出合并决议之日起 10 日内通知债权人，并于 30 日内在报纸上公告。

(6) 办理分立登记手续，公司分立，应当自公告之日起 45 日后申请登记。

公司分立时，分立前的债务由分立后的公司承担连带责任。但是，公司在分立前与债权人就债务清偿达成书面协议另有约定的除外。

(三) 注册资本的增加及减少

1. 注册资本的增加

公司增加注册资本是指公司经过股东会或者股东大会进行决议后使公司的注册资本在原有的基础上予以扩大的法律行为。

有限责任公司增加注册资本时，股东认缴新增资本的出资，依照《公司法》设立有限责任公司缴纳出资的有关规定执行。

股份有限公司为增加注册资本发行新股时，股份认购新股，依照《公司法》设立股份有限公司缴纳股款的有关规定执行。

2. 注册资本的减少

公司减少注册资本，是指公司依法对自己已经注册的资本通过一定的形式而使本公司注册资本在原有的基础上进行削减的法律行为。

公司需要减少注册资本时，必须编制资产负债表及财产清单。公司应当自作出减少注册资本决议之日起 10 日内通知债权人，并于 30 日内在报纸上公告。债权人自接到通知书之日起 30 日内，未接到通知书的自公告之日起 45 日内，有权要求公司清偿债务或者提供相应的担保，公司减资后的注册资本不得低于法定的最低限额。

公司增加或者减少注册资本，应当依法向公司登记机关办理变更登记。

十二、公司的解散与清算

1. 公司的解散

公司的解散是指已成立的公司基于一定的合法事由而使公司消灭的法律行为。

公司解散的原因有三大类：一是一般解散的原因；二是强制解散的原因；三是请求解散的原因。

(1) 一般解散的原因有：

① 公司章程规定的营业期限届满或者公司章程规定的其他解散事由出现时。

② 股东会或者股东大会决议解散时。

③ 因公司合并或分立需要解散的。

(2) 强制解散的原因有：

① 主管机构决定。

② 责令关闭。

③ 被吊销营业执照。

(3) 请求解散的原因有：

① 公司持续 2 年以上无法召开股东会或者股东大会，公司经营管理发生严重困难的。

② 股东表决时无法达到法定或者公司章程规定的比例，持续 2 年以上不能做出有效的股东会或者股东大会决议，公司经营管理发生严重困难的。

③ 公司董事长期冲突，且无法通过股东会或者股东大会解决，公司经营管理发生严重困难的。

④ 经营管理发生其他严重困难，公司继续存续会使股东利益受到重大损失的情形。

2. 公司的清算

清算是终结已解散公司的一切法律关系，处理公司剩余财产的程序。公司除因合并或分立解散无需清算，以及因破产而解散的公司适用破产清算程序外，其他解散的公司，都应当按公司法的规定进行清算。其程序为：

(1) 成立清算组：公司应当在解散事由出现之日起 15 日内成立清算组。有限责任公司的清算组由股东组成，股份有限公司的清算组由董事或者股东大会确定的人员组成。逾期不成立清算组进行清算的，债权人可以申请人民法院指定有关人员组成清算组进行清算。人民法院应当受理该申请，并及时组织清算组进行清算。

(2) 清算组的职责：

① 清理公司财产，分别编制资产负债表和财产清单。

② 通知，公告债权人。

③ 处理与清算有关的公司未了结的业务。

④ 清缴所欠税款以及清算过程中产生的税款。

⑤ 清理债权、债务。

⑥ 公司清偿债务后的剩余财产。

⑦ 代表公司参与民事诉讼活动。

(3) 清算程序：

① 通知或者公告债权人申报债权。清算组应当自成立之日起 10 日内通知债权人，并于 60 日内在的报纸上公告。债权人应当自接到通知书之日起 30 日内，未接到通知书的自公告之日起 45 日内，向清算组申报其债权。债权人申报其债权，应当说明债权的有关事项，

并提供证明材料。清算组应当对债权人进行登记。在申报债权期间，清算组不得对债权人进行清偿。

② 清理财产清偿债务。清算组对公司资产、债权、债务进行清理。在清算期间，公司不得开展新的经营活动，任何人未经清算组批准，不得处分公司财产。清理组在清理公司财产，编制资产负债表和财产清单后，应当制定清算方案，并报股东会，股东大会或者人民法院确认。

清算组在清理公司财产，编制资产负债表和财产清算后，发现公司财产不足以清偿债务的，应当立即向人民法院申请宣告破产。

公司经人民法院裁定宣告破产后，清算组应当将清算事务移交给人民法院。公司财产能够清偿公司债务的，清算组应先拨付清算费用，然后按照下列顺序清偿：职工工资和社会保险费用和法定补偿金；所欠税款；公司债务。

③ 分配剩余价值。在支付清算费用和清偿公司债务后，清算组应将公司财产分配给股东。有限责任公司按照股东的出资比例进行分配；股份有限公司按照股东持有的股份比例进行分配。公司财产在未清偿债务前，不得分配给股东。

④ 清算终结。公司清算结束后，清算组应当制作清算报告，报股东会、股东大会或者人民法院确认，并报公司登记机关，申请注销登记。

注销登记申请经公司登记机关核准注销登记，公司终止。

第二节　有限责任公司

一、有限责任公司的概念和特征

有限责任公司是指股东以其认缴的出资额为限对公司承担责任，公司以其全部资产对公司债务承担责任的企业法人。有限责任公司的特征有以下几点。

(一) 股东人数限制性

《公司法》第 24 条规定：有限责任公司由 50 个以下股东出资设立。我国新修改的公司法采取了允许设立一人有限责任公司的立法政策，改变了原公司法关于有限责任公司股东必须有两人以上的规定。

(二) 股东责任有限性

股东以出资额为限对公司承担责任，这是有限责任公司区别于无限责任公司、两合公司的本质特征，也是有限责任公司兼有资合性的表现。

(三) 机构设置灵活性

有限责任公司的设立手续与股份有限公司的设立手续相比，较为简单。一般由全体设立人制定公司章程，各自认缴出资额，即可在公司登记机关登记设立。有限责任公司的公司机关也较为简单，不一定都要设置董事会和监事会。如一人有限责任公司和国有独资公司就不需要设立股东会。

(四) 出资转让限制性

有限责任公司具有人合兼资合性质，法律对股东转让出资作出了较严格的限制。《公司法》第 72 条规定：有限责任公司股东向股东以外的人转让出资时，必须经全体股东过半数同意；不同意转让的股东应当购买该股东转让的出资，如果不购买该股东转让的出资，则视为同意转让；经股东同意转让的出资，在同等条件下，其他股东对该出资有优先购买权。

(五) 公司资本封闭性

有限责任公司一般属于中、小规模的公司，与股份有限公司相比，其在组织与经营上具有封闭性或非公开性。封闭性主要体现在以下三点：其一，设立程序不公开；其二，公司的经营状况不向社会公开；其三，股东对外转让出资有严格限制。

二、有限责任公司的设立

(一) 公司设立的条件

设立有限责任公司，应当具备下列条件。

1. 股东符合法定人数

有限责任公司的股东人数为 1 个以上，50 个以下。允许设立一人有限责任公司和国有独资公司，股东可以是自然人，也可以是法人或者其他经济组织。

2. 股东出资符合法律规定

(1) 注册资本。根据《公司法》第 26 条的规定：有限责任公司的注册资本为公司登记机关登记的全体股东认缴的出资额。法律、行政法规以及国务院决定对有限责任公司注册资本实缴、注册资本最低限额另有规定的，从其规定。

(2) 出资方式。有限责任公司股东的出资方式可以是多样的。依据《公司法》第 27 条的规定，股东的出资方式有：

① 货币。

② 实物。

③ 知识产权。

④ 土地使用权。

股东可以其他公司的股权出资。出资人以其他公司的股权出资，符合下列条件的，可以认定出资人已履行出资义务：

① 出资的股权由出资人合法持有并依法可以转让。

② 出资的股权无权利瑕疵或者权利负担。

③ 出资人已履行关于股权转让的法定手续。

④ 出资的股权已依法进行了价值评估。股权出资不符合上述规定的，公司、其他股东或者公司债权人可以请求在合理期间内采取补正措施，逾期未补正的，视为未全面履行出资义务。

(3) 出资期限：有限责任公司股东认缴的出资，可以在公司成立时一次缴清，也可以在公司成立后分次缴清。股东应当按期缴纳公司章程中规定的各自所认缴的出资额。

(4) 出资程序：

① 以货币出资的，应当将货币足额存入有限责任公司在银行开设的账户。

② 以非货币财产出资的，应当评估作价，核定财产不得高估或者低估作价，缴资时应当依法办理财产权属转移手续。

③ 股东不按公司章程规定缴纳所认缴的出资，除应当向公司足额缴纳外，还应当向已足额缴纳出资的股东承担违约责任。

④ 公司成立后，发现作为设立公司出资的非货币财产的实际价额显著低于公司章程所定价额的，应当由交付该出资的股东补足其差额；公司设立时的其他股东承担连带责任。但出资人以符合法定条件的非货币财产出资后，因市场变化或者其他客观因素导致出资财产贬值的，不得认定为未依法全面履行出资义务。

3. 其他条件

公司章程由股东共同制定；公司名称、组织结构符合法定要求；具备必要的生产经营条件。

(二) 公司的设立程序

1. 制定公司章程

股东设立有限责任公司，须先订立公司章程，明确各方的权利和义务。国有独资公司的公司章程由国有资产监督管理机构制定，或者由董事会制定，报国有资产监督管理机构批准。

2. 股东缴纳出资

有限责任公司的注册资本为在公司登记机关登记的全体股东认缴的出资额。股东可以用货币出资，也可以用实物、知识产权、土地使用权等可以用货币估价并可以依法转让的非货币财产作价出资；但是，法律、行政法规规定不得作为出资的财产除外。

股东既可以用人民币，也可以用外币出资。实物是指房屋、机械设备、工具、原材料、零部件等有形财产。知识产权包括专利权、商标专用权、非专利技术等。土地使用权是指国有土地和农民集体所有的土地，依法明确给单位或者个人使用的权利。非货币财产包括股权、债权、探矿权、采矿权等。

股东应当按期足额缴纳公司章程中规定的各自所认缴的出资额。股东以货币出资的，应当将货币出资足额存入有限责任公司在银行开设的账户；以非货币财产出资的，应当依法办理其财产权转移手续。股东不按照规定缴纳出资的，除应当向公司足额缴纳外，还应当向已按期足额缴纳出资的股东承担违约责任。

3. 申请设立登记

股东缴足公司章程规定的出资后，由全体股东指定的代表或者共同委托的代理人向公司登记机关报送公司登记申请书、公司章程等文件，申请设立登记。

公司经核准登记，领取营业执照后，即取得法人资格，公司营业执照签发日期为公司成立日期。公司成立后可依法刻制公章，设立银行账户，开展生产经营活动。

有限责任公司可以同时设立分公司或子公司。分公司不具有法人资格，其民事责任由设立该分公司的总公司承担。子公司具有法人资格，依法独立承担法律责任。

三、有限责任公司的组织结构

一般的有限责任公司，其组织结构为股东会、董事会和监事会；股东人数较少和规模较小的有限责任公司，其组织结构为股东会、执行董事和监事；一人有限责任公司不设股东会；国有独资公司，其组织结构为董事会、监事会和唯一股东。

(一) 股东会

1. 股东会的性质和组成

有限责任公司的股东会由全体股东组成。股东会是公司的权力机关。一人有限责任公司和国有独资公司不设股东会。股东会不是常设机关，而仅以会议形式存在，只有在召开股东会会议时，股东会才作为公司机关存在。

2. 股东会的职权

股东会作为有限责任公司的权力机关，行使下列职权：

(1) 决定公司的经营方针和投资计划。

(2) 选举和更换非由职工代表担任的董事、监事，决定有关董事的报酬事项。

(3) 审议批准董事会的报告。

(4) 审议批准监事会或者监事的报告。

(5) 审议批准公司的年度财务预算方案和决算方案。

(6) 审议批准公司的利润分配方案和弥补亏损方案。

(7) 对公司增加或者减少注册资本作出决议。

(8) 对发行公司债券作出决议。

(9) 对公司合并、分立、解散、清算或形式变更作出决议。

(10) 修改公司章程。

(11) 公司章程规定的其他职权。

3. 股东会的召开

股东会分为定期会议和临时会议两种。定期会议的召开时间由公司章程规定，一般每年召开一次。临时会议可经代表 1/10 以上表决权的股东，1/3 以上的董事，监事会或不设监事会的公司监事提议而召开。

股东会的首次会议由出资最多的股东召集和主持。以后的股东会，凡设立董事会的，股东会会议由董事会召集，董事长主持。董事长不能履行职务或者不履行职务的，由副董事长主持。副董事长不能履行职务或者不履行职务的，由半数以上董事共同推举一名董事主持。有限责任股东不设董事会的，股东会议由执行董事召集和主持。董事会或者执行董事不能履行或者不履行召集股东会会议职责的，由监事会或者不设监事会的公司的监事召集和主持。监事会或者监事不召集和主持的，代表 1/10 以上表决权的股东可以自行召集和主持。

召开股东会会议，应当于会议召开 15 日以前通知全体股东，该通知应写明股东会会议召开的日期、时间、地点和目的，以便股东对拟召开的股东会有最基本的了解。

【案例3-2】 有权提议召开有限责任公司临时股东会会议的有( )。

A. 代表 12%以上表决权的股东　　　　B. 1/3 以上的董事

C. 监事会主席　　　　　　　　　　　D. 董事长

解析：根据《公司法》的规定，监事会主席、董事长无权提议召开有限责任公司临时股东会会议，故选 AB。

4. 股东会决议

股东会的议事方式和表决程序，除《公司法》有规定的外，由公司章程规定。但下列事项必须代表 2/3 以上有表决权的股东通过：

(1) 修改公司章程。

(2) 公司增加或者减少注册资本。

(3) 公司分立、合并、解散或者变更公司形式。

全体股东对股东会议决议事项以书面形式一致表示同意的，可以不召开股东会会议，而可以直接作出决定，并由全体股东在决定文件上签名、盖章。

(二) 董事会

1. 董事会的性质和组成

董事会是公司股东会的业务执行机关，享有业务执行权和日常经营的决策权，对股东会负责。它是一般有限责任公司的必设机关和常设机关。股东人数较少或公司规模较小的可以不设董事会而设立一名执行董事。

董事会由董事组成，成员为 3～13 人，两个以上的国有企业或者两个以上的其他国有投资主体投资设立的有限责任公司，其董事会成员中应当有公司职工代表；其他有限责任公司董事会成员中可以有公司职工代表。董事会中的职工代表由公司职工通过职工代表大会，职工大会或者其他形式民主选举产生。董事会设董事长一人，可以设副董事长。董事长、副董事长的产生办法由公司章程规定。

董事任期由公司章程规定，但每届任期不得超过 3 年。任期届满后，可连选连任。董事在任期届满前，股东会不得无故解除其职务。

2. 董事会的职权

(1) 召集股东会，并向股东会报告工作。

(2) 执行股东会的决权。

(3) 决定公司的经营计划和投资方案。

(4) 制定公司的年度财务预算方案、决算方案。

(5) 制定公司的利润分配方案和弥补亏损方案。

(6) 制定公司增加或者减少注册资本以及发行公司债券的方案。

(7) 制定公司合并、分立、变更公司形式、解散的方案。

(8) 决定公司内部管理机构的设置。

(9) 决定聘任或者解聘公司经理及其报酬事项，并根据经理的提名，决定聘任或者解聘公司副经理，财务负责人及其报酬事项。

(10) 制定公司的基本管理制度。

(11) 公司章程规定的其他职权。

3. 董事会的召开

董事会会议由董事长召集和主持，董事长不能履行职务或者不履行职务的，由副董事长召集和主持；副董事长不能履行职务或者不履行职务的，由半数以上董事共同推举一名董事召集和主持。

董事会应当对所议事项的决定作成会议记录，出席会议的董事应当在会议记录上签名。董事会决议的表决，实行一人一票制。

(三) 经理

1. 经理的性质和产生

有限责任公司的经理是公司的日常经营管理机关，由董事会决定聘任或解聘，对董事会负责。

2. 经理的职权

(1) 主持公司的生产经营管理工作，组织实施董事会决议。

(2) 组织实施公司年度经营计划和投资方案。

(3) 拟订公司内部管理机构设置方案。

(4) 拟订公司的基本管理制度。

(5) 制定公司的具体规章。

(6) 提请聘任或者解聘公司副经理、财务负责人。

(7) 决定聘任或者解聘除应由董事会决定聘任或者解聘以外的其他负责管理人员。

(8) 董事会授予的其他职权。

公司章程如果对经理职权有规定的，依其规定。

(四) 监事会

1. 监事会的性质和组成

监事会为公司的监督机关，对股东会负责，并向其报告工作，其成员不得少于 3 人。股东人数较少或者规模较小的有限责任公司，可以不设监事会，仅设 1～2 名监事。监事会应当包括股东代表和适当比例的公司职工代表，其中职工代表的比例不得低于 1/3，具体比例由公司章程规定。监事会中的职工代表由公司通过职工代表大会、职工大会或者其他形式的民主选举产生。董事、高级管理人员不得兼任监事。

监事会设主席 1 人，由全体监事过半数选举产生，监事会主席召集和主持监事会会议；监事会主席不能履行职务或者不履行职务的，由半数以上监事共同推举一名监事召集和主持监事会会议。

监事的任期是法定的，每届 3 年，任期届满，连选可以连任。

2. 监事会的职权

(1) 检查公司财务。

(2) 对董事、高级管理人员执行公司职务时的行为进行监督，对违反法律、法规、公司章程或者股东会决议的董事、高级管理人员提出罢免的建议。

(3) 当董事和高级管理人员的行为损害公司的利益时，要求董事和高级管理人员予以纠正。

(4) 提议召开临时股东会会议，在董事会不履行公司法规定的召集和主持股东会会议职责时，召集和主持股东会会议。

(5) 向股东大会会议提出提案。

(6) 依照《公司法》第152条的规定对董事、高级管理人员提起诉讼。

(7) 公司章程规定的其他职权。

监事有权列席董事会会议，并对董事会决议事项提出质询或者建议，监事会或者监事发现公司经营情况异常，可以进行调查，必要时可以聘请会计事务所等协助其工作，费用由公司承担。

3. 监事会的决议

监事会每年度至少召开1次会议，监事可以提议召开临时监事会会议，监事会会议的议事方式和表决程序，《公司法》有规定的除外，由公司法章程规定，监事会决议应当经半数以上监事通过，监事会应当就所议事项的决定作成会议记录，出席会议的监事应当在会议记录上签名。

【案例3-3】 甲、乙、丙三人出资20万元设立致远科技有限责任公司，其中甲出资4万元，乙出资6万元，丙出资10万元，公司成立后，召开了第一次股东会。有关这次股东会的下列情况中，不符合《公司法》规定的有(   )。

A. 会议由甲召集和主持

B. 会议决定公司不设董事会，由乙任执行董事兼任总经理，任期3年

C. 会议决定公司设监事1名，由丙担任，任期4年

D. 会议决定同意公司以3万元购买甲的一项专利权

解析：根据《公司法》的规定，本案A错误，股东会的首次会议由出资最多的股东召集和主持。B正确，股东人数较少和规模较小的，可以设一名执行董事，不设立董事会，执行董事可以兼任公司经理。C错误，监事的任期每届为3年，任期期满，连选可以连任。D项为公司与股东的交易，公司法允许，故选AC。

四、有限责任公司的股权转让

(一) 对内转让的规则

有限责任公司的股东相互之间可以自由转让股权。如果因有限公司股东相互之间相互转让股权而导致公司只剩下一个股东时，公司需符合公司法关于一人有限责任公司的有关条件。

(二) 对外转让的规则

股东向股东以外的第三人转让股权，无论是部分转让还是全部转让，应当经其他股东过半数同意。其他股东半数以上不同意转让的，不同意的股东应当购买该转让的股权，不购买的，视为同意转让。股东对外转让股权，在同等条件下，其他股东享有优先购买权。

(三) 股东的股权收购请求权

根据《公司法》第 75 条的规定，有下列情形之一的，对股东会该项决议投反对票的股东可以请求公司按照合理的价格收购其股权：

(1) 公司连续 5 年不向股东分配利润，而公司该 5 年连续盈利，并且符合公司法规定的分配利润条件的。

(2) 公司合并、分立、转让主要财产的。

(3) 公司章程规定的营业期限届满或者公司章程规定的其他解散事由出现，股东会会议通过决议修改公司章程使公司存续的。

在上述任何一种情形下，对公司股东会会议通过上述决议不赞成，并且投的是反对票的股东，有权自股东会会议决议通过之日起 60 日内提出请求，请求公司收购其持有的股权。收购股权的价格由该股东与公司协商确定，如果股东与公司不能达成股权收购协议的，股东可以自股东会会议决议通过之日起 90 日内向人民法院提起诉讼。

五、一人有限责任公司

(一) 一人有限责任公司的概念

一人有限责任公司又称一人公司或独资公司，是指只有一个自然人股东或者一个法人股东的有限责任公司。

一人公司的公司法理论上有狭义和广义之分。狭义的一人公司指股东只有一人、全部股份由一人拥有的公司，又称形式意义上的一人公司。广义的一人公司，不仅包括形式意义上的一人公司，还包括实质意义上的一人公司，即公司的真实股东只有一人，其余股东仅是为了真实股东一人的利益而持有公司股份的所谓名义股东，这种名义股东并不享有真正意义上的股权，当然也不承担真正意义上股东义务。此外，家族式的公司亦往往表现为实质意义上的一人公司。所谓实质意义上的一人公司，其真实股东的最低持股比例不低于95%。我国公司法上的一人公司是狭义的概念，即公司的全部股份为一个股东享有。在该公司股东为公司法人时，其设立的一人公司就是通常所称的全资子公司。

(二) 一人公司的特征

1. 股东为一人

一人公司的出资人即股东只有一人。股东可以是自然人，也可以是法人。这是一人公司与一般情形下的有限责任公司的不同之处，通常情形下有限责任公司的股东是两人或两人以上。一人公司的此一特征也体现在其与个人独资企业的区别，后者的投资人只能是自然人，而不包括法人。

2. 股东对公司债务承担有限责任

一人公司的本质特征同与有限公司，即股东仅以其出资额为限对公司债务承担有限责任，公司以其全部财产承担全部责任，当公司财产不足以清偿其债务时，股东不承担连带责任。此系一人公司与个人独资企业的本质区别。

3. 组织机构的简化

一人公司由于只有一个出资人，所以不设股东会，《公司法》关于由股东会行使得职权在一人公司系由股东独自一人行使。至于一人公司是否设立董事会、监事会，则由公司章程规定，可以设立，也可以不设立，法律未规定其必须设立。

(三) 对一人公司的规制

由于一人公司存在的上述弊端，法律在允许设立一人公司的同时往往规定若干不同于一般情形下有限责任公司的限制性条件，对一人公司进行规制，旨在防止股东借一人公司的独立法律地位和股东有限责任公司而从事损害公司债权人及其他利害关系人的利益。《公司法》规定的一人公司的限制性条件有以下三点。

1. 再投资的限制

《公司法》对再投资的限制体现在两个方面：一方面，一个自然人只能投资设立一个一人有限责任公司，不能投资设立第二个一人有限责任公司；另一方面，由一个自然人投资设立的一人有限责任公司不能作为股东投资设立一人有限责任公司。但此限制仅适用于自然人，不适用于法人。

2. 财务会计制度方面的要求

一人有限责任公司应当在每一会计年度终了时编制财务会计报告，并经会计师事务所审计，这也是它与个人独资企业的区别。我国个人独资企业法没有对个人独资企业的会计制度作出此强制性的规定。

3. 人格混同时的股东连带责任

一人有限责任公司的股东不能证明公司财产独立于股东自己的财产的，即发生公司财产与股东个人财产的混同，进而发生公司人格与股东个人财产的混同，此时适用公司法人人格否认制度，股东必须对公司债务承担连带责任，公司的债权人可以将公司和公司股东作为共同债务人进行追索。《公司法》第 63 条规定：一人有限责任公司的股东不能证明公司财产独立于股东自己财产的，应当对公司债务承担连带责任。

六、国有独资公司

(一) 国有独资公司的概念和特征

国有独资公司是指国家单独出资、由国务院或者地方人民政府授权本级人民政府国有资产监督管理机构履行出资人职责的有限责任公司。其主要特征如下。

1. 国有独资公司的股东具有唯一性

股东由国务院或者地方人民政府委托本级人民政府国有资产监督管理机构履行出资人职责，即有国有资产监督管理机构代行股东权利，如四大国有商业银行(中行、建行、农行、工行)都是国有独资公司。

2. 国有独资公司为有限责任公司

国有独资公司为有限责任公司的一种特殊公司形态，故其适用有限责任公司的一般原则。

3. 国有独资公司股东的法定性

国有独资公司的股东只能是国家，由国有资产监督管理机构代行股东权利。

(二) 国有独资公司的组织结构

1. 国有独资公司的权力机关

《公司法》第 67 条规定：国有独资公司不设股东会，国有资产监督管理机构以唯一股东的身份行使股东会的职权。

2. 国有独资公司的董事会

国有独资公司董事的人选来自两个方面：其一是由国有资产监督管理机构委派，其二是公司职工代表，由公司职工通过职工代表大会民主选举产生。董事会成员中应当有公司职工代表，董事每届任期为 3 年。

国有独资公司董事会的职权比一般有限责任公司董事会的职权要多。除了行使一般有限责任公司董事会的职权外，还行使国有资产监督管理机构授予的一般有限责任公司股东会的部分职权。

国有独资公司的董事长、副董事长、董事、高级管理人员，未经国有资产监督机构同意，不得在其他有限责任公司、股份有限责任公司或者其他经济组织兼职。

3. 监事会

监事会主要由国务院或者国务院授权的机构、部门委派的人员组成，并有公司职工代表参加，监事会的成员不得少于 5 人，其中职工代表的比例不得少于 1/3。

监事列席董事会会议。董事、高级管理人员及财务负责人不得兼任监事。

【案例3-4】根据《公司法》的规定，国有独资公司的设立和组织机构适用特别规定，没有特别规定的，适用有限责任公司的相关规定。下列各项中，符合国有独资公司特别规定的是(　　)。

A. 国有独资公司的章程可由董事会制定并报国有资产监督管理机构批准

B. 国有独资公司合并事项由董事会决定

C. 董事会成员中可以有公司职工代表

D. 监事会主席由全体监事过半数选举产生

解析：本题主要考核国有独资公司的特别规定。根据《公司法》的规定，国有独资公司章程由国有资产监督管理机构制定，或者由董事会制订报国有资产监督管理机构批准。国有独资公司的合并、分立、解散、增减注册资本和发行公司债券，必须由国有资产监督管理机构决定；其中，重要的国有独资公司合并、分立、解散、申请破产的，应当由国有资产监督管理机构审核后，报本级人民政府批准。董事会成员中应当有公司职工代表，监事会主席由国有资产监督管理机构从监事会成员中指定，故选A。

第三节　股份有限公司

一、股份有限公司的概念和特征

股份有限公司简称股份公司，是指其全部资本分为等额股份，股东以其所持股份为限对公司承担责任，公司以其全部资产对公司的债务承担责任的企业法人。它有以下特征。

（一）公司股份等额性

股份有限公司的特点在于它将股本总额划分为若干等额的股份，每股金额与股份数的乘积即是资本总额。股份作为公司资本的基本单位，这是股份有限公司的最重要的特征。

（二）股东责任有限性

股份公司的股东对公司的责任仅以其所持股份为限，公司则以其全部资产对外承担责任。这与有限责任公司的股东所负的有限责任是同样的。

（三）发起人数限制性

发起人是指依法筹办股份有限公司事务的人。《公司法》第 79 条规定：设立股份有限公司，应当有 2 人以上 200 人以下为发起人，其中须有半数以上的发起人在中国境内有住所。

（四）设立程序复杂性

由于股份有限公司在设立原则上采用核准主义原则，在设立方式上可采取发起设立和募集设立两种方式，因此在设立程序上要比有限责任公司的设立程序更为复杂。

（五）公司资本开放性

股份有限公司可以通过公开对外发行股票，向社会筹集资金，股东可以依法自由转让其持有的公司股份，这与有限责任公司的资金来源和股权转让限制有本质上的区别。所以股份有限公司也被称为开放性公司。

二、股份有限公司的设立

（一）设立条件

(1) 发起人符合法定人数。《公司法》第 78 条规定：设立股份有限公司，应当有 2 人以上 200 人以下为发起人，其中须有半数以上的发起人在中国境内有住所。发起人是指依法筹办股份有限公司事务的人，发起人可以是自然人，也可以是法人或其他经济组织。

(2) 有符合公司章程规定的全体发起人认购的股本总额或者募集的实收股本总额。股份有限公司采取设立方式设立的，注册资本为在公司登记机关登记的全体发起人认购的股本总额。股份有限公司采取募集方式设立的，注册资本为在公司登记机关的实收股本总额。法律、行政法规以及国务院决定对股份有限公司注册资本实缴、注册资本最低限额另有规定的，从其规定。

(3) 股份发行、筹办事项符合法律规定。

(4) 发起人制定公司章程。

(5) 有公司名称，建立符合股份有限公司要求的组织结构。

(6) 有公司住所。

(二) 设立方式

股份有限公司的设立,可以采取发起设立或者募集设立的方式。

(1) 发起设立是指由发起人认购公司应发行的全部股份而设立公司。

股份有限公司采取发起设立方式设立的,注册资本为在公司登记机关登记的全体发起人认购的股本总额。在发起人认购的股份缴足前,不得向他人募集股份。

以发起设立方式设立股份有限公司的,发起人应当书面认足公司章程规定其认购的股份,并按照公司章程规定缴纳出资。以非货币财产出资的,应当依法办理其财产权的转移手续。

(2) 股份有限公司采取募集方式设立的,注册资本为在公司登记机关登记的实收股本总额。法律、行政法规以及国务院决定对股份有限公司注册资本实缴、注册资本最低限额另有规定的,从其规定。

以募集设立方式设立股份有限公司的,发起人认购的股份不得少于公司股份总数的35%;但是,法律、行政法规另有规定的,从其规定。

(三) 设立程序

1. 发起设立方式的程序

(1) 发起人认购股份。

(2) 发起人缴清股款。

(3) 选举董事会和监事会。

(4) 申请设立登记。

2. 募集设立方式的程序

(1) 发起人认购股份。

(2) 公告招股说明书,制作认股书。

(3) 签订承销协议和代收股款协议。

(4) 召开创立大会。

(5) 设立登记并公告。

(四) 公司设立中发起人的法律责任

(1) 公司不能成立时,对设立行为所产生的债务和费用负连带责任。

(2) 公司不能成立时,对认股人已缴纳的股款,负返还股款并加付同期银行存款利息的义务。

(3) 在公司设立过程中,因自己的过失使公司利益受到损害的,应当对公司承担赔偿责任。

(4) 发起人虚假出资,如未支付货币、实物或者未转移财产权,欺骗债权人和社会公众的,责令改正,处以虚假出资金额5%以上15%以下的罚款。

(5) 发起人在公司成立以后抽逃其出资的,责令其改正,处以所抽逃出资金额5%以上

15%以下的罚款。

三、股份有限公司的组织机构

股份有限公司的组织机构包括股东大会、董事会、经理和监事会。

(一) 股东大会

1. 股东大会的性质及其组成
股份有限公司股东大会由全体股东组成,股东大会是公司的最高权力机关。

2. 股东大会的职权
公司法关于有限责任公司股东会职权的规定适用于股份有限公司的股东大会。

3. 股东大会的召开
股东大会分为年会和临时会议两种。年会应当每年召开一次,通常在每个会计年度终了后6个月内召开。临时股东大会则应在有下列情况之一时2个月内召开:

(1) 董事人数不足《公司法》规定的人数或者公司章程规定的人数的2/3时。

(2) 公司未弥补的亏损达到实收股本总数的1/3时。

(3) 单独或合计持有公司股份10%以上的股东请求时。

(4) 董事会认为有必要时。

(5) 监事会提议召开时。

(6) 公司章程规定的其他情形。

【案例3-5】 某股份有限公司股本总额为10 000万元,董事会成员有5人。下列情形应当在2个月内召开临时股东大会的是(   )。

A. 甲董事辞去董事职务

B. 公司累计未弥补的亏损为2000万元

C. 持有公司股份8%的股东请求时

D. 监事会提议召开时

解析:本题考核股份公司临时股东大会的规定。根据《公司法》规定,本题应选D。

股东大会会议由董事会负责召集,由董事长主持。董事长不能履行职务时或者不履行职务时,由副董事长主持履行职务;副董事长不能履行职务时或者不履行职务时,由半数以上董事共同推举一名董事主持。

召开股东大会,应在会议召开的20日前通知各股票的股东。通知中应写明股东大会会议将审议的事项,股东大会会议召开的日期和地点等。临时股东大会不得对通知中未列明的事项作出决议。股份有限公司发行无记名股票的,应于股东大会召开的30日前进行公告。无记名股票的股东要出席股东大会的,必须于会议召开5日以前至股东大会闭会时将股票交存于公司,否则不得出席会议。

4. 股东大会的决议
股东出席股东大会,所持每一股份有一表决权,但公司持有的本公司的股份没有表决权。

股东大会作出决议，必须经出席会议的股东所持表决权过半数通过。但股东大会作出修改公司章程、增加或者减少注册资本的决议，以及对公司合并、分立、解散或者变更公司形式的决议，必须经出席会议的股东所持表决权的 2/3 以上通过。

股东大会应当对所议事项的决定作成会议记录，主持人、出席会议的董事应当在会议记录上签名。会议记录应当与出席股东的签名册及代理出席的委托书一并保存，供股东查阅。

(二) 董事会

1. 董事会的性质及其组成

董事会是股份有限公司的业务执行和经营决定机构，对股东大会负责。

董事会由全体董事组成，董事会成员为 5～19 人。董事的产生有两种情况：在公司设立时，采取发起方式设立的公司，董事由发起人选举产生；采取募集方式设立的公司，董事由创立大会选举产生。在公司成立后，董事由股东大会选举产生。

董事会设董事长 1 人，可以设副董事长。董事长和副董事长由董事会以全体董事的过半数选举产生。董事长为公司的法定代表人，董事长主持股东大会会议和董事会会议，为其会议主席。

董事的任期由公司章程规定，但每期任期不得超过 3 年，任期届满，可连选连任。在任期届满前，股东大会不得无故解除其职务。

2. 董事会的职权

股份有限公司董事会的职权适用《公司法》关于有限责公司董事会的职权的规定。

3. 董事会会议的召开

董事会每年度至少召开两次会议，每次会议应当于会议召开 10 日以前通知全体董事和监事。代表 1/10 以上表决权的股东、1/3 以上董事或者监事会，可以提议召开董事会临时会议。董事长应当自接到提议后 10 日内，召集和主持董事会会议。召开临时会议，可以依照公司章程规定，另定召集董事会的通知方式和通知时限。

4. 董事会会议的决议

董事会会议应有过半数的董事出席方可举行。董事会会议应由董事本人出席，董事因故不能出席，可以书面委托其他董事代为出席，委托书中应载明授权范围。董事会作出决议，必须经出席会议全体董事过半数通过。

董事会决议的表决，实行一人一票。董事会应当对会议所议事项的决定做成会议记录，由出席会议的董事和记录员在会议记录上签名。董事会的决议违反法律、行政法规或者公司章程，致使公司遭受严重损失的，参与决议的董事对公司负赔偿责任。但经证明在表决时曾表明异议并记载于会议记录的，该董事可以免除责任。

(三) 经理

1. 经理的性质及其产生

经理是公司日常经营管理的高级管理人员，由董事会聘任或解聘，对董事会负责。

2. 经理的职权

《公司法》第 50 条关于有限责任公司经理职权的规定适用于股份有限公司的经理。

(四) 监事会

1. 监事会的性质及其组成

监事会是股份有限公司的监督机构，对公司的财务及业务执行情况进行监督。

监事会由监事组成，其人数不得少于 3 人。监事的人选由股东代表和公司职工代表构成，其中职工代表的比例不得低于 1/3。股东代表由股东大会选举产生；职工代表由公司职工民主选举产生。董事、高级管理人员不得兼任监事。

监事会设主席 1 人，可以设副主席。监事会主席、副主席由全体监事过半数选举产生。监事的任期每届为 3 年，监事任期届满，连选可以连任。

【案例 3-6】 下列各项中( )不得兼任监事。
A. 股东　　 B. 职工　　 C. 经理　　　 D. 财务负责人
解析：根据《公司法》的规定，董事、高级管理人员(包括监事、经理、董事会秘书、财务负责人)不得兼任监事，故选 CD。

2. 监事会的职权

《公司法》第 54、55 条关于有限责任公司监事会职权的规定，适用于股份有限公司监事会。

四、股份的发行和转让

(一) 股份和股票

1. 股份

股份是股份有限公司特有的概念，它是股份有限公司资本的最基本的构成单位。股份具有以下特征：股份所代表的金额相等；股份表示股东享有权益的范围；股份通过股票或证券的形式表现出来。

2. 股票

股票是股份有限公司股份证券化的形式，是股份有限公司签发的、证明股东所持股份的凭证。股票和股份的关系是形式与内容的关系。

3. 股票与债券的区别

(1) 权利性不同。债券持有人是公司的债权人，与公司之间的关系是债权债务关系；而股票的持有人则是公司股东，享有股权。

(2) 收益性不同。债券持有人，无论公司是否盈利，均可要求公司还本付息；而股票持有人，只有在公司有盈利时，才能获取股利。

(3) 风险性不同。债券的利率一般是固定的，享有优先于股票持有人获得清偿，风险较小；而股票股利分配与公司经营好坏密切相关，风险较大。

(4) 偿还性不同。债券到了约定期限，公司必须还本付息，而股票持有人只有在公司解散时才可以请求公司分配剩余财产。

(二) 股份发行

1. 股份发行的原则

《公司法》第 126 条规定：股份的发行实行公开、公平、公正的原则，具体而言：

(1) 当公司向社会公开募集股份时，应就有关股份发行的信息依法公开披露，其中包括公告招股说明书和财务会计报告等。

(2) 同次发行的股份，每股的发行条件和价格应当相同。任何单位或者个人所认购的股份，每股应当支付相同价额。

(3) 发行的同种股份，股东所享有的权利和利益应当是相同的。

2. 股票发行的价格

股票发行价格可以按票面金额，也可以超过票面金额即股票溢价发行，但不得低于票面金额发行股票。以超过票面金额发行股票所得溢价款，应列入公司资本公积金。

(三) 股份转让

股份转让实行可自由转让原则，每个股东都有权依法转让自己的股份。但是，为了保护公司、股东及债权人的利益，我国公司法对股份转让也做了必要的限制，主要有：

(1) 对股份转让场所的限制。股份转让必须在依法设立的证券交易场所进行，或者按照国务院规定的其他方式进行。

(2) 对发起人持有本公司股份转让的限制，即发起人持有的本公司股份，自公司成立之日起 1 年内不得转让。公司公开发行股份前已发行的股份，自公司股票在证券交易所上市交易之日起 1 年内不得转让。

(3) 对公司董事、监事、高级管理人员持有本公司股份转让的限制，即公司董事、监事、高级管理人员应当向公司申报所持有的本公司的股份及其变动情况，在任职期间每年转让的股份不得超过其所持有本公司股份总数的 25%；所持本公司股份自公司股票上市交易之日起 1 年内不得转让。上述人员离职后半年内，不得转让其所持有的本公司股份。

五、上市公司

上市公司是指所发行的股票经过国务院或者国务院授权的证券监督管理部门批准在证券交易所上市交易的股份有限公司。

1. 上市公司股东大会特别决议事项

上市公司在 1 年内购买、出售重大资产或者担保金额超过公司资产总额 30% 的，应当由股东大会作出决议，并经出席会议的股东所持表决权的 2/3 以上通过。

2. 上市公司设立独立董事制度

独立董事是指不在公司中担任董事外的其他职务，并与受聘的公司及其主要股东不存在妨碍其进行独立客观判断关系的董事。独立董事的职责是按照相关法律、行政法规、公司章程，认真履行职责，维护公司整体利益，尤其是关注中小股东的合法权益不受损害。

独立董事每届任期与公司其他董事任期相同，任期届满，连选可以连任，但是连任时间不得超过 6 年。独立董事连续 3 次未亲自出席董事会会议的，由董事会提请股东大会予以撤换。

3. 上市公司设立董事会秘书

董事会秘书负责公司股东大会和董事会会议的筹备、文件保管、公司股权管理以及办理信息披露事务等事宜。董事会秘书是指对外负责公司信息披露事宜，对内负责筹备董事会会议和股东大会，并负责会议的记录和会议文件、记录的保管等事宜的公司高级管理人员。董事会秘书是董事会设置的服务席位，既不能代表董事会，也不能代表董事长。董事会秘书对董事会负责。

4. 上市公司董事表决权的限制

上市公司董事与董事会会议决议事项所涉及的企业有关联关系，不得对该项决议行使表决权，也不得代理其他董事行使表决权。该董事会会议由过半数的无关联关系董事出席即可举行，董事会会议所作决议须经无关联关系董事过半数通过。出席董事会的无关联关系董事人数不足 3 人的，应将该事项提交上市公司股东大会审议。这里所说的关联关系是指上市公司的董事与董事会决议事项所涉及的企业之间存在直接或间接的利益关系。

【课后练习】

一、单项选择题

1. 根据《公司法》规定，有限责任公司的股东人数为(　　)。

A. 2 人以上 200 人以下，而且须有半数以上的发起人在中国境内有住所

B. 2 人以上 50 人以下

C. 50 人以下

D. 没有任何限制

2. 根据《公司法》的规定，股份有限公司董事会做出决议，应由(　　)。

A. 出席会议的董事过半数通过　　　　B. 出席会议的董事 2/3 以上通过

C. 全体董事的过半数通过　　　　　　D. 全体董事的 2/3 以上通过

3. 公司法定公益金是用于(　　)。

A. 弥补公司亏损　　　　　　　　　　B. 扩大公司生产经营

C. 转为增加公司资本　　　　　　　　D. 公司职工集体福利

4.《公司法》规定以超过票面金额发行股票所得的溢价款列入(　　)。

A. 法定公积金　　　　　　　　　　　B. 法定公益金

C. 公司资本　　　　　　　　　　　　D. 资本公积金

5. 某有限责任公司打算与另一公司合并，该合并方案必须经(　　)。

A. 代表 1/2 以上表决权的股东通过　　B. 代表 2/3 以上表决权的股东通过

C. 全体股东通过　　　　　　　　　　D. 出席股东会的全体股东通过

6. 国有独资公司的董事长依照(　　)的方法产生。

A. 公司章程的规定

B. 股东选举

C. 国有资产监督管理机构从董事会成员中指定

D. 全体职工选举

7. 以公司的信用基础为标准，可以将公司划分为人合公司与资合公司。典型的资合公司是(　　)。

A. 无限公司　　　　　　　　　　　B. 有限责任公司

C. 两合公司　　　　　　　　　　　D. 股份有限公司

8. 根据《公司法》的规定，公司成立时间是(　　)。

A. 根据工商行政管理机关作出予以核准登记的决定之日

B. 工商行政管理机关签发企业法人营业执照之日

C. 申请人收到企业法人营业执照之日

D. 公司成立公告发布之日

9. 甲、乙、丙、丁共同出资设立了一家有限责任公司，注册资本为 50 万元，下列说法错误的是(　　)。

A. 因公司的经营规模较小，所以公司决定不设立董事会，由甲担任执行董事

B. 该公司的注册资本是符合规定的

C. 公司决定不设监事会，由乙和丙担任监事

D. 甲担任执行董事，并且同时兼任监事

10. 关于一人有限责任公司，在下列内容中，不符合《公司法》规定的是(　　)。

A. 公司不设立股东会

B. 公司的注册资本不少于人民币 10 万元，并且一次缴清

C. 一个自然人不能同时投资设立两个以上的一个人有限公司

D. 一人有限责任公司的年度财务会计报告应当经会计师事务所审计

二、多项选择题

1. 根据《公司法》的规定，关于国有独资公司组织机构的表述正确的有(　　)。

A. 公司不设股东会　　　　　　　　B. 公司设立董事会

C. 公司不设监事会　　　　　　　　D. 董事会成员由国家授权投资机构委派

2. 下列情形中，(　　)时应召开股份有限公司的临时股东大会。

A. 董事会认为必要　　　　　　　　B. 经理提议召开

C. 监事会提议召开　　　　　　　　D. 未弥补的亏损达股本总额的1/3

3. 公司按其信用基础可分为(　　)。

A. 人合公司　　　　　　　　　　　B. 资合公司

C. 国营公司　　　　　　　　　　　D. 人资兼合公司

4. 某股份有限公司董事会由 11 名董事组成，下列情形中，能使董事会决议得以顺利通过的有(　　)。

A. 6 名董事出席会议，一致同意　　　B. 7 名董事出席会议，5 名同意

C. 6 名董事出席会议，5 名同意　　　D. 11 名董事出席会议，7 名同意

5. 某股份有限公司的董事会由 11 人组成，其中董事长 1 人，副董事长 2 人。该董事

会某次会议发生的下列行为不符合《公司法》规定的有(　　)。

A. 因董事长李某不能履行职务，由副董事长孙某执行职务

B. 通过了增加公司注册资本的决议

C. 通过了解聘公司现任经理，由副董事长孙某兼任经理并给予年薪 20 万元的决议

D. 会议所有议决事项载入会议记录后，只有主持会议的副董事长孙某和记录员张某签名存档

三、案例分析题

1. 甲、乙、丙 2007 年 3 月出资设立 A 有限责任公司。2007 年 4 月，该公司又吸收丁入股。2008 年 10 月，该公司因经营不善造成严重亏损，拖欠巨额债务，被依法宣告破产。人民法院在清算中查明：甲在公司设立时作为出资的机器设备，其实际价额为 120 万元，显著低于公司章程所定价金额 300 万元；甲的个人财产仅为 20 万元。

要求：根据有关法律规定，分别回答以下问题：

(1) 对于股东甲出资不实的行为，在公司内部应承担何种法律责任？

(2) 当 A 有限责任公司被宣告破产时，对甲出资不实的问题应如何处理？

(3) 对甲出资不足的问题，股东丁是否应对其承担连带责任？并说明理由。

2. 甲、乙、丙、丁等 20 人拟共同出资设立一有限责任公司。股东共同制定了公司章程。在公司章程中，对董事任期、监事会组成、股权转让规则等事项作了如下规定：(1) 公司董事任期为 4 年；(2) 公司设立监事会，监事会成员为 7 人，其中包括 2 名职工代表；(3) 股东向股东以外的人转让股权，必须经其他股东 2/3 以上同意。

要求：根据上述情况与《公司法》的有关规定，回答下列问题：

(1) 公司章程中关于董事任期的规定是否合法？

(2) 公司章程中关于监事会职工代表人数的规定是否合法？

(3) 公司章程中关于股权转让的规定是否合法？

第四章　合　同　法

【学习目标】

　　掌握合同概念、特征及分类；了解合同法的概念及基本原则；掌握合同的订立、合同的效力、合同的履行；理解与区分不同的担保方式及效力、合同的转让、合同的解除和违约责任；了解缔约过失责任、合同的终止；能够合理运用违约责任方式处理有关经济纠纷。

【案例导入】

　　甲、乙两公司采用合同书形式订立了一份货物买卖合同，双方约定：由甲公司向乙公司提供 100 台精密仪器，于 8 月 31 日前交货，并负责将货物运至乙公司；乙公司收到货物后 10 日内付清货款。合同订立后双方均未及时签字、盖章。7 月 28 日，甲公司与丙运输公司订立货物运输合同，双方约定由丙公司将 100 台精密仪器运至乙公司。8 月 1 日，丙公司先运送了 70 台精密仪器至乙公司，乙公司验货后全部接收，并于 8 月 8 日将 70 台精密仪器的货款付清。8 月 20 日，甲公司掌握了乙公司转移财产、逃避债务的确切证据，随即通知丙公司暂停运输其余 30 台精密仪器，并通知乙公司中止交货，要求乙公司提供担保。

　　请分析回答下列问题：
　　(1) 甲、乙两公司订立的货物买卖合同是否成立？为什么？
　　(2) 甲公司 8 月 20 日中止履行合同的行为是否合法？为什么？

第一节　合同法概述

一、合同概述

(一) 合同的概念

　　《合同法》第 2 条规定：本法所称合同是平等主体的自然人、法人、其他组织之间设立、变更、终止民事权利义务关系的协议。婚姻、收养、监护等有关身份关系的协议，适用其他法律的规定。

因此，合同是合同法的法定概念，是指平等主体的自然人、法人、其他组织之间设立、变更、终止民事权利义务关系的协议。合同属于财产关系的协议，不包括人身关系。

(二) 合同的特征

(1) 合同是平等主体的自然人、法人和其他组织的民事法律行为。民事法律行为是民事主体设立、变更或者终止民事权利和民事义务的合法行为。民事法律行为以意思表示为要素，并且按意思表示的内容发生法律效果，从而有别于事实行为。合同是民事法律行为的一种。

(2) 合同以设立、变更、终止民事权利义务关系为目的。当事人订立合同，其目的在于设立、变更、终止民事权利义务关系。

(3) 合同是两个以上的当事人意思表示一致的法律行为。合同的订立必须要有两个或两个以上的当事人，以意思表示为要素，并在合同有效时依照当事人意思表示的一致内容赋予合同以法律约束力，发生当事人所期望的相应法律效果。

(三) 合同的分类

(1) 以合同当事人是否互相享有权利、负有义务为标准，分为单务合同与双务合同。

单务合同是指一方当事人承担给付义务的合同。单务合同中一方仅承担义务而不享有权利，另一方面则相反，如赠与合同、无偿性的借用合同等。双务合同是指当事人双方互负给付义务，一方的义务就是对方的权利，反之亦然，如买卖合同、租赁合同等。

(2) 以合同当事人之间的权利、义务是否互为对价为标准，分为有偿合同与无偿合同。

有偿合同是指当事人一方享有合同规定的权益，须向对方当事人偿付相应代价的合同，如买卖合同、租赁合同、运输合同、承揽合同等。无偿合同是指一方当事人向对方给予某种利益，对方取得该利益时不支付任何代价的合同，如赠与合同、无偿借用合同、无偿保管合同等。

【案例 4-1】 在下列合同中，既可以是有偿合同，又可以是无偿合同的是(   )。

A. 保管合同   B. 委托合同

C. 借款合同   D. 互易合同

E. 租赁合同

解析： 依据《合同法》第 366 条、第 406 条、第 211 条的规定，保管合同、委托合同、借款合同既可以是有偿合同，又可以是无偿合同。互易合同(相互交换)的本质，是两个买卖结合，因此，它必然是有偿合同。租赁合同不约定租金，那么就成为借用合同了，故选 ABC。

(3) 以双方是否以交付标的物为合同成立条件为标准，分为诺成性合同与实践性合同。

诺成合同是指一旦合同当事人的意思表示达成一致即告成立的合同，如买卖合同、租赁合同等。实践合同是指除当事人意思表示一致以外尚需交付标的物才能成立的合同，如赠与合同、保管合同、自然人之间的借款合同。

【案例 4-2】 祥云商场给张某无偿保管一辆自行车；张某借李某 1 万元不要利息；李

某把价值 5 万元柑橘交给铁路部门运输；铁路部门找木器加工厂加工制作 1000 条长椅。以上四种合同中，（ ）。

    A. 第一个合同是实践合同   B. 第二个合同是实践合同

    C. 第三个合同是实践合同   D. 第四个合同是实践合同

解析：《合同法》第 367 条规定：保管合同自保管物交付时成立，但当事人另有约定除外，故 A 项正确；《合同法》第 210 条规定：自然人之间的借款合同，自贷款人提供借款时生效，故 B 项正确；诺成合同是一般状态，实践合同是特殊状态，法律一般只对特殊状态作出规定，法律没有规定货物运输合同是实践合同，因此可以反推运输合同是诺成合同，故 C 项错误；加工合同为诺成合同，D 项错误，理由同上。

(4) 以合同的成立是否须采取一定的形式为标准，分为要式合同与不要式合同。

要式合同是指合同的订立具备一定的形式，否则合同不能成立。如房屋买卖合同、保证合同、抵押合同、定金合同等。不要式合同是指根据法律规定不需要采取特定形式，而由当事人约定形式的合同。当事人可以采取口头形式，也可以采取书面形式。通常各国均以不要式合同为原则而以要式合同为例外。

(5) 以法律是否赋予特定名称并明确规定为标准，分为有名合同与无名合同。

有名合同又称典型合同，是指法律对合同的名称和内容有明确的规定，如买卖合同、赠与合同、承揽合同等 15 种有名合同。无名合同又称非典型合同，是指法律未对其名称作出明确规定的合同，如演出合同、借用合同等。

(6) 根据合同相互之间的主从关系，分为主合同与从合同。

主合同是指不以其他合同的存在为前提而能够独立存在的合同。从合同是指不能独立存在而以其他合同的存在为前提的合同。例如，甲与乙订立的借款合同，丙为担保乙偿还借款而与甲签订的保证合同，则甲、乙之间的借款合同为主合同，甲、丙之间的保证合同为从合同。

二、合同法概述

(一) 合同法的概念及合同立法

合同法是调整当事人之间设立、变更和终止民事权利义务活动过程中发生的社会关系的法律规范的总称。

现行《合同法》颁布以前，调整民事交易关系的法律呈现"三足鼎立"的局面，分别是：1981 年制定的《中华人民共和国经济合同法》；1985 年制定的《中华人民共和国涉外经济合同法》；1987 年制定的《中华人民共和国技术合同法》。此外，在《中华人民共和国民法通则》、《中华人民共和国知识产权法》、《中华人民共和国海商法》等法律中都规定了相应的合同内容。但是，随着我国经济体制的不断推进和国内外经济环境的变化，很多条文规定过于原则与笼统而缺乏操作性，已经不能完全适应经济社会发展、市场主体的经济交往的需要。紧急需要制定一部体系完整、内容全面、符合中国国情的合同法。

1999 年 3 月 15 日，第九届全国人大第二次会议审议通过了《合同法》，并于当年 10 月 1 日正式实施。它是目前民事立法中条文最多、内容最广、实用性较强的一部经济法律。《合同法》分总则、分则、附则三篇，共二十三章四百二十八条。

(二) 合同法的基本原则

1. 平等原则

《合同法》第 3 条规定：合同当事人的法律地位平等，一方不得将自己的意志强加给另一方。平等原则主要包括以下三方面内容：一是合同当事人的法律地位一律平等；二是合同中的权利义务对等；三是合同当事人意思表示真实，合同才能成立。

2. 自愿原则

《合同法》第 4 条规定：当事人依法享有自愿订立合同的权利，任何单位和个人不得非法干预。合同自愿原则包括缔结合同的自由、选择合同相对人的自由、决定合同内容的自由、变更和解除合同的自由、选择合同方式的自由、约定违约责任的自由等方面。

3. 公平原则

《合同法》第 5 条规定：当事人应当遵循公平原则确定各方的权利和义务。公平是价值规律即利益均衡的要求和体现，它是作为一种价值判断来衡量合同当事人之间的权利、义务关系。任何当事人不得滥用权力，不得在合同中规定显失公平的内容，以公平原则分担风险，承担违约责任。

4. 诚实信用原则

《合同法》第 6 条规定：当事人行使权利、履行义务应当遵循诚实信用原则。诚实信用原则被称为帝王条款，该原则的适用贯穿于合同的始终，即在订立合同阶段、履行合同义务时、甚至在合同终止后，都要遵循诚实信用原则。

5. 合法原则

《合同法》第 7 条规定：当事人订立、履行合同，应当遵守法律、行政法规，尊重社会公德，不得扰乱社会经济秩序，损害社会公共利益。该原则主要体现在订立合同、履行合同、变更合同、转让合同、解除合同、终止合同以及合同的纠纷解决等整个过程中，合同双方都要遵循法律、行政法规的规定，且不得违背社会公共利益。

第二节 合同的订立

一、合同订立的程序

《合同法》第 13 条规定：当事人订立合同，采取要约、承诺的方式。当事人订立合同，须经过要约和承诺两个阶段。要约人发出要约，受要约人作出承诺，合同即告成立。

(一) 要约

1. 要约的概念

要约又称发盘、发价、报价，《合同法》第 14 条对要约的定义为：要约是希望和他人订立合同的意思表示。要约是订立合同的必经阶段。从一般意义上说，要约是一种订约行为，发出要约的人为要约人，接受要约的人称为受要约人或相对人。

2. 要约的有效要件

(1) 要约是由要约人作出的意思表示。要约在与他人订立合同，所以，要约人必须是订立合同的一方当事人，这就要求要约的人是特定的人。只有这样，受要约人才能对之做出承诺，从而订立合同。

(2) 要约人必须有订立合同的目的。要约一经要约人承诺，要约人即受该意思表示约束，与之建立合同关系。

(3) 要约必须向受要约人发出。要约原则上应向特定的人发出(可以是一人，也可以是数人)，但法律并不禁止要约向不特定人发出。

(4) 要约的内容必须具体、确定。所谓具体，是指要约的内容必须是合同成立所必需的条款(合同的主要条款)。所谓确定，是指要约的内容必须明确，不能含糊不清。

3. 要约邀请

要约邀请也称要约引诱，是指行为人向不特定的相对人做出的，希望他人向自己发出要约的意思表示。在现实生活中，寄送的价目表、拍卖公告、招标公告、招股说明书、商业广告(符合要求的除外)等均为要约邀请。

要约邀请具有以下特点：

(1) 要约邀请是一种意思表示，故应具备意思表示的一般成立要件。

(2) 要约邀请的目的在于引诱他人向自己发出要约，而非与他人订立合同，故只是订立合同的预备行为，为非订约行为。

(3) 要约邀请只是引诱他人发出要约，既不能因相对人的承诺而成立合同，也不能因自己作出某种承诺而约束要约人。行为人撤回其要约邀请，只要没有给善意相对人造成信赖利益的损失，就不承担法律责任。

要约与要约邀请的主要区别：

(1) 要约的相对人一般是特定的，而要约邀请的相对人是不特定的。

(2) 要约的内容具体、确定，而要约邀请的内容一般是不确定的。

(3) 要约是订立合同的行为，对要约人具有约束力，而要约邀请是订立合同的预备行为，对行为人没有约束力。

【案例 4-3】 下列属于要约邀请的是(　　)。

A. 寄送的价目表　　　　　　　　B. 拍卖公告、招标公告、招股说明书

C. 投标邀请书　　　　　　　　　D. 悬赏广告

解析：《合同法》第 15 条规定：要约邀请是希望他人向自己发出要约的意思表示。寄送的价目表、拍卖公告、招标公告、招股说明书、商业广告等为要约邀请。商业广告的内容符合要约规定的，视为要约。悬赏广告一般为要约，但也有可能为要约邀请，关键看其本身内容，故选 ABC。

4. 要约的法律效力

(1) 要约的生效时间：根据《合同法》第 16 条第 1 款规定，要约到达受要约人时生效。以下情况视为到达：

① 到达受要约人与到达代理人(包括无行为能力人、限制行为能力人的法定代理人)。

② 到手到达与非到手到达,即送达受要约人所能实际控制之处所,如信箱。

③ 数据电文要约的到达。《合同法》第16条第2款规定:采用数据电文形式订立合同,收件人指定特定系统接收数据电文的,该数据电文进入该特定系统的时间,视为到达时间;未指定特定系统的,该数据电文进入收件人的任何系统的首次时间,视为到达时间。

(2) 要约的效力表现:

① 要约对要约人的拘束力。要约一经生效,要约人即受到拘束,不得随意撤回、撤销或对要约加以限制、变更和扩张。但要约人预先申明不受要约约束或依交易习惯可认为其有此意思时,不在此限。

② 要约对受要约人的拘束力。要约发出后使受要约人获得了是否承诺的权利,受要约人是否行使这种权利完全由其自由决定。因此,要约对受要约人无任何约束力。

5. 要约的撤回、撤销

要约的撤回是指要约人在发出要约后,于要约到达受要约人之前取消其要约的行为。《合同法》第17条规定:要约可以撤回。撤回要约的通知应当在要约到达受要约人之前或者同时到达受要约人。在此情形下,被撤回的要约实际上是尚未生效的要约。

【案例4-4】 甲方于3月8日向乙方发出一项要约,该要约于3月12日到达乙方。甲方在发出要约后不久反悔,决定撤回要约。则撤回要约的通知( )时,要约不生效。

A. 早于3月12日到达乙方

B. 晚于3月12日到达乙方

C. 在撤回要约通知发出之日

D. 于3月12日到达乙方

解析:《合同法》规定:要约可以撤回。撤回要约的通知应当在要约到达受要约人之前或者要约同时到达受要约人,故选AD。

要约的撤销,是指在要约生效后、受要约人承诺之前,要约人取消要约从而使要约归于消灭的行为。要约的撤销不同于要约的撤回(前者发生于生效后而后者发生于生效前)。

《合同法》第18条规定:要约可以撤销。撤销要约的通知应当在受要约人发出承诺通知之前到达受要约人。

《合同法》第19条规定:有下列情形之一的,要约不得撤销:

(1) 要约人确定了承诺期限或者以其他方式明示要约不可撤销。

(2) 受要约人有理由认为要约是不可撤销的,并且已经为履行合同做了准备工作。

6. 要约的失效

要约的失效,即要约丧失法律拘束力。依《合同法》第20条规定,要约失效的事由有以下几种:

(1) 受要约人拒绝要约。

(2) 要约人撤销要约。

(3) 承诺期限届满,受要约人未作出承诺。

(4) 受要约人对要约的内容作出实质性变更(构成反要约)。

(二) 承诺

1. 承诺的概念及有效要件

《合同法》第 21 条规定：承诺是受要约人同意要约的意思表示。一项有效的承诺须符合以下构成要件：

(1) 承诺的对象必须是受要约人。承诺必须是受要约人的意思表示。承诺可由受要约人本人做出，也可由其代理人做出。

(2) 承诺的时间必须在合理期限内。承诺应当在要约确定的期限内到达要约人。要约没有确定承诺期限的，如果要约以对话方式作出，应当及时作出承诺的意思表示；如果要约以非对话方式作出，承诺应当在合理期限内到达受要约人。

(3) 承诺的内容必须与要约一致。《合同法》第 30 条规定：承诺的内容应当与要约的内容一致。受要约人对要约的内容作出实质性变更的，为新要约。有关合同标的、数量、价款或者报酬、履行期限、履行地点和方式、违约责任和解决争议方法等的变更，是对要约内容的实质性变更。

【案例 4-5】 甲学校向乙公司发出要约，要定做一批桌椅，要约中表明了桌椅的样式，甲要约中提出"双方发生争议，提交北京市仲裁委员会仲裁"。乙公司回信接受甲公司的一切条件，但在回信中指出，双方发生争议，任何一方有权向法院起诉。根据已知条件，(　　　)。

A. 甲、乙之间的合同成立，因为已经达成了合意

B. 甲、乙之间的合同成立，因为乙的变更是非实质性变更

C. 甲、乙之间的合同不成立，因为乙的变更是实质性变更

D. 甲、乙之间的合同不成立，乙的回信是新要约

解析：根据《合同法》的规定，承诺的内容应当与要约的内容一致。受要约人对要约的内容作出实质性变更的，为新要约。有关合同标的、数量、质量、价款或者报酬、履行期限、履行地点和方式、违约责任和解决争议方法等的变更，是对要约内容实质性变更，故选 CD。

2. 承诺的方式

承诺应当以通知的方式作出，但根据交易习惯或者要约表明可以通过行为方式作出承诺的除外。通知包括口头通知和书面表达。行为包括作为和不作为，构成承诺的行为主要是指作为，如供货商在收到订货要约后径行发货(发货行为即为承诺)。单纯的缄默或者不作为通常不能作为承诺的意思表达方式，但是，如果交易习惯或要约表明可以采取此种方式进行承诺的，也可以作为承诺方式。

3. 承诺的效力

《合同法》第 26 条规定：承诺通知到达要约人时生效，承诺不需要通知，根据交易习惯或者要约的要求作出承诺的行为时生效。承诺生效时合同即成立。

4. 承诺的撤回和迟延

承诺的撤回，是指受要约人在其作出的承诺生效之前将其撤回的行为。《合同法》第 27 条规定：承诺可以撤回。撤回承诺的通知应当在承诺通知到达要约人之前或者承诺通

同时到达要约人。承诺一经撤回，即不发生承诺的效力，也就阻止了合同的成立。

承诺一旦到达对方，合同即告成立，因此承诺不存在撤销的问题。因为一方当事人不得随意撤销已经成立的双方当事人达成的合同。

承诺迟延，即迟到的承诺，指受要约人未在期限内发出的承诺。对此，《合同法》第28、29 条做了以下规定：

(1) 除要约人及时通知受要约人该承诺有效的以外，迟到的承诺不发生承诺的效力，但因其符合要约的条件，故可视为新要约。

(2) 承诺因意外原因而迟延的，并非一概无效。《合同法》第 29 条规定：受要约人在承诺期限内发出承诺，按照通常情形能够及时到达要约人，但因其他原因承诺到达要约人时超过承诺期限的，除要约人及时通知受要约人因承诺超过期限不接受该承诺的以外，该承诺有效。

5. 承诺的期限

承诺应当在要约确定的期限内到达要约人。要约以信件或者电报作出的，承诺期限自信件载明的日期或电报交发之日开始计算。信件未载明日期的，自投寄该信件的邮戳日起开始计算。要约以电话、传真等快递通讯方式作出，承诺期限自要约人时开始计算。要约以电话、传真等快速通讯方式作出的，承诺期限自要约到达受要约人时开始计算。

要约没有确定承诺期限的，承诺应当依照下列规定到达：

(1) 要约以对话方式作出，应当即时作出承诺，但当事人另有约定的除外。

(2) 要约以非对话方式作出的，承诺应当在合理期限内到达。

二、合同成立的时间和地点

(一) 合同成立的时间

1. 一般规定

《合同法》第 25 条规定：承诺生效时合同成立。据此，合同于承诺生效时成立。

2. 合同书形式的合同成立时间

《合同法》第 32 条规定：当事人采用合同书形式订立合同的，自双方当事人签字或者盖章时合同成立。当事人采用合同书形式订立合同，但并未签字、盖章，意味着当事人的意思表示未能最后达成一致，因而一般不能认为合同成立。双方当事人签字或者盖章不在同一时间的，最后签字或者盖章时合同成立。

3. 确认书形式的合同成立时间

《合同法》第 33 条规定：当事人采用信件、数据电文形式订立合同的，可以在合同成立之前要求签订确认书。签订确认书时合同成立。

4. 合同的实际成立

《合同法》第 36 条规定：法律、行政法规规定或者当事人约定采用书面形式订立合同，当事人未采用书面形式但一方已经履行主要义务，对方接受的，该合同成立。

(二) 合同成立的地点

1. 一般规定

《合同法》第 34 条规定：承诺生效的地点为合同成立的地点。采用数据电文形式订立合同的，收件人的主营业地为合同成立的地点；没有主营业地的，其经常居住地为合同成立的地点。当事人另有约定的，按照其约定。

2. 书面合同的成立地点

《合同法》第 35 条规定：当事人采用合同书形式订立合同的，双方当事人签字或者盖章的地点为合同成立的地点。

三、合同的形式和内容

(一) 合同的形式

合同的形式是指当事人表示合同内容的方式。《合同法》第 10 条规定：合同订立的方式有书面形式、口头形式和其他形式。

1. 书面形式

《合同法》第 11 条规定：书面形式是指合同书、信件和数据电文(包括电报、电传、传真、电子数据交换和电子邮件)等可以有形地表现所载内容的形式。书面形式在当事人发生纠纷时举证方便，容易分清责任。法律、行政法规规定采用书面形式的，应当采用书面形式。当事人约定采用书面形式的，应当采用书面形式。在实践中，书面形式是当事人最为普遍采用的一种合同约定形式。

2. 口头形式

口头形式是指当事人只以口头意思表示达成协议的合同。口头合同的优点是简便易行，在日常生活中广泛运用。但是，口头合同在发生纠纷时难以取证，空口无凭，不易分清责任。对于不及时结清的和较重要的合同，不宜采用口头形式。

3. 其他形式

其他形式是指除口头形式、书面形式之外的订立合同的形式，主要包括视听资料、默示、公证、鉴证、批准及登记等形式。视听资料主要为录像和录音，依照最高人民法院关于民事证据有关方面的规定，对方对视听资料没有异议，则可以认定，如一方有异议，则要具备三个条件才能认定：第一，要以合法形式取得；第二，要有其他证据佐证；第三，要没有疑点。关于默示行为的规定，《合同法》第 36 条作出了规定：法律、行政法规规定或者当事人约定采用书面形式订立合同，当事人未采用书面形式但一方已经履行主要义务，对方接受的，该合同成立。

(1) 公证。公证形式是当事人约定或者依照法律规定，以国家公证机关对合同内容加以审查公证的方式，订立合同时所采取的一种合同形式。公证机关一般均以合同的书面形式为基础，对合同内容的真实性和合法性进行审查确认后，在合同书上加盖公证印鉴，以资证明。经过公证的合同具有最可靠的证据力，当事人除有相反的证据外，不能推翻。我国法律对合同的公证采取自愿原则。合同是否须经公证，一般由当事人自行约定。当事人要求必须公证的合同就须公证，不经公证不生效。

(2) 鉴证。鉴证形式是当事人约定或依照法律规定，以国家合同管理机关对合同内容的真实性和合法性进行审查的方式订立合同的一种合同形式。鉴证是国家对合同进行管理和监督的行政措施，只能由国家行政主管机关进行。鉴证也采取自愿原则。除国家规定必须鉴证的合同外，鉴证机关根据当事人的申请进行鉴证。

(3) 批准。批准形式是指法律规定某些类别的合同须采取经国家有关主管机关审查批准的一种合同形式。这类合同，除应由当事人达成意思表示一致而成立外，还应将合同书及有关文件提交国家有关主管机关审查批准才能生效。这类合同的生效，除应具备一般合同的生效要件外，在合同形式上还须同时具备书面形式和批准形式这两个特殊要件。合同的批准形式是国家对某些特殊类别合同的特殊要求。法律不要求合同批准形式的，当事人不能约定或要求国家进行批准。须经批准而未经批准的合同，自始就无法律效力。

(4) 登记。登记形式是指当事人约定或依照法律规定，采取将合同提交国家登记主管机关登记的方式订立合同的一种合同形式。登记形式一般常用于不动产的买卖合同。某些特殊的动产，如船舶等，在法律上视为不动产，其转让也采取登记形式。合同的登记形式可由当事人自行约定，也可以由法律加以规定。合同确认书即当事人采用信件、数据电文等形式订立合同，一方当事人可以在合同成立之前要求以书面形式加以确认的合同形式。

(二) 合同的内容

合同的内容也称合同条款，是指当事人之间就设立、变更、终止民事权利义务关系所做的一致的意思表示。根据《合同法》第12条的规定，合同的主要条款包括以下几项：

1. 当事人的名称或者姓名和住所

当事人的自然情况是合同必须具备的首要条件，是确定当事人身份、保证合同顺利履行的关键。

2. 标的

标的是合同法律关系的客体，是合同当事人之间权利义务共同指向的对象。标的是合同成立的必要条件，是一切合同的必备条款。标的可以是物，也可以是智力成果，还可以是行为。

3. 数量

数量是衡量标的的大小、多少、轻重的尺度，也是确定当事人权利义务范围和大小的标准，在大多数合同中，数量是必备条款。

4. 质量

质量是指标的的内在素质和外观形象的状况。质量条款是合同的主要条款，当事人必须在合同中约定质量标准。如果当事人在合同中没有约定质量条款或约定的质量条款不明确，可以根据《合同法》第61条和第62条的规定进行补救。

5. 价款或者报酬

价款是取得标的物所应支付的对价，报酬是获得服务所应支付的对价。价款或者报酬除国家有定价的以外，由当事人自愿约定，但应当公平。

6. 履行期限、履行地点和履行方式

履行期限是指合同中规定的当事人履行自己的义务如交付标的物、价款或者报酬，履行劳务、完成工作的时间界限是确定合同是否按时履行或者迟延履行的客观依据。履行期限可以是即时履行的，也可以是定时履行的；可以是在一定期限内履行的，也可以是分期履行的。合同中履行期限约定不明确的，当事人可事后达成补充协议或通过合同解释的办法来弥补。

履行地点是指当事人依据合同约定履行其义务的场所。履行地点有时是确定运费由谁负担、风险由谁承担以及所有权是否转移、何时转移的依据，同时也是在发生经济纠纷后确定由哪一级法院管辖的依据。

履行方式是指当事人履行合同义务的方法，不同的合同，决定了履行方式的差异。买卖合同是交付标的物，而承揽合同是交付工作成果。履行可以是一次性的，也可以是在一定时期内的，也可以是分期、分批的。运输合同按照运输方式的不同可以分为公路、铁路、海上、航空等方式。履行方式还包括价款或者报酬的支付方式、结算方式等。

7. 违约责任

违约责任是指当事人一方或者双方不履行合同或者不适当履行合同，依照法律的规定或者按照当事人的约定应当承担的法律责任。当事人约定违约责任通常有支付违约金和赔偿金两种形式。

8. 解决争议的方法

解决合同争议的方法主要有五种：一是协商；二是调解；三是申诉；四是仲裁；五是诉讼。当事人可以自由选择其中任意几种或者全部。

涉外合同的当事人可以选择解决他们的争议所适用的法律，当事人可以选择选用中国的法律、港澳地区的法律或者外国的法律。涉外合同的当事人约定采用仲裁方式解决争议的，可以选择中国的仲裁机构进行仲裁，也可以选择在外国进行仲裁。但法律对有些涉外合同法律的适用有限制性规定的，应依照其规定。

四、缔约过失责任

缔约过失责任是指在合同订立过程中，合同一方因违反其依据诚实信用原则所应当承担的法定义务，导致另一方的信赖利益受损而应当承担的赔偿责任。

关于合同订立过程的起止时间，通常认为，合同始于要约生效，终于合同成立。合同成立后无效或者被撤销，只要导致无效或被撤销的原因发生在合同订立过程中，有过错的一方也应承担缔约过失责任。

(一) 缔约过失责任的构成要件

1. 相对人利益受到损害

缔约过失行为使相对人遭受了损失。这种损失有两种形态：其一，信赖利益的损失；其二，一方在缔约的过程中没有尽到照顾、保护义务而造成他方损失。

2. 缔约方存在过失行为

我国法律规定，缔约过失责任是一种过错责任。缔约过失责任中的"过失"包括故意和过失。这种过失表现为违背诚实信用原则。

3. 缔约过失行为与相对人的损失之间存在因果关系

所谓的因果关系，即损失是由缔约过失行为而造成的，而不是由违约行为或侵权行为造成的。

(二) 缔约过失责任的适用情形

1. 假借订立合同，恶意进行磋商

缔约方根本没有与对方签订合同的目的，以与对方谈判为借口，损害对方或第三人的利益，恶意地与对方进行谈判。

2. 故意隐瞒与订立合同有关的重要事实或提供虚假情况

在订立合同的过程中，一方当事人已经知悉了与合同有关的重要情况，但不告诉对方，或故意提供虚假情况，继续与对方进行谈判。

3. 泄露或不正当的使用当事人在订立合同中知悉的商业秘密

合同基于信赖而订立，当事人在订立合同过程中知悉对方的商业秘密，无论合同是否成立，都不得泄露对方的商业秘密，并且未经对方同意，不得擅自使用对方的商业秘密，否则应承担相应责任。

4. 其他违背诚实信用的行为

法律不可能将实际生活中违反前合同义务的行为列举穷尽，订立合同的行为并不必然导致合同成立，无论合同是否有效成立，如果一方不遵循诚实信用原则导致另一方蒙受损失的，应当依法承担赔偿责任。

(三) 缔约过失责任的赔偿范围

《合同法》没有对缔约过失责任的赔偿范围作出明确规定。一般认为，信赖利益的损失包括直接损失和间接损失。直接损失主要包括：

(1) 缔约费用及其利息。

(2) 准备履约所支付的费用及其利息等。

间接损失主要是指交易差价损失，如因信赖合同有效成立而放弃与他人进行交易的差价损失，因合同不成立、无效、被撤销而在市场上以合同价格购买同类标的物的差价损失等。

第三节 合同的效力

合同的效力即合同的法律效力，是指已经成立的合同在当事人之间产生的法律约束力。有效合同对当事人具有法律约束力，国家法律予以保护，当事人应当按照约定履行自己的义务，不得擅自变更或者解除合同。无效合同不具有法律约束力。《合同法》就合同的效力问题

规定了有效合同，无效合同，可变更、可撤销合同和效力待定合同等四大类。

一、有效合同

《合同法》第 8 条规定：依法成立的合同，对当事人具有约束力。当事人应当按照合同的约定履行自己的义务，不得擅自变更或者解除合同。依法成立的合同，受法律保护。

1. 合同的生效要件

(1) 合同主体有效。一般情况下，具备完全民事行为能力的人才可以订立合同，限制行为能力人只能订立与其年龄、智力、精神状态相一致的合同；无民事行为能力人无订约资格。

(2) 意思表示真实。意思表示，是指当事人内心的想法、愿望和打算。合同是当事人设立、变更、终止民事权利义务的协议，法律要求当事人的意思表示必须是真实的，也即当事人的想法、愿望和打算与其付诸的行为相一致。

(3) 合同内容合法。合同的内容不得违反法律、法规的强制性规定(如法律、法规明令禁止从事的活动)，不能违背社会公德，扰乱社会公共秩序，损害社会公共利益。

(4) 合同形式合法。法律、法规规定必须采用特定形式或必须经过公证、鉴证或批准、登记后才能生效的合同，必须符合特定的形式或履行特定程序才能生效。

2. 合同的生效时间

(1) 成立时生效。一般情况下，依法成立的合同，自成立时生效。

(2) 批准、登记时生效。法律、行政法规规定应当办理批准、登记等手续生效的，依照其规定办理批准、登记手续时生效。

(3) 附条件生效。《合同法》第 45 条第 1 款规定：当事人对合同的效力可以约定条件，附生效条件的合同，自条件成就时生效，附解除条件的合同，自条件成就时失效。所谓条件，是指将来发生的决定法律行为效力的不确定的事实。例如：甲对乙说："一旦你考取清华大学，IBM 电脑送给你"，即为附生效条件的合同。条件可以是自然现象、事件、行为等，但是必须符合以下条件：第一，必须是将来发生的事实；第二，事实是否发生将来不能确定；第三，由当事人约定的而不是法定的；第四，必须是合法的事实。条件成就须顺其自然，不可人为阻止或者促成。若当事人为自己的利益不正当地阻止条件成就，视为条件已成就；不正当地促成条件成就，视为条件不成就。

(4) 附期限生效。《合同法》第 46 条规定：当事人对合同效力可以约定附期限，附生效期限的合同，自期限届至时生效，附终止期限的合同，自期限届满时失效。所谓期限，是指将来必然到来的客观事实。期限通常分为两种，即生效期限和终止期限。例如：父对子说："明年的生日，送你一台 IBM 电脑"，即为附生效期限的合同。

附期限与附条件的区别是：附期限是将来一定能发生的事实；附条件是将来不一定发生的事实。

二、无效合同

(一) 无效合同的概念

无效合同是指合同虽然成立，但因欠缺生效要件而使合同不具有法律约束力和不发生履行效力的合同。

《合同法》第52条规定，有下列情形之一的，合同无效：

(1) 一方以欺诈、胁迫的手段订立合同，损害国家利益。

(2) 恶意串通，损害国家、集体或第三人利益。

(3) 以合法形式掩盖非法目的。

【案例4-6】 张三与蓝天房地产开发有限公司签订一份商品房买卖合同。蓝天公司提出，为少交契税建议将部分购房款算作装修费用，张三未表示反对。事后发生纠纷，张三以所发生装修费用远远高于装修标准为由，请求法院对装修费用予以变更，该装修费用条款的效力(   )。

A. 是双方当事人真实的意思表示，有效

B. 显失公平，可变更

C. 以合法形式掩盖非法目的，无效

D. 违反法律禁止性规定，无效

解析：当事人订立的合同在形式上是合法的，但缔约目的是非法的，该装修费用条款名为装修费用，实为少交契税。属于以合法形式掩盖非法目的的合同，且违反了法律的禁止性规定，所以无效，故选CD。

(4) 损害社会公共利益。

(5) 违反法律、行政法规的强制性规定。

(二) 无效合同的法津后果

1. 无效合同的补救

(1) 无效合同不为国家法律所承认，视为自始即不成立的合同，分全部无效和部分无效合同，部分无效的合同是指由于其部分条款违反法律规定或者损害他人利益，并不影响合同本身成立的合同。合同部分无效，不影响其他部分的效力的，其他部分仍然有效。

(2) 合同被确认无效后，发生以下法律后果：

① 双方返还。即当事人依据合同取得的财产应返还给对方。

② 折价补偿。即不能返还的或者没必要返还的，应当折价补偿。

③ 承担损失。即有过错的一方应赔偿对方因此受到的损失，双方都有过错的，各自承担相应责任。

④ 收归国有或者返还集体、第三人。即当事人恶意串通，损害国家、集体或者第三人利益的，由此取得的财产收归国家所有或者返还集体、第三人。

2. 无效的免责条款

《合同法》除了规定合同无效的法定事由以外，同时还对合同中的免责条款作了规定，即《合同法》规定，提供格式条款一方免除责任、加重对方责任、排除对方主要权利的条款无效。另外《合同法》还对免责条款做了规定，合同中的下列免责条款无效：一是造成对方人身伤害的，二是故意或重大过失造成对方财产损失的。例如，甲、乙约定："甲方若因过失造成乙方人身伤害，不承担赔偿责任"。该条款就是无效条款。

三、可变更、可撤销合同

(一) 可变更、可撤销合同概念及情形

可变更、可撤销合同是基于法定原因，当事人有权诉请法院或仲裁机构予以变更、撤销的合同。

根据《合同法》第54条规定，下列情形，当事人一方有权请求人民法院或者仲裁机构变更或撤销。

1. 重大误解

重大误解是指合同当事人一方因自己的过失而对合同的重要内容发生误解。误解既可以是单方面的误解，也可以是双方的误解，其结果是直接影响当事人所应享有的权利和承担的义务。根据最高人民法院发布《关于贯彻〈中华人民共和国民法通则〉若干问题的意见》的有关规定，行为人因对行为的性质、对方当事人、标的物的品种及其质量、规格和数量等的错误认识，使行为的后果与自己的意愿相悖，并造成较大损失的，可以认定为重大误解。

【案例4-7】 商场新进一种CD机，价格定为2598元。柜台组长在制作价签时，误将2598元写为598元。赵某在浏览该柜台时发现该CD机物美价廉，于是用信用卡支付1196元购买了两台CD机。一周后，商店盘点时，发现少了4000元，经查是柜台组长标错价签所致。由于赵某用信用卡结算，所以商店查出是赵某少付了CD机货款，找到赵某，提出或补交4000元或退回CD机，商店退还1196元。赵某认为彼此的买卖关系已经成立并交易完毕，商店不能反悔，拒绝商店的要求。商店无奈只得向人民法院起诉，要求赵某返还4000元或CD机。

问题：

(1) 本案的合同是否可以撤销？

(2) 本案应当如何处理？

解析：

(1)《合同法》第54条规定，因重大误解订立的合同，当事人一方有权请求人民法院或者仲裁机构变更或撤销合同。

(2)《合同法》第58条规定，合同被撤销后，因该合同取得的财产，应当予以返还，……基于上述理由，商店的诉讼请求有法律依据。本案中，当事人因对标的物的价格的认识错误而实施的商品买卖行为，这一错误不是出卖人的故意造成，而是因疏忽标错价签造成，这一误解对出卖人造成较大的经济损失。所以，根据本案的情况，符合重大误解的构成要件，应依法认定为属于重大误解的民事行为。

2. 显失公平

显失公平的合同是指合同当事人一方利用优势或利用对方缺乏经验而订立的、合同当事人之间权利义务明显不平等的合同。一般而言，标的物的价值和价款过于悬殊、风险和责任在双方之间分配显然不合理的合同，都属于显失公平的合同。

3. 欺诈、胁迫

欺诈，是指一方在订立合同时，故意制造假象或者掩盖真相，致使对方陷入错误而订

立的合同；胁迫，是指一方采用违法手段，威胁对方与自己订立合同，被迫一方因恐惧而订立合同。以欺诈、胁迫手段订立的合同如果损害到国家利益的，该合同无效；如果只是损害到对方或第三方利益，由当事人自主决定是否行使变更或撤销权。

4. 乘人之危

乘人之危，是指行为人利用对方当事人的急迫需要或危急处境，迫使对方违背本意接受于其明显不利的条件，并作出不真实的意思表示的情形。乘人之危订立的合同有违背当事人真实的意思表示，法律赋予当事人行使变更或撤销合同的权利。

（二）撤销权的行使

1. 行使方式

撤销权的行使不一定必须通过诉讼的方式。如果撤销权人主动向对方作出撤销的意思表示，而对方未表示异议，则可以直接发生撤销合同的后果；如果对撤销问题，双方发生争议，则必须提起诉讼或仲裁，要求人民法院或仲裁机关予以裁决。撤销权人有权提出变更合同，请求变更的权利也是撤销权人享有的一项权利。《合同法》第 54 条规定：当事人请求变更的，人民法院或仲裁机构不得撤销。

2. 行使期限

撤销权人必须在规定的期限内行使撤销权。《合同法》第 55 条规定：具有撤销权的当事人自知道或者应当知道撤销事由之日起 1 年内没有行使撤销权或具有撤销权的当事人知道撤销事由后明确表示或者以自己的行为放弃撤销权，则撤销权消灭。

3. 法律效力

被撤销的合同自始没有法律约束力。对该合同取得的财产，当事人应承担下列民事责任：一是返还财产；二是拆价补偿；三是赔偿损失。

四、效力待定合同

效力待定合同，是指合同虽然已经成立，但由于不完全符合合同生效的要件，因而其效力处于不确定状态。

效力待定合同不同于其他合同的最大特点在于：此类合同须经权利人的承认才能生效。根据法律规定，效力待定的合同主要有下列几种情形。

1. 主体不合格的合同

《中华人民共和国民法通则》第 58 条将主体不合格的民事行为规定为两类：无民事行为能力人实施的民事行为和限制民事行为能力人依法不能独立实施的民事行为。因这两类民事行为而订立的合同都属于效力待定合同。

(1) 无行为能力人所订立的合同。无民事行为能力人只能由其法定代理人代理订立合同，不能独立订立合同，否则，在法律上是无效的。但某些与其年龄、智力、精神健康状况相适应以及纯获法律利益的合同除外。

(2) 限制民事行为能力人订立的合同。《合同法》第 47 条规定：限制民事行为能力人订立的合同，经法定代理人追认后，该合同有效，但纯获利益的合同或者与其年龄、智力、精神健康状况相适应而订立的合同，不必经法定代理人追认。

《合同法》第 47 条规定：相对人可以催告法定代理人在一个月内予以追认。法定代理人未作表示的，视为拒绝追认。合同被追认之前，善意相对人有撤销的权利。撤销应当以通知的方式作出。

2. 因无权代理而订立的合同

《合同法》第 48 条规定：行为人没有代理权、超越代理权或者代理权终止后以被代理人(本人)名义订立的合同，未经被代理人追认，对被代理人不发生效力，由行为人承担责任。无权代理行为只有经过本人追认才能使本人承担民事责任。所谓追认，是指本人对无权代理行为在事后予以承认的一种单方意思表示。承认具有溯及既往的效力，也就是说，一旦承认，因无权代理所订立的合同从成立之时开始即产生法律效力。

对因无权代理而订立的合同，相对人享有催告权。所谓催告，是指相对人催促本人在合理的一定期限内明确答复是否承认无权代理行为。《合同法》第 48 条规定：相对人可以催告被代理人在一个月内予以追认。被代理人未作表示的，视为拒绝追认。

3. 无权处分行为

所谓无权处分行为，是指无处分权人处分他人财产而订立的合同。《合同法》第 51 条规定：无处分权的人处分他人财产，经权利人追认或者无处分权的人订立合同后取得处分权的，该合同有效。可见，因无权处分而订立的合同具有以下特点：

(1) 无处分权人实施了处分他人财产的行为。

(2) 此种合同必须经过权利人追认。

(3) 如果无权处分人事后取得权利，也可导致无权处分行为有效。

【案例 4-8】 下面哪些合同属于合法有效的合同(　　)。

A. 11 岁的李某在小食品店买了一袋花生米

B. 20 岁的张某偷偷将父亲的一本珍藏邮票册卖给了邮票贩子葛某

C. 任某根据公司开出的介绍信以公司的名义与土产公司签订买卖合同

D. 甲谎称其出售的是新车并以新车价与乙成交

解析：本案选项 A，11 岁的李某是年满 8 周岁不满 18 周岁的限制民事行为能力人，他可以从事与其年龄智力水平相适应的民事行为，而买一袋花生米是和 11 岁的李某的行为相适应的，其购买行为合法有效；选项 B，虽然已属于完全的民事行为能力人，但是这本邮票册是他父亲的，张某的买卖行为未经父亲的同意，显然不能当然有效；选项 C，任某是公司的代理人，并且有公司的介绍信来认定其身份，所以任某的行为是合法的，买卖合同是有效的；选项 D，甲在签订合同时隐瞒了标的物的真实情况，根据《合同法》中对于合同生效要件的规定，甲与乙签订的合同也不能当然有效，故选 AC。

第四节　合同的履行

一、合同履行的概念

合同的履行，是指合同当事人按照合同的约定，全面、适当地完成各自承担的义务，实现合同目的的行为。合同的履行是合同制度的核心内容。

二、合同履行的原则

《合同法》第60条规定：当事人应当按照约定全面履行自己的合同义务。当事人应当遵循诚实信用原则，根据合同的性质、目的和交易习惯履行通知、协助、保密等义务。

合同履行的原则主要有以下四点：

1. 全面履行原则

全面履行原则是指当事人按照合同规定的标的及其质量、数量，由适当的主体在适当的履行期限、履行地点，以适当的履行方式，全面完成合同义务的履行原则。

2. 诚信履行原则

诚信履行原则是指当事人在履行合同义务时，秉承诚实、守信、善意、不滥用权利或者规避义务的原则。诚实信用原则既是市场经济活动的一项基本道德准则，也是当事人履行合同应当遵循的一项基本法律原则。

3. 情势变更原则

情势变更是指在合同履行之前，因不可归责于双方当事人的原因而使合同成立的基础发生变化，如继续履行合同将会造成显失公平的后果。在这种情况下，法律允许当事人变更合同的内容或者解除合同，以消除不公平的后果。

4. 协作履行原则

协作履行原则是指当事人在履行合同过程中，应本着相互协商和协作的原则履行合同。这一原则要求当事人在履行合同过程中，除严格按约定履行自己的义务外，还要相互合作，配合对方履行合同。合同的双方当事人应当相互关照，互通有无。在合同的履行过程中，双方当事人之间要及时通报情况，发现问题及时解决，以便于合同的履行。

三、合同履行的规则

(一) 当事人就有关合同内容约定不明确时的履行规则

《合同法》第61条规定：合同生效后，当事人就质量、价款或者报酬、履行地点等内容没有约定或者约定不明确的，可以协议补充；不能达成补充协议的，按照合同有关条款或者交易习惯确定。仍不能确定的，适用下列规定。

1. 质量约定不明

合同中质量要求不明确的，按照国家标准、行业标准履行；没有国家标准、行业标准的，按照通常标准或者符合合同目的的特定标准履行。

2. 价款、报酬约定不明

价款或者报酬不明确的，按照订立合同时履行地的市场价格履行；依法应当执行政府定价或者政府指导价的，按照规定履行。

3. 履行地点约定不明

履行地点不明确，给付货币的，在接受货币一方所在地履行；交付不动产的，在不动产所在地履行；其他标的在履行义务一方所在地履行。

【案例4-9】 上海甲公司与北京的乙公司签订买卖某货物的合同，乙公司的产品在保定生产，而上海的甲公司要求乙公司直接将货物运到天津港口装船。该合同没有约定付款地且双方协商不成，依合同的规定。付款地应为(　　)。

A. 上海　　　　B. 北京　　　　C. 天津　　　　D. 保定

解析： 本案因合同没有约定付款地且双方协商不成，依《合同法》的规定，应当在接受款项的乙公司(北京)所在地付款，故选 B。

4. 履行期限约定不明

履行期限不明确，债务人可以随时履行，债权人也可以随时要求履行，但应当给对方必要的准备时间。《合同法》第 71 条规定：债权人可以拒绝债务人提前履行债务，但提前履行不损害债权人利益的除外。债务人提前履行给债权人增加的费用，由债务人负担。

5. 履行方式约定不明

履行方式不明确的，按照有利于实现合同目的的方式履行。

6. 履行费用负担不明

履行费用的负担不明确的，由履行义务一方负担。

(二) 逾期履行后价格的确定

国家定价或者指导价签订的合同，在合同约定的交付期限内政府价格调整时，按照交付时的价格计价。逾期交付标的物的，遇价格上涨时，按照原价格执行；价格下降时，按照新价格执行。逾期提取标的物或者逾期付款的，遇价格上涨时，按照新价格执行；价格下降时，按照原价格执行。即"谁违约，谁不利"。

(三) 涉及第三人的合同履行

合同通常仅在双方当事人之间产生效力，《合同法》也同时允许涉及第三人的合同的存在，这类合同包括为第三人利益签订的合同和由第三人履行合同义务的合同。

1. 为第三人利益签订的合同

为第三人利益签订的合同，是指合同双方当事人约定，债务人不是向对方当事人而是向第三人履行合同义务，第三人直接取得利益的合同。

《合同法》第 64 条规定：当事人约定由债务人向第三人履行债务的，债务人未向第三人履行债务或者履行债务不符合约定，应当向债权人承担违约责任。合同双方在订立为第三人利益的条款时，可以征得第三人的同意，也可以不告知第三人。但债务人向第三人履行合同义务时，一般应当通知第三人，第三人受领的，债务人的合同义务解除。如果债务人不向第三人履行合同义务，债权人可以请求其履行并要求其承担违约责任。

【案例4-10】 A 地的甲方从 B 地的乙方买进货物，是为了卖给 C 地的丙方，此种情况下，甲乙双方约定乙方直接发货给丙方，而乙方未履行承担违约责任的是(　　)。

A. 甲方自己　　　　　　　B. 丙方

C. 乙方　　　　　　　　　D. 乙和丙承担连带责任

解析：根据《合同法》规定，当事人约定由债务人向第三人履行债务的，债务人未向第三人履行债务或者履行债务不符合约定，应当向债权人承担违约责任，故选C。

2. 由第三人履行义务的合同

由第三人履行义务的合同又称第三人负担合同，是指合同的双方当事人约定，合同债务由第三人履行。

《合同法》第 65 条规定：当事人约定由第三人向债权人履行债务的，第三人不履行债务或者履行债务不符合约定，债务人应当向债权人承担违约责任。由于第三人履行义务的合同为他人设立了负担，在签订合同时或者在签订合同后，当事人应征得第三人的同意。但是即使约定由第三人履行并且第三人同意该约定，第三人也不是合同的当事人，如果第三人拒绝履行合同义务，应由合同中的债务人向债权人承担违约责任。

【案例 4-11】甲欠乙 1000 元，在还款期限届至时，因丙欠甲 1000 元到期未还，甲便对乙说："我欠你的 1000 元由丙在两天内替我向你归还。"乙应允。甲便通知丙，将 1000 元欠款在两天内陆还给甲。后因丙未还款，甲、乙、丙就谁该承担违约责任发生争议。

解析：本案中，甲与乙存在借款合同关系，双方约定由第三人丙向债权人乙履行还款义务，由于丙与乙不存在合同关系，而违约责任存在合同关系为前提，故丙未向乙还款仍然应当由甲承担。

四、合同履行的保全

合同的保全，是指法律为防止因债务人财产发生不当减少而给债权人的债权实现带来危害，允许债权人对债务人或第三人的行为行使一定的权利以保护债权的制度。《合同法》规定了合同履行中的五种保全措施，即同时履行抗辩权、后履行抗辩权、不安(先履行)抗辩权、代位权以及撤销权。

(一) 同时履行抗辩权

抗辩权是指在双务合同中，一方当事人依法享有对抗或者否认对方请求权的权利。合同履行的抗辩权是与请求权相对应的权利，仅存在于双方互负对待给付义务的双务合同中。

1. 同时履行抗辩权的概念

同时履行抗辩权，是指在没有先后履行顺序的双务合同中，一方当事人在对方未履行其合同义务或在对方履行债务不符合约定时，拒绝其履行要求或拒绝其相应的履行要求的权利。同时履行抗辩权目的是平衡利益、维护秩序、促进协作。

同时履行抗辩权只适用于双务合同中，如买卖、互易、租赁、承揽、保险等合同。单务合同(如赠与合同)和不真正的双务合同(如委托合同)不适用同时履行抗辩权。

2. 行使同时履行抗辩权的条件

(1) 在同一双务合同中互负对待给付义务。

(2) 双方债务均已届清偿期。

(3) 对方未履行债务。

(4) 对方的债务可能履行。

3. 同时履行抗辩权的适用

(1) 当一方不能履行或拒绝履行时，另一方当事人就享有也不履行合同的权利。

(2) 当一方部分履行或履行不符合约定时，对方当事人有权就未履行或履行不符合约定部分提出抗辩，拒绝其相应的履行请求。

4. 同时履行抗辩权的效力

同时履行抗辩权只是暂时阻止对方当事人请求权的行使，而不是永久地终止合同。当对方当事人完全履行了合同义务，同时履行抗辩权即告消灭，主张抗辩权的当事人就应当履行自己的义务。当事人因行使同时履行抗辩权致使合同迟延履行的，迟延履行责任由对方当事人承担。

(二) 后履行抗辩权

1. 后履行抗辩权的概念

后履行抗辩权是指合同当事人互负债务，有先后履行顺序，先履行一方未履行的，或者履行债务不符合约定的，后履行一方有权拒绝对方的履行要求。后履行抗辩权目的是保护后履行一方当事人的利益。

2. 行使后履行抗辩权的条件

(1) 须双方当事人互负债务。

(2) 双方债务须有先后履行顺序。

(3) 先履行的当一方未履行债务或其履行不符合约定。

(4) 行使抗辩权的是履行义务顺序在后的当事人。

3. 后履行抗辩权的适用

(1) 应当先履行的一方当事人不履行到期债务时，那么后履行的当事人有权不履行义务。

(2) 应当先履行的一方当事人履行债务不符合约定时，后履行当事人有权不履行相应的合同义务。

4. 后履行抗辩权的效力

后履行抗辩权不是永久性的，它的行使只是暂时阻止了当事人请求权的行使。先履行一方的当事人如果完全履行了合同义务，则后履行抗辩权消灭，后履行当事人就应当按照合同约定履行自己的义务。

(三) 不安抗辩权

1. 不安抗辩权的概念

不安抗辩权又称先履行抗辩权，是指当事人互负债务，有先后履行顺序，先履行的一方有确切证据证明后履行一方丧失履行债务能力时，在对方没有履行或没有提供担保之前，有权中止合同履行的权利。不安抗辩权目的是保护先履行一方当事人的利益。

2. 行使不安抗辩权的条件

(1) 对方经营状况严重恶化。

(2) 对方转移财产、抽逃资金，以逃避债务。

(3) 对方丧失商业信誉。

(4) 对方有丧失或者可能丧失履行债务能力的其他情形。

3. 不安抗辩权的适用

(1) 当事人基于同一双务合同，由应先履行债务的一方当事人行使。

(2) 后履行合同的一方当事人有丧失或可能丧失履行债务能力的情形。

4. 不安抗辩权的效力

不安抗辩权属延期抗辩权，当事人只是中止合同的履行。当事人行使不安抗辩权后，应当立即通知对方当事人。如果对方当事人提供了担保，则不安抗辩权消灭，当事人应当恢复履行。如果对方在合理期限内恢复履行能力并且未提供适当担保的，中止履行的一方可以解除合同。

【案例 4-12】 服装厂与纺织厂签订了一份布料购销合同，约定纺织厂向服装厂提供 10 000 米高档布料，分两次在 3 个月供货，服装厂收到全部货物后向纺织厂支付 100 万元价款。纺织厂在提供了第一批布料后发现，服装厂资产状况严重恶化，涉及大量诉讼案件，且均系败诉方，已无能力履行 100 万元给付义务。而且，还发现服装厂在不断以低价向外转移财产。纺织厂便决定停止向服装厂供货，并要求其提供担保。服装厂则认为纺织厂的行为构成违约，要求其承担违约责任。

问题：

(1) 纺织厂是否违约？

(2) 纺织厂行使的是何种权利？该权利应依照何种程序行使？

解析：

(1) 纺织厂只要有足够的证据证明服装厂丧失了履行合同的能力，就可以根据合同法的规定行使不安抗辩权，中止履行合同，其行为不构成违约。

(2) 纺织厂行使的是不安抗辩权。不安抗辩权的行使必须遵循法律规定的程序要求，即纺织厂应有足够的证据证明对方的偿债能力降低，才能通知对方暂时中止履行；中止合同的履行后，可要求对方在合同期限内提供担保。如果对方仍未恢复履行能力或者未提供适当担保的，中止履行的一方才可以解除合同。

(四) 代位权

1. 代位权的概念

代位权是指因债务人怠于行使其到期债权，对债权人造成损害的，债权人可以向人民法院请求以自己的名义代位行使债务人的债权，但该债权专属于债务人自身的除外。

所谓专属债务人自身的债权，是指基于扶养关系、抚养关系、赡养关系、继承关系产生的给付请求权和劳动报酬、退休金、养老金、抚恤金、安置费、人寿保险、人身伤害赔偿请求权等。

2. 行使代位权的条件

(1) 债权人对债务人的债权合法。

(2) 债务人怠于行使其到期债权，对债权人造成损害。

(3) 债务人的债权已到期。

(4) 债务人的债权不是专属于债务人自身的债权。

3. 行使代位权的效力

债权人行使代位权且通知债务人后，债务人的权利并未丧失，只是债务人处分权的行使应受到限制，债务人只能在不损害债权人利益的情况下可以行使其权利。代位权的行使范围以债权人的债权为限。债权人行使代位权的必要费用，由债务人负担。

【案例 4-13】 甲公司欠乙公司货款 100 万元不能偿还，乙公司几次催要，甲公司均以无财产可供偿还为由拒绝偿还。后乙公司得知丙公司欠甲公司 200 万元，且因甲公司一直不催要，该债权诉讼时效期间即将届满。乙公司遂欲行使代位权。以下对于乙公司行使代位权说法不正确的是(　　)。

A. 代位权诉讼中，丙公司对甲公司的抗辩，可以向乙公司主张

B. 代位权的行使范围以 100 万元为限

C. 乙公司应当向人民法院请求以自己的名义代位行使甲公司的债权

D. 乙公司行使代位权的必要费用，由丙公司负担

解析：《合同法》第 73 条规定：因债务人怠于行使其到期债权，对债权人造成损害的，债权人可以向人民法院请求以自己的名义代位行使债务人的债权，但该债权专属于债务人自身的除外。代位权的行使范围以债权人的债权为限。债权人行使代位权的必要费用，由债务人负担。

(五) 撤销权

1. 撤销权的概念

债权人的撤销权是指当债务人放弃其对第三人的到期债权、无偿转让财产或者以明显不合理低价转让财产的行为而损害债权人的债权时，债权人可以依法请求人民法院撤销债务人该行为的权利。

2. 行使撤销权的条件

(1) 债权人与债务人之间的债权债务关系有效。

(2) 债务人实施了不当处分财产(债权)的行为。

(3) 债务人的行为对债权人造成损害。

(4) 第三人(受让人)主观上有恶意。

3. 行使撤销权的范围及费用负担

撤销权的行使范围以债权人的债权为限。债权人行使撤销权的必要费用，由债务人负担；第三人有过错的，应当适当分担。

4. 撤销权的行使期间及诉讼主体

撤销权自债权人知道或应知道撤销事由之日起 1 年内行使。自债务人的行为发生之日起 5 年内没有行使撤销权的，该撤销权消灭。在撤销权诉讼中，原告是债权人，被告是债务人，受益人或者受让人为第三人。

5. 行使撤销权的效力

债权人依法提起撤销权诉讼，请求人民法院撤销债务人放弃债权或转让财产的行为，人民法院经审理依法撤销的，债务人放弃债权或转让财产的行为自始无效。

第五节 合同的变更、转让和终止

一、合同的变更

(一) 合同变更的概念

合同的变更有广义、狭义之分。广义的合同变更指合同主体和内容的变更；狭义的合同变更仅指合同内容的变更。合同法所称的变更仅指合同内容的变更，即主体不变，内容变。

合同内容的变化主要包括：标的物数量的增减；标的物品质的改变；价款或者酬金的增减；履行期限的变更；履行地点的改变；履行方式的改变；结算方式的改变；所附条件的增添或除去；担保的设定或取消；违约金的变更；利息的变化。

(二) 合同变更的原因

1. 约定变更

《合同法》第 77 条第 1 款规定：当事人协商一致，可以变更合同。当事人应对合同变更的内容作明确约定，变更内容约定不明确的，推定为合同未变更。

2. 法定变更

如遭遇不可抗力导致债务人不能按期履行债务时，债务人可以减少债务数额或延期履行债务。

3. 裁决变更

《合同法》第 54 条规定：一方当事人可以请求人民法院或者仲裁机关对重大误解或显失公平的合同予以变更。

(三) 合同变更的效力

合同变更的实质在于使变更后的合同代替原合同，当事人应按变更后的合同内容履行，否则构成违约。

合同变更是合同部分权利义务的变化，合同的变更不溯及既往，未变更的权利、义务继续有效，对原已经履行的部分不产生法律效力。

二、合同的转让

(一) 合同转让的概念

合同的转让是合同当事人依法将合同的权利义务全部或部分转让给第三人的行为。合同的转让实际上也是一种合同的变更，不过它不是合同内容的变更，而是合同主体的变更，即内容不变，主体变。合同转让按照其转让的权利义务不同，可分为权利转让、义务转让、权利义务一并转让三种形态。

(二) 合同权利转让

1. 合同权利转让的概念

合同权利的转让又称为债权让于，是指合同债权人将自己的权利全部或部分转让给第三人的行为。转让债权的人称为让于人，受让债权的第三人称为受让人。

2. 合同权利转让的限制

根据《合同法》第 79 条规定，即具备下列三种情形之一的，合同权利不能转让：

(1) 根据合同性质不得转让。如存在一定人身信任关系的雇用合同、委托合同等。

(2) 按照当事人的约定不得转让。如果当事人有此约定，那么这一条款就是合同的组成部分，具有法律约束力，当事人必须遵守，不能转让权利。

(3) 依照法律规定不得转让。如《中华人民共和国担保法》第 61 条规定：最高额抵押的主合同债权不得转让。

3. 合同权利转让的程序

《合同法》第 80 条规定：债权人转让权利应当通知债务人。未经通知，该转让对债务人不发生效力。债权人转让权利的通知不得撤销，但经受让人同意的除外。

《合同法》第 87 条规定：法律、行政法规规定转让权利或者转移义务应当办理批准、登记等手续的，依照其规定。

4. 合同权利转让的法律后果

(1) 债权人发生变化。合同权利全部转让的，受让人取代原债权人的地位，成为新的债权人，原债权人脱离合同关系。合同权利部分转让的，受让人作为第三人加入到合同关系中，成为新的债权人共同享有债权。

(2) 从权利一并转移。债权人转让权利的，受让人取得与债权有关的从权利，但该从权利专属于债权人自身的除外。

(3) 抗辩权不受影响。债务人接到债权转让通知后，债务人对让于人的抗辩，可以向受让人主张。

(4) 抵销权不受影响。债务人接到债权转让通知时，债务人对让于人享有债权，并且债务人的债先于转让的债权到期或者同时到期的，债务人可以向受让人主张抵销。

(三) 合同义务转移

1. 合同义务转移的概念

合同义务转移又称为债务转移，是指经债权人同意，债务人将合同的义务全部或者部分转移给第三人。

2. 合同义务转移的程序

《合同法》第 84 条规定：债务人将合同的义务全部或者部分转移给第三人的，应当经债权人同意。合同义务的转移，应当经债权人同意，否则其行为对债权人不发生效力，债权人有权拒绝第三人向其履行；同时，有权要求债务人履行义务并承担不履行或迟延履行合同的法律责任。

3. 合同义务转移的法律后果

(1) 债务人发生变化。合同义务全部转移的，新债务人完全取代了原债务人，承担全面的履行合同义务；合同义务部分转移的，新的债务人加入到原债务中，和原债务人一起向债权人履行义务。

(2) 从债务一并转移。债务人转让义务的，新债务人应当承担与主债务有关的从债务，但该从债务专属于原债务人自身的除外。

(3) 抗辩权一并转移。债务转让义务的，新债务人可以主张原债务人对债权人的抗辩。

(四) 合同权利和义务的一并转让

1. 合同权利和义务一并转让的概念

合同权利和义务一并转让又称为合同权利和义务的概括转移，是指经当事人一方经对方同意，将自己在合同中的权利和义务一并转让给第三人。

2. 合同权利和义务一并转让的程序

《合同法》第88条规定：当事人一方经对方同意，可以将自己在合同中的权利和义务一并转让给第三人。

3. 合同权利和义务一并转让的法律后果

在法人和其他组织订立合同发生合并、分立的情况下，《合同法》规定了具体的处理方法：当事人订立合同后合并的，由合并后的法人或者其他组织行使合同权利、履行合同义务。当事人订立合同后分立的，除债权人和债务人另有约定的以外，由分立的法人或者其他组织对合同的权利和义务享有连带债权，承担连带债务。

三、合同的终止

合同终止是指合同当事人双方因一定的法律事实的出现，使合同确立的权利义务关系消灭。《合同法》第91条规定：有下列情形之一的，合同的权利义务终止。

(一) 债务已经按照约定履行

合同一经按照约定履行，合同权利得以实现，当事人设立合同的目的得以达到，合同关系也就自然终止。这是合同终止最普遍、最主要的原因。

(二) 合同解除

1. 合同解除的概念和种类

合同解除是指合同有效成立后，因当事人一方或双方的意思表示，使合同的权利义务终止的行为。合同解除有两种形式，即约定解除和法定解除。

(1) 约定解除：约定解除又称为双方解除，是指当事人通过协商一致而解除合同。《合同法》第 93 条规定：当事人协商一致，可以解除合同。

(2) 法定解除：法定解除又称为单方解除，是指合同成立生效后，没有履行或没有完全履行以前，当事人根据法律规定解除合同。

《合同法》94 条规定：有下列情形之一的，当事人可依法解除合同：

① 因不可抗力致使不能实现合同的。

② 在履行期限届满之前，当事人一方明确表示或者以自己的行为表明不履行主要债务。

③ 当事人一方迟延履行主要债务，经催告后在合理期限内仍未履行。

④ 当事人一方迟延履行债务或者有其他违约行为不能实现合同目的。

⑤ 法律规定的其他情形。

2. 合同解除权的行使

当事人一方主张解除合同的，应当通知对方。合同自通知到达对方时解除，对方有异议的，可以请求人民法院或者仲裁机构确认解除合同的效力。当事人解除合同，法律、行政法规规定应当办理批准、登记等手续的，应按照其规定办理。

3. 合同解除的效力

(1) 合同解除后，尚未履行的，终止履行；已经履行的，根据履行情况和合同性质，当事人可以请求恢复原状或者采取其他补救措施，并有权要求赔偿损失。

(2) 合同的权利义务终止，不影响合同中结算和清理条款的效力。

(三) 抵销

抵销是指在当事人相互负有债务的情况下，按照法律规定或当事人协议，在对等的前提下，都不再履行债务的行为。债务抵销分为法定抵销和协议抵销。

1. 法定抵销

法定抵销是指出现了法律规定的抵销情形，按照当事人一方的意思表示即可发生的抵销。《合同法》第 99 条规定：当事人互负到期债务，该债务的标的物种类、品质相同的，任何一方可以将自己的债务与对方的债务抵销，但依照法律规定或者按照合同性质不得抵销的除外。在法定抵销的情况下，当事人主张抵销的，应当通知对方。通知自到达对方时生效。抵销不得附条件或者期限。

2. 协议抵销

协议抵销是指当事人双方互负债务，在合同标的物种类、品质不相同时，经过双方协商达成一致的抵销。《合同法》第 100 条规定：当事人互负债务，标的物种类、品质不相同的，经双方协商一致，也可以抵销。协议抵销的唯一条件就是双方协商一致。

(四) 提存

1. 提存的概念

提存是指由于债权人的原因而使债务人无法向其交付合同标的物时，债务人将标的物交给提存机关，而使合同权利义务终止的制度。

2. 提存的原因

《合同法》第 101 条规定：有下列情形之一的，债务人可以将标的物提存：

(1) 债权人无正当理由拒绝受领。

(2) 债权人下落不明。

(3) 债权人死亡未确定继承人或者丧失民事行为能力未确定监护人。

(4) 法律规定的其他情形。

3. 债务人的义务

标的物提存后，除债权人下落不明的以外，债务人应当及时通知债权人或者债权人的继承人、监护人。

4. 提存的风险及费用承担

《合同法》第 103 条规定：标的物提存后，毁损、灭失的风险由债权人承担。提存期间，标的物的孳息归债权人所有。提存费用由债权人负担。

5. 提存的效力

债务人依法提存的，视为债务人在其提存范围内已经履行债务。

债权人可以随时领取提存物，但债权人对债务人负有到期债务的，在债权人未履行债务或者提供担保之前，提存部门应当根据债务人的要求拒绝其领取提存物。标的物不适于提存或者提存费用过高，债务人依法可以拍卖或者变卖标的物，提存所得的价款。债权人领取提存物的权利，自提存之日起 5 年内不行使而消灭，提存物扣除提存费用后归国家所有。

(五) 免除

免除是指债权人以债的消灭为目的而使合同权利义务部分或全部终止的意思表示。《合同法》第 105 条规定：债权人免除债务人部分或者全部债务的，合同的权利义务部分或者全部终止。

债务免除属单方法律行为，只需债权人的意思表示即可成立，无需征得对方的同意。但免除的意思表示一旦做出便不得撤销。

(六) 混同

混同是指债权和债务同归于一人，致使合同权利义务关系消灭的事实。《合同法》第 106 条规定：债权和债务同归于一人的，合同的权利义务终止，但涉及第三人利益的除外。

混同无须明确表示，是一种事实行为，即仅有债权债务归于同一人的事实，即发生合同关系消灭的效力。

混同的发生，由债权或债务的承受而产生，包括概括承受与特定承受，其中，概括承受是发生混同的主要原因。例如企业发生合并，合并前的两个企业之间的合同权利和义务，因企业合并而消灭。由特定承受而发生的混同，是指债务人由债权人受让债权，债权人承受债务人的债务。

债权债务关系，因发生混同而消灭，但如果债权是他人权利的标的物，从保护第三人的合法利益出发，债权不消灭。

第六节　违约责任

一、违约责任的概念和特征

(一) 违约责任的概念

违约责任是指合同当事人一方不履行合同义务或者履行合同义务不符合约定时，依照法律规定或者合同约定所承担的法律责任。

(二) 违约责任的特征

1. 违约责任以有效合同为前提

违约责任是合同当事人不履行合同义务所产生的责任，其前提是存在有效的合同，否则责任无从谈起。同时，合同是否成立也是违约责任区别于缔约过失责任的根本标志。

2. 违约责任具有相对性

合同关系具有相对性决定了违约责任的相对性，即违约责任是合同当事人之间的民事责任，合同关系以外的第三人对当事人之间的合同不存在违约责任。《合同法》第 121 条规定：当事人一方因第三方的原因造成违约的，应当向对方承担违约责任。当事人一方和第三方之间的纠纷，依照法律规定或者按照约定解决。

3. 违约责任具有约定性

违约责任可以由当事人在法律规定的范围内约定，具有一定的约定性。《合同法》第 114 条第 1 款规定：当事人可以约定一方违约时应当根据违约情况向对方支付一定数额的违约金，也可以约定因违约产生的赔偿损失额的计算方法。

4. 违约责任具有双重性

违约责任具有补偿性和惩罚性的双重性质。补偿性是指违约责任旨在弥补或补偿因违约行为造成的损害后果。惩罚性是指通过对不履行义务当事人强迫其承担不利的后果与责任。

5. 违约责任具有财产性

根据《合同法》第 107 条、第 111 条、第 115 条、第 116 条规定：违约责任主要有继续履行、采取补救措施、损害赔偿、违约金、定金等五种，以上违约责任形式均具有财产性。

二、违约责任的类型

根据违约行为发生的时间，违约行为总体上可分为预期违约和实际违约。

(一) 预期违约

预期违约又称为事先违约，是指在履行期限届满之前，当事人一方无正当理由明确表示或者以自己的行为表明不履行合同义务的行为，包括明示违约和默示违约，明确表示不履行合同义务的为明示违约，以行为表示不履行合同义务的为默示违约。

(二) 实际违约

实际违约是指在合同履行期间届满后，当事人不履行或不完全履行合同义务的行为，实际违约又可分为不履行、不适当履行和迟延履行。

1. 不履行

不履行包括履行不能和拒绝履行两种情况。履行不能又称给付不能，是指债务人由于某种原因，如特定标的物丧失，事实上已不能履行债务，履行不能使合同的目的客观上无法实现，债权人只能要求赔偿损失，而不能请求继续履行。拒绝履行是指在合同期限届满后，债务人无正当理由，客观上能履行合同义务却拒不履行合同义务的违约行为。

2. 不适当履行

不适当履行是指合同当事人履行合同义务不符合约定的情形，包括瑕疵履行和加害给付两种情况，瑕疵履行是指合同义务人未完全按照合同约定的数量、质量、价款、履行地点和履行方式履行义务。加害给付是指因债务人的行为有瑕疵，使债权人的人身或者利益受到损害，例如，因债务人交付的家电质量不合格，致使使用人在使用过程中受到伤害等。

3. 延迟履行

延迟履行又称逾期履行，是指当事人未在合同履行期限届满时及时履行义务，包括给付延迟(债务人的延迟)和受领延迟(债权人的延迟)两种。给付延迟是指债务人在履行期限到来时，能够履行但没有按期履行债务。受领延迟是指债权人对于债务人的履行应当受领而不受领。

三、违约责任的构成要件

违约责任的构成要件可分为一般构成要件和特殊构成要件。一般构成要件是指违约当事人承担违约责任形式必须具备的要件。特殊构成要件是指各种具体的违约责任形式所要求的要件。

(一) 一般违约责任的构成要件

(1) 违约行为。《合同法》第 107 条规定：当事人一方不履行合同义务或者履行合同义务不符合约定的，应当承担继续履行、采取补救措施或者赔偿损失等违约责任。

(2) 不存在法定和约定的免责事由。在违约行为发生以后，违约当事人如果其有法定的或约定的免责事由，则不承担违约责任。《合同法》第 117 条规定：因不可抗力不能履行合同的，根据不可抗力的影响，部分或者全部免除责任，但法律另有规定的除外。当事人迟延履行后发生不可抗力的，不能免除责任。

(二) 特殊违约责任的构成要件

特殊构成要件是指具体的违约责任形式所必须具备的要件。违约责任形式不同，违约责任的构成要件也不同。

(1) 实际履行责任。其构成要件包括违约方不履行合同；违约方能够履行；守约方要求履行。

(2) 赔偿损失责任。其构成要件包括违约行为；损害事实；违约行为与损害事实之间的因果关系；在过错责任情况下，还要求行为人主观上有过错。

(3) 违约金责任。其构成要件只有违约行为一个。当然，在过错责任原则下，还要求违约方有过错。

四、违约责任的形式

(一) 继续履行

继续履行也称为实际履行，是指在一方当事人违反合同时，另一方有权要求其按照合同的约定继续履行合同义务。《合同法》第 107 条规定：当事人不履行合同义务或者履行合同义务不符合约定的，应当承担继续履行、采取补救措施或者赔偿损失等违约责任。

实际履行适用条件：(1) 必须有当事人的违约行为；(2) 继续履行可行；(3) 债权人在合理期限内请求继续履行。如债权人不请求，法院不能主动强制违约方继续履行。

(二) 采取补救措施

采取补救措施指违约方所采取的旨在消除违约后果的补救方式。《合同法》规定：履行质量不符合约定的，应当按照当事人的约定承担违约责任。受损害方可以根据标的的性质以及损失的大小，合理选择要求对方采取修理、更换、重作、退货、减少价款或者报酬等补救措施。

(三) 赔偿损失

赔偿损失是指违约方因不履行合同或者不完全履行合同义务而给对方造成损失，依法应当承担的赔偿损失的责任。它是违约责任中最常见的责任形式。

损害赔偿的范围包括直接损失和间接损失。

《合同法》第 113 条第 1 款规定：当事人一方不履行合同义务或者履行合同义务不符合约定，给对方造成损失的，损失赔偿额应相当于因违约所造成的损失，包括合同履行后可以获得的利益。即受害人遭受损失的，违约方要负完全赔偿责任，不仅要赔偿受害人的直接财产损失，而且要赔偿受害人的间接损失。

当然违约当事人的责任必须限制在一定范围内，为此我国合同法规定了可预见限制规则。损失赔偿额不得超过违反合同一方订立合同时预见到或者应当预见到的因违约合同可能造成的损失，也就是说应当赔偿的损失是订立合同时合理预见的损失。

(四) 支付违约金

支付违约金是指由当事人通过协商预先确定的，在违约发生后作出的独立于履行行为以外的给付。《合同法》第 114 条规定：当事人可以约定一方违约时应当根据违约情况向对方支付一定数额的违约金。

约定的违约金低于造成的损失的，当事人可以请求人民法院或者仲裁机构予以增加；约定的违约金过分高于造成的损失的，当事人可以请求人民法院或者仲裁机构予以适当减少。

(五) 定金

定金是合同当事人一方为了担保合同的履行而预先向对方支付的一定数额的金钱。当事人可以依照《中华人民共和国担保法》约定一方向对方给付定金作为债权的担保。债务人履行债务后，定金应当抵作价款或者收回。

给付定金的一方不履行约定债务的，无权要求返还定金；收受定金的一方不履行约定债务的，应当双倍返还定金。

《合同法》第 116 条规定：当事人在合同中既约定违约金，又约定定金的，一方当事人可以选择适用违约金或者定金条款，但两者不可同时并用。

五、违约的免责事由

违约的免责指合同履行中，由于一定事由的出现而导致不能履行，债务人不承担违约责任。其中的事由即免责事由。

免责事由包括法定的免责事由和约定的免责事由。

(一) 法定免责事由

《合同法》中法定的免责事由仅指不可抗力。《合同法》第 117 条规定：不可抗力是指不能预见、不能避免并不能克服的客观情况。主要包括以下几种情况：

(1) 自然灾害，如地震、台风、洪水等。

(2) 政府行为，如征收、征用等。

(3) 社会异常时间，如罢工、骚乱等。

《合同法》第 117 条规定：因不可抗力不能履行合同的，根据不可抗力的影响，部分或者全部免除责任，但有两个例外：

(1) 金钱债务的迟延责任不得因不可抗力而免除。

(2) 迟延履行期间发生的不可抗力不具有免责效力。

在当事人一方因不可抗力的原因而不能履行合同，应及时向对方当事人通报合同不能履行或者迟延履行、部分履行的事实，并应尽最大的努力消除事件的影响，减少因不可抗力所造成的损失。

(二) 约定免责事由

约定免责事由是指当事人在合同中约定免除将来可能发生的违约责任的条款，即免责条款。《合同法》第 53 条规定，合同中的下列免责条款无效：

 (1) 造成对方人身伤害的。

 (2) 因故意或者重大过失造成对方财产损失的。

 免责条款不能排除当事人的基本义务，也不能排除故意或重大过失的责任。免责条款具有《合同法》规定的无效合同情形的，自视无效。

【课后练习】

一、单项选择题

1. 甲乙双方订立买卖合同，甲为出卖人，乙为买受人，约定收货后 10 日内付款。甲在交货前有确切证据证明乙经营状况严重恶化。那么，甲可以( )。

 A. 行使同时履行抗辩权   B. 行使后履行抗辩权

 C. 行使不安抗辩权   D. 行使撤销权

2. 合同法规定，在标的物提存后，标的物毁损、灭失风险责任的承担者是( )。

 A. 债权人   B. 债务人   C. 债权人和债务人 D. 提存机关

3. 《合同法》对要约生效的时间采取( )。

 A. 发信主义 B. 到达主义   C. 了解主义   D. 以上答案都不对

4. 郑某和张某拟订一份书面合同。双方在甲地谈妥合同的主要条款，郑某于乙地合同上签字，其后，张某于丙地合同上盖章，合同的履行地为丁地。根据《合同法》的规定，该合同成立的地点是( )。

 A. 甲地   B. 乙地   C. 丙地   D. 丁地

5. 10 岁的小周家住在繁华的上海，一天他到学校文具店买了只 5 元的钢笔，其母认为太贵且小周是小孩，商店不应该卖钢笔给小周。下列说法正确的是( )。

 A. 小周的行为无效，因为钢笔价格太费

 B. 如果小周的母亲追认的话，可以有效

 C. 小周的行为有效

 D. 小周的行为无效，因为其母反对

6. 甲与乙订立了一份苹果购销合同，双方约定：甲向乙交付 20 万公斤苹果，贷款为 40 万元，乙向甲支付定金 4 万元；如任何一方不履行合同应支付违约金 6 万元。甲因将苹果卖给丙而无法向乙交付苹果。根据《合同法》的规定，乙提出的下列诉讼请求中，既能最大限度保护自己的利益，又能获得人民法院支持的是( )。

 A. 请求甲双倍返还定金 8 万元

 B. 请求甲双倍返还定金 8 万元，同时请求甲支付违约金 6 万元

 C. 请求甲支付违约金 6 万元，同时请求返还支付定金 6 万元

 D. 请求甲支付违约金 6 万元

7. 下列合同适用于我国《合同法》规定的是( )。

 A. 婚姻协议   B. 收养协议

 C. 房屋买卖协议   D. 监护协议

8. 甲公司于 4 月 10 日决定以信件形式向乙公司发出采购电脑的要约，该信件 4 月 11 日投进邮筒，通过邮局于 4 月 13 日到达乙公司传达室，因传达室老王忘了，4 月 15 日才送到总经理办公室，碰巧乙公司总经理出差，直到 4 月 20 日才看到，则该要约生效的时间是( )。

A. 4 月 10 日   B. 4 月 11 日

C. 4 月 13 日   D. 4 月 15 日

9. 甲与乙订立购房合同，约定合同总价 100 万元，乙要求加支付定金 30 万元，下列说法正确的是( )。

A. 定金不应超过合同的 20%，本合同超过的 10 万元不属于定金

B. 这个定金合同有效

C. 由于乙收取的定金超过了法律规定的要求，所以购房合同无效

D. 乙多收取了十万元的定金，应当返还给甲

10. 合同生效后，收受定金的一方不履行合同的，应当( )。

A. 返还定金   B. 双倍返还定金

C. 返还定金并赔偿损失   D. 返还定金并支付违约金

二、多项选择题

1. 要约发出后，遇到下列情况之一时，即不发生效力( )。

A. 要约被撤回   B. 要约被拒绝

C. 要约的有效期限届满   D. 要约人丧失民事行为能力

2. 下列哪些情形出现时，合同的权利义务关系终止。( )。

A. 债务人王某将欠李某的 3 万元钱还给了李某

B. 王某欠自己父亲 3 万元，不久王某父亲去世，而王某是唯一的继承人

C. 王某向李某借款 3 万元，为期 1 年，但过了 3 年李某也未向王某要钱

D. 王某偿还拖欠李某的两箱啤酒，李某拒绝受领，王某于是将啤酒放在李某的门外，后被乞丐拿走

3. 下列属于无效合同的有( )。

A. 欺诈、胁迫且损害国家利益的合同

B. 恶意串通，损害国家、集体或者第三人利益的合同

C. 损害社会公共利益的合同

D. 当事人以合法形式掩盖非法目的

4. 下列属于效力待定的合同有( )。

A. 12 岁的王某自己买了个钻戒送给好朋友小立

B. 张某和赵某签订合同时存在欺诈

C. 杨某在没有王某授权的情况下代其签订合同

D. 周某将其父的名画送给胡某

5. 下列属于导致合同变更、撤销的原因的是( )。

A. 损害社会公共利益   B. 以合法形式掩盖非法目的

C. 乘人之危   D. 重大误解

6. 根据《合同法》的规定，下列合同中，属于效力待定合同的是( )。

A. 甲、乙恶意串通订立的损害第三人丙利益的合同

B. 某公司法定代表人超越权限与善意第三人丁订立的买卖合同

C. 代理人甲超越代理权限与第三人丙订立的买卖合同

D. 限制民事行为能力人甲与他人订立的买卖合同

7. 下列情形属于无效合同的是( )。

A. 甲医院以国产假肢冒充进口假肢, 高价卖给乙

B. 甲、乙双方为了在办理房屋过户登记时避税, 将实际成交价为 100 万元的房屋买卖合同价格写为 60 万元

C. 有妇之夫甲委托未婚女乙代孕, 约定事成后甲补偿乙 50 万元

D. 甲父患癌症急需用钱, 乙趁机以低价收购甲收藏的一幅名画, 甲无奈与乙签订了买卖合同

8. 我国合同法律制度规定当事人承担的违约责任主要有( )。

A. 支付定金　　　　　　　　　　B. 赔偿损失

C. 采取补救措施　　　　　　　　D. 继续履行合同

三、案例分析题

1. 甲厂向乙大学发函表示: "本厂生产的 W 型电教室耳机, 每副单价 30 元。如果贵校需要, 请速与我厂联系。" 乙大学回函: "我校愿向贵厂订购 W 型耳机 1000 副, 每副单价 30 元, 但需在耳机上附加一个音量调节器。" 两个月后, 乙大学收到甲厂发来的 1000 副耳机, 但这批耳机上没有音量调节器, 于是拒收, 为此甲厂以乙大学违约为由起诉于法院。

根据上述材料, 回答下列问题:

(1) 甲厂向乙大学的发函是否属于要约? 为什么?

(2) 乙大学向甲厂的回函是否属于承诺? 为什么?

(3) 乙大学的拒收行为是否是违约? 为什么?

2. 蓝天机械厂向白云造纸厂发出信件, 提出愿以 1 万元一台的价格卖给白云造纸厂四台造纸设备。白云造纸厂回信称: "愿以 1 万元的价格买两台造纸设备。" 蓝天机械厂回信说: "若买两台造纸设备, 每台价为 1.2 万元, 此信发出后即发货。" 由于白云造纸厂经办人员疏忽, 致使蓝天机械厂的回信丢失, 没有给蓝天机械厂回信。没过几天, 蓝天机械厂把两台造纸设备运至白云造纸厂。白云造纸厂拒绝收货, 双方为此发生纠纷。

问题:

(1) 白云造纸厂能否拒收? 为什么?

(2) 此案应如何处理? 为什么?

第五章　工业产权法

【学习目标】

理解工业产权的概念、特征；掌握专利权的主体、客体、内容以及授予专利权的条件；掌握商标的概念、分类以及商标注册的原则、条件；理解授予专利权的程序以及商标权的消灭等规定；了解专利权的保护以及侵权商标权的行为。

【案例导入】

2012 年 12 月，H 化工研究院工程师梁某在一次技术洽谈会上与 G 化工厂厂长张某结识。张某请梁某帮助解决污水净化重复利用的技术难题，梁某答应试试。2013 年春节，梁某与其在大学读书的儿子在 H 化工研究院院内一个废弃多年的人防工程里，用三个箩筐、一堆渣土、扫帚、水桶等工具，还自费购买了十余种试剂、试纸、电炉等物品，对 G 化工厂的污水水样进行净化实验。实验结果达到了 G 化工厂的技术指标要求。梁某将实验资料交给 H 化工研究院一份，院里认为梁某为该院工程师，污水净化又是其业务研究范围，此成果应是职务技术成果，便以研究院的名义与 2013 年 5 月向国家院专利行政部门提交了"HI-PQ703 污水净化方法"专利申请。2015 年 3 月，研究院获得专利权。在此期间，梁某一直认为自己的成果是非职务发明，故强烈要求办理专利权人变更手续。双方争执不下，梁某诉至法院。

问题：梁某和 H 化工研究院，谁的主张成立？为什么？

第一节　工业产权法概述

一、工业产权的概念及特征

(一) 工业产权的概念

工业产权是指人们依法对应用于商品生产和流通中的创造发明和显著标记等智力成果，在一定地区和期限内享有的专有权。在我国，工业产权主要指专利权和商标权。工业产权与版权统称为知识产权。

(二) 工业产权的特征

工业产权作为一种无形财产权，与有形财产权相比具有以下法律特征。

1. 专有性

工业产权的专有性是指工业产权的权属限制。工业产权是国家赋予专利权人和商标专用人，在有效期内对其专利和商标享有的独占、适用、收益和处分的权利。未经权利人许可，任何第三人皆不得使用，否则构成侵权行为，要受到相应的法律制裁。

2. 地域性

工业产权的地域性是指工业产权的空间限制。一国的法律只在本国主权范围内发生效力，对其他国家不具有约束力。因此，一国专利法、商标法所保护的工业产权，除在一定情况下使用统一保护的国际公约外，如果想在其他国家取得保护，必须依该国法律履行必要的程序，经批准后获得专利权和商标权。

3. 时间性

工业产权的时间性是指工业产权的时间限制。工业产权的保护是有一定期限的，这个期限就是专利权、商标权的有效保护期。期限届满后，工业产权的财产权利自行终止而成为社会财富，以促进社会的共同进步。

二、工业产权法的概念和立法现状

(一) 工业产权法的概念

工业产权法是调整因确认、保护、转让和使用工业产权而发生的各种社会关系的法律规范的总称。在我国工业产权法主要包括专利法和商标法。

(二) 立法现状

在我国颁布实施的有关工业产权的法律、法规主要有：《中华人民共和国专利法》(以下简称《专利法》)、《中华人民共和国专利法实施细则》(以下简称《专利法实施细则》)、《中华人民共和国商标法》(以下简称《商标法》)、《中华人民共和国商标法实施条例》(以下简称《商标法实施条例》)。

有关工业产权的国际条约主要有：于 1883 年在巴黎签订的《保护工业产权巴黎公约》(中国 1985 年加入)；于 1970 年在华盛顿签订的《专利合作条约》(中国 1994 年加入)；于 1891 年在马德里签订的《商标国际注册马德里条约》(中国于 1989 年加入)；于 1973 年在维也纳签订的《商标注册条约》等。

第二节 专 利 法

一、专利权及专利法概述

(一) 专利权

专利权是指按专利法的规定，由国务院专利行政部门授予发明人、设计人或其所属单位，在法定期限内对某项发明创造享有的专有权。

除法律另有规定的以外，任何单位或个人未经专利权人许可，不得为生产经营目的制造、使用、销售其专利产品，或者使用其专利方法以及使用、销售依照该专利方法获得的产品，并不得为生产经营目的进口其专利产品或者进口依照其专利方法直接获得的产品。

(二) 专利法

专利法是调整在确定和保护发明创造的专有权以及在利用专有的发明创造过程中发生的社会关系的法律规范的总称。

《专利法》于 1984 年 3 月 12 日第六届全国人民代表大会常务委员会第四次会议通过；根据 1992 年 9 月 4 日第七届全国人民代表大会常务委员会第二十七次会议《关于修改〈中华人民共和国专利法〉的决定》第一次修正；根据 2000 年 8 月 25 日第九届全国人民代表大会常务委员会第十七次会议《关于修改〈中华人民共和国专利法〉的决定》第二次修正；根据 2008 年 12 月 27 日第十一届全国人民代表大会常务委员会第六次会议《关于修改〈中华人民共和国专利法〉的决定》第三次修正。自 2009 年 10 月 1 日起施行。

二、专利权的主体

专利权主体即专利权人，是指依法享有专利权并承担相应义务的人。专利权主体包括以下几种。

(一) 非职务发明人

非职务发明人即发明人、设计人，他们是直接参加发明创造活动的人。在发明创造过程中，只负责组织管理工作或者是为物质条件的利用提供方便的人，不是发明人或者设计人。发明人就可以非职务发明创造申请专利，申请被批准后，该发明人为专利权人。

非职务发明，是在本职工作范围之外，没有利用单位的物质条件所完成的发明创造。

(二) 职务发明人

职务发明人是指发明人或者设计人执行本单位的任务，或者主要是利用本单位的物质技术条件所完成的发明创造的人。

职务发明创造申请专利的权利属于单位，申请被批准后，该单位为专利权人。

利用本单位的物质技术条件所完成的发明创造，单位与发明人或者设计人订有合同，对申请专利的权利和专利权的归属作出约定的，从其约定。

职务发明创造可分为以下两类：

第一是执行本单位任务所完成的发明创造，包括三种情况：

(1) 在本职工作中作出的发明创造。

(2) 履行本单位交付的本职工作之外的任务所作出的发明创造。

(3) 退职、退休或者调动工作后 1 年内作出的，与其在原单位承担的本职工作或者原单位分配的任务有关的发明创造。

第二是主要利用本单位的物质技术条件所完成的发明创造。

如果在发明创造过程中，全部或者大部分利用了单位的资金、设备、零部件、原料以及不对外公开的技术资料等条件，这种利用对发明创造的完成起着必不可少的决定性作用，就可以认定为主要利用本单位的物质技术条件。

如果仅仅是少量利用了本单位的物质技术条件，且这种物质条件的利用对发明创造的完成无关紧要，则不能因此认定是职务发明创造。

【案例 5-1】 甲完成单位乙交付的任务而完成的一项发明。下列说法正确的是(　　)。

A. 乙在获得专利权后许可他人使用，应从收取的使用费中给予甲奖励

B. 乙若转让该项权利，应从转让费中给予甲方以奖励

C. 乙若转让该项权利，甲在同等条件下有优先受让的权利

D. 专利申请权属于甲，专利权属于乙

解析：根据《专利法》第 6 条第 1 款规定：执行本单位的任务或者主要是利用本单位的物质技术条件所完成的发明创造为职务发明创造。职务发明创造申请专利的权利属于该单位；申请被批准后，该单位为专利权人。又根据《合同法》第 326 条第 1 款规定：职务技术成果的使用权、转让权属于法人或者其他组织的，法人或者其他组织可以就该项职务技术成果订立技术合同。法人或者其他组织应当从使用和转让该项职务技术成果所取得的收益中提取一定比例，对完成该项职务技术成果的个人给予奖励或者报酬。法人或者其他组织订立技术合同转让技术成果时，职务技术成果的完成人享有以同等条件优先受让的权利，故选 ABC。

(三) 共同发明人

共同发明人是指两个或两个以上单位或者个人合作，对完成的发明创造共同作出创造性贡献的人。共同发明除另有协议的以外，申请专利的权利属于共同完成的单位或者个人；申请被批准后，申请的单位或者个人为专利权人。

(四) 受让人

受让人是指通过合同或继承而依法取得专利权的单位或者个人。但受让人不能取得发明人、设计人特定的人身权利。

(五) 外国人、外国企业、外国组织

具备以下四个条件之中任何之一项的外国人、外国企业、外国组织可以在我国申请专利权：

(1) 其所属国为《巴黎公约》成员国。

(2) 其所属国与我国有专利保护的双边协议。

(3) 其所属国对我国国民的专利申请予以保护。

(4) 其在中国有经常居所或者营业所。

三、专利权的客体

专利权的客体，即专利法的保护对象，是指可以获得专利法保护的发明创造。《专利法》第 2 条规定：本法所称的发明创造主要包括发明、实用新型和外观设计。据此，专利权的客体主要有三种：发明、实用新型和外观设计。

(一) 发明

发明是指对产品、方法或者其改进所提出的新的技术方案。发明是利用自然规律的结果，不同于科学发现。发明分为产品发明、方法发明和改进发明三种。

(二) 实用新型

实用新型是指对产品的症状、构造或者其结合所提出的适于实用的新的技术方案，与发明相比，实用新型的创造性要求较低，其范围小于发明，故称为小发明。

实用新型专利只保护产品。一切有关方法(包括产品的用途)以及未经人工制造的自然存在的物品不属于实用新型专利的保护客体。上述方法包括产品的制造方法、使用方法、通讯方法、处理方法、计算机程序以及将产品用于特定用途等。例如，一种玻璃杯的制造方法、数据处理方法、自然存在的水晶等不能获得实用新型专利保护。

(三) 外观设计

外观设计又称工业产品外观设计，是指对产品的形状、图案或者其色彩与形状、图案相结合所作出的富有美感并适于工业上应用的新设计。外观设计只涉及产品外表的形状、图案、色彩或几项结合，而不涉及设计技术与制造技术。

外观设计的特点是：将美术设计与产品相结合的产物，不涉及产品的实用功能，与产品内部结构无关，只是起到美化产品的作用。外观设计包含的是美术思想，即解决产品的视觉效果问题，而不是技术思想。

(四) 不授予专利权的对象

(1) 科学发现。如万有引力定律、质量守恒定律等。

(2) 智力活动的规则和方法。例如，交通规则，语言的语法，速算法或口诀，心理测验方法，各种游戏、娱乐的规则和方法，乐谱，食谱，棋谱，计算机程序本身等。

(3) 疾病的诊断和治疗方法。例如诊脉法、心理疗法、按摩、为预防疾病而实施的各种免疫方法、以治疗为目的的整容或者减肥等。但是药物或医疗器械本身可以申请专利。

(4) 动物或植物品种。但动物和植物品种的生产方法，可授予专利权。

(5) 用于原子核变换方法获得的物质。

此外，对违反国家法律、社会公德或者妨碍公共利益的发明创造，也不授予专利权。如电子狗、造假币机、万能钥匙等。

【案例5-2】依据《专利法》的有关规定，下列情况中不授予专利权的是(　　)。

A. 甲发明了仿真伪钞机

B. 乙发明了对糖尿病特有的治疗方法

C. 丙发现了某植物新品种

D. 丁发明了某植物新品种的生产方法

解析：依据《专利法》的规定，疾病的诊断和治疗方法；违反国家法律、社会公德或者妨碍公共利益的发明创造不能授予专利权。但动物和植物品种的生产方法，可授予专利权，故选ABC。

四、专利权的内容

专利权的内容，是指专利权人依法享有的权利和应承担的义务。

(一) 专利权人的权利

1. 独占权

专利权人有独占制造、使用和销售权利产品或使用专利方法的权利，他人未经专利权人的许可，不得支配其权利。

2. 许可权

专利权人有许可他人实施其专利并收取专利使用费的权利。实施许可必须订立书面合同，被许可人只能在许可范围内实施专利。

3. 转让权

专利权人有将自己的专利权转让给别人的权利。转让专利权必须订立书面合同，并经专利局登记和公告后才发生法律效力。

4. 标记权

专利权人有在专利产品或者该产品包装上标明专利标记和专利号的权利。发明人和设计人有在专利文件上写明自己是发明人或设计人的权利，这种人身权不因专利权的归属或转让而消失。

5. 投资权

专利权人有将其权利作价投资的权利。投资作价由双方商定或由评估部门评估。

6. 请求权

专利权人有在其专利权受到侵犯时，请求专利管理机关进行解决或直接法院提起诉讼的权利。

7. 放弃权

专利权人有以书面声明形式放弃专利权的权利。

(二) 专利权人的义务

1. 实施专利权的义务

专利权人负有制造其专利产品或使用其专利方法，以及许可他人实施专利的义务。专利发明只有经过实施才能转化为生产力，促进经济和社会的进步。

2. 缴纳专利费的义务

专利费是专利权人付给专利局的管理费用，从授予专利权的当年开始缴纳年费，不按规定缴纳年费的，视为自动放弃专利权。

3. 支付报酬的义务

享有职务发明专利权的单位有向发明人或设计人给予报酬的义务。

(三) 专利权的期限

发明专利权人的期限是 20 年,实用新型专利权和外观设计专利权的期限为 10 年,均自申请日起计算。专利权期限届满后,专利权终止。专利权期限届满前,专利权人可以书面声明放弃专利权。

(四) 专利权的限制

1. 不视为侵犯专利权的行为

(1) 专利权人制造、进口或者经专利权人许可而制造、进口的专利产品或者依照专利方法直接获得的产品售出后,使用、承诺销售或者销售该产品的。

(2) 在专利申请前日已经制造相同产品、使用相同方法或者已经做好制造、使用的必要准备,并且仅在原有范围内继续制造、使用的。

(3) 临时通过中国领陆、领水、领空的外国运输工具,依照其所属国同中国签订的协议或者共同参加的国际条约,或者依照互惠原则,为运输工具自身需要而在其装置和设备中使用有关专利的。

(4) 专为科学研究和实验而使用有关专利的。

2. 强制许可

强制许可也称非自愿许可,是国务院专利行政部门根据具体情况,不经专利权人许可,授权给他人实施发明或者实用新型专利的法律制度。

我国专利法规定了三种形式的强制许可:

(1) 防止专利权滥用的强制许可。具备实施条件的单位以合理的条件请求发明或者实用新型专利权人许可实施其专利,而未能在合理的长时间内许可时,国务院专利行政部门根据该单位的申请,可以给予实施发明专利或者实用新型专利的强制许可。

(2) 为公共利益目的的强制许可。在国务院出现紧急状态或者非常情况时,或者为了公共利益,国务院专利行政部门可以给予实施发明专利或者实用新型专利的强制许可。

(3) 交叉强制许可。一项取得专利权的发明或者实用新型(第二专利)比之前已经取得专利权的发明或者实用新型具有显著经济意义的重大技术进步,其实施又有赖于前一发明或者实用新型的实施的,国务院专利行政部门根据后一专利权人的申请,可以给予实施前一发明或者实用新型的强制许可。在依照规定给予实施强制许可的情况下,国务院专利行政部门根据前一专利权人的申请,也可以给予实施后一发明人或者实用新型的强制许可。

五、授予专利权的条件

发明创造必须符合《专利法》规定的条件,才能被授予专利权。这些条件包括形式条件和实质条件,前者是关于专利申请文件的写法和格式,后者是关于发明创造的本身状况。

(一) 发明、实用新型的条件

授予发明、实用新型专利,必须同时具备新颖性、创造性和实用性。

1. 新颖性

新颖性是指在申请日以前没有同样的发明或者实用新型在国内外出版物上公开发表过、在国内公开使用过或者以其他方式为公众所知。也没有同样的发明或者实用新型由他人向专利局提出过申请并且记载在申请日以后公布的专利申请文件中。由此可见,是否公开是判断一项发明创造是不是丧失了新颖性的标准。

但是,申请专利的发明创造在申请日前 6 个月内,有下列情形之一的,不丧失新颖性:

(1) 在中国政府主办或者承认的国际展览会上首次展出的。

(2) 在国务院有关主管部门和全国性学术团体组织召开的学术会议或者技术会议上首次发表的。

(3) 他人未经申请人同意而泄露其内容的。

2. 创造性

创造性是指同申请日以前已有的技术相比,该发明有突出的实质性特点和显著的进步,该实用新型有实质性特点和进步。"已有技术"是指专利申请日以前公开的技术;"实质性特点"是指与已有技术相比有本质性的突破;"显著进步"是指新技术明显超过已有技术的水平,同已有技术相比前进了一大步。

3. 实用性

实用性是指该发明或者实用新型能够制造或者使用,并且能够产生积极效果。即如果发明创造是一种产品,能够重复制造;如果发明创造是一种方法,能够重复使用。积极效果是指能够产生有益的经济效果、技术效果和社会效果。

(二) 外观设计的条件

(1) 新颖性。授予专利权的外观设计,应当同申请日以前在国内外出版物上公开发表过或者国内公开使用过的外观设计不相同和不相近似。

(2) 实用性。授予专利权的外观设计必须适于工业应用,即能够在工业上批量生产。

(3) 富有美感。

(4) 不得与他人在先取得的合法权利(即在先权利)相冲突。这里的在先权利包括商标权、著作权、企业名称权、肖像权、知名商品特有包装装潢使用权等。"在先取得"是指在外观设计的申请日或者优先权日之前取得。

六、授予专利权的程序

(一) 专利的申请

1. 专利申请原则

(1) 单一性原则。它是指一件专利申请只能限于一项发明创造。但属于一个总的发明构思的两项以上的发明或者实用新型,可以作为一件申请提出;用于同一类别并且成套出售或者使用的产品的两项以上的外观设计,可以作为一件申请提出。

(2) 先申请原则。即在同样的发明创造中谁先申请就授予谁专利权。《专利法》规定:以国务院专利行政部门收到申请文件日为申请日;申请文件是邮寄的,已寄出的邮戳日为申请日；如国务院专利行政部门收到的申请文件有欠缺的，以文件补齐之日为申请日。

(3) 优先权原则。优先权是指在申请专利方面，各缔约国要相互给对方国家国民的优先权，即一个发明在缔约国第一次提出申请以后，在一定期限内(发明和实用新型 12 个月，外观设计 6 个月)又在其他缔约国提出申请的，申请人有权要求把第一次申请的日期视为后来申请的日期。在优先权期限内，即使有第三人就相同的发明创造提出申请，申请人仍因享有优先权而获得专利权。

2. 专利申请文件

(1) 申请发明或者实用新型专利，应当提交请求书、说明书及其摘要和权利要求书等文件。具体要求如下：

① 请求书应当写明发明或者实用新型的名称，发明人或设计人的姓名，申请人姓名或名称、地址以及其他事项。

② 说明书应当对发明或者实用新型作出清楚、完整的说明，以所属技术领域的技术人员能够实现为准，必要时应当有附图。

③ 摘要应当简要说明发明或者实用新型的技术要点。

④ 权利要求书应当以说明书为依据，说明要求专利保护的范围。

(2) 申请外观设计专利，应当提交请求书以及该外观设计的图片或照片等文件，并应写明使用该外观设计的产品及其所属的类别。

(二) 专利申请的审批

1. 发明专利的审批

我国对发明专利申请采用早期公开、延迟审查制度，审批程序如下：

(1) 初步审查。初步审查也称形式审查，是指国务院专利行政部门对专利申请的形式条件进行的审查。包括审查专利文件是否齐备，格式是否正确，申请内容是否属于不授予专利权的范畴，是否需要保密等。

(2) 早期公开。早期公开是指国务院专利行政部门经初步审查认为符合专利法要求的，自申请日满 18 个月，即行公布其申请。早期公开的内容包括申请人的姓名、地址、申请日期、说明书、权利要求书、摘要等，并刊登在国务院专利行政部门的专利公报中。

(3) 实质审查。实质审查主要是从技术角度对申请专利的发明创造是否具有新颖性、创造性和实用性进行审查。实质审查主要是应申请人的要求而进行的。申请人从申请日起 3 年内，可以随时请求实质审查；申请人无正当理由逾期不请求实质审查的，该申请即被视为撤回。在 3 年期限内，国务院专利行政部门认为必要时，可以自行对专利申请进行实质审查。

国务院专利行政部门经实质审查后，认为不符合规定的，通知申请人在指定期限内陈述意见或修改申请，无正当理由逾期不答复则视为申请撤回。如经申请人陈述意见或进行修改后仍不符合规定，国务院专利行政部门则对该申请予以驳回。

(4) 登记公告。发明专利申请经实质审查没有发现驳回理由的，由国务院专利行政部门作出授予发明专利权的决定，发给发明专利证书，同时予以登记和公告。发明专利权自公告之日起生效。

2. 实用新型和外观设计专利的审批

对实用新型和外观设计专利的审批采用的是登记制度。

实用新型和外观设计专利申请经初步审查没有发现驳回理由的，由专利局作出授权决定，发给相应的专利证书，同时予以登记和公告。

专利权自公告之日起生效。

(三) 专利的复审、终止与无效

1. 专利的复审

专利申请人对专利局驳回申请的决定不服的，可以自收到通知之日起 3 个月内，向专利复审委员会请求复审。专利申请人对专利复审委员会的复审决定不服的，可自收到通知之日起 3 个月内向人民法院起诉。

2. 专利权的终止

专利权的终止有两种情况：

(1) 正常终止。即期限届满终止。

(2) 提前终止。即期限届满前终止，包括专利权人没有按期限缴纳年费和专利权人以书面形式声明放弃专利权两种形式。专利权在期限届满前终止的，应由国务院专利行政部门登记和公告。

3. 专利权的无效

专利权的无效自国务院专利行政部门公告授予专利权之日起，任何单位或个人认为该专利权的授予不符合专利法有关规定的，可以请求专利复审委员会宣告该专利权无效。宣告无效的专利权为自始即不存在。

七、专利代理与专利权的保护

(一) 专利代理

专利代理是指专利代理机构以委托人的名义，在代理权限范围内，办理专利申请、请求实质审查等有关专利事务。

专利代理机构代理以下事务：

(1) 提供专利事务方面的咨询。

(2) 代写专利申请文件、办理申请专利、请求实质审查或者复审的有关事务。

(3) 提出异议、请求宣告专利权无效的有关事务。

(4) 办理专利申请权、专利权的转让及专利许可的有关事务。

(5) 接受聘请，指派专利代理人担任专利顾问。

(6) 办理其他有关事务。

(二) 专利权的保护

专利侵权行为是指在专利权有效期限内，任何人未经专利人许可，也没有其他法定事由的情况下，擅自以营利为目的的行为。

对于侵权行为的判断，是以专利保护的范围为准。发明或者实用型专利权的保护范围以表示在图片或照片中的该外观设计专利产品为准，说明书及附图可以用于解释权利要求。外观设计专利权的保护范围以表示在图片或照片中的该外观设计专利产品为准。

对于专利侵权行为，专利权人或者利害关系人可以请求国务院专利行政部门处理，也可直接向人民法院起诉。侵权专利权的诉讼时效是 2 年。

专利侵权行为主要表现为：

(1) 未经专利权人许可，实施其专利的行为。

(2) 假冒他人专利的行为。

(3) 以非专利产品冒充专利产品，以非专利方法冒充专利方法的行为。

第三节　商　标　法

一、商标及商标法概述

(一) 商标的概念及特征

商标是生产经营者在其商品或服务上所使用的，由文字、图形或其组合构成的，具有显著特征的、便于识别商品或服务来源的标志。商标的特征主要有：

(1) 标记性。商标是商品和商业服务的标记，它与商品和商业有紧密的联系，是用在商品和服务领域的特定的标记。

(2) 区别性。商标是区别不同商品或相同商品生产者、经营者和商业服务者的标记。

(3) 信誉性。商标反映商品的质量和服务的水平，为商品购买者和服务对象提供特殊的信息，代表不同的商业信誉。

(二) 商标的分类

• 商标从不同角度，依不同标准可以分为以下几类。

按照商标使用的对象不同，可分为商品商标和服务商标。

(1) 商品商标是指生产者和经营者用于各种有形商品上的标记，如"可口可乐"。

(2) 服务商标是指服务者用于各种无形服务项目上的标记，如"中央电视台 CCTV"。

• 按照商标的构成及图案形态的不同，可分为文字商标、图形商标和组合商标。

(1) 文字商标是指由文字构成的商标。文字既可以是汉字，也可以是少数民族文字、阿拉伯数字以及外文。我国的文字商标以汉字为主，有的还附有汉语拼音字母或者外国文字。如"999 感冒灵"、"娃哈哈"。

(2) 图形商标是指由平面图形构成的商标。

(3) 组合商标是指由文字和图形组成的商标。组合商标图文并茂、引人注目，便于记忆和识别。

• 按照商标是否被主管部门核准注册，可分为注册商标和未注册商标。

(1) 注册商标是指由当事人申请，经国家主管机关审查核准，予以注册的商标。注册商标是《商标法》的保护对象。

(2) 未注册商标是指其使用人未申请注册或者注册申请未被核准、未给予注册的商标。未注册商标一般不受法律保护。未注册商标可以使用，但其使用人不享有商标专用权。也不能禁止他人就同样的商品提起注册申请。

- 按照商标的特殊性质和用途不同，分为集体商标和证明商标。

(1) 集体商标是指以团体、协会或者其他组织名义注册，由全体成员共同使用，以表明使用者在该组织中的成员资格标志，如"中国消费者协会"、"龙井茶"、"沙县小吃"。

(2) 证明商标是指由对某种商品或者服务具有监督能力的组织所注册，而由该组织以外的单位或者个人使用于其商品或者服务，用以证明该商品或者服务的原产地、原料、制造方法、质量或者其他特定品质的标志。如"绿色食品标志"、"纯羊毛标志"。

(三) 商标权

商标权指商标注册人在法定期限内对其注册商标所享有的受国家法律保护的各种权利。

1. 商标权主体

商标权主体包括自然人、法人或者其他组织以及符合《商标法》规定的外国人或者外国企业。

2. 商标权客体

商标权客体是注册商标，未注册的商标原则上不受《商标法》保护，驰名商标除外。

3. 商标权内容

商标权人的权利主要有：

(1) 独占权。商标权人依法对核准注册的商标享有的在核定的商品或服务上所独占使用的权利。

商标独占权的构成要件为：一是必须在法定的时间和法定的范围内使用；二是必须将商标使用于商标管理机关核定的商品或者服务上。

(2) 禁止权。商标权人享有禁止他人实施侵犯其商品专用权的权利。

(3) 许可权。商标权人享有依法同他人签订使用许可合同，允许他人使用其注册商标的权利。

(4) 转让权。商标权人享有依照法律规定的程序将自己的商标权转让给第三人的权利。

特别强调，独占权是最重要的权利，其他权利都是由该权利派生出来的。

商标权人的义务主要有：

(1) 依法使用注册商标的义务。

(2) 保证商品质量的义务。

(3) 标明"注册商标"字样或注册标记(注)或的义务。

(4) 缴纳各项费用的义务。

(四) 商标法

《商标法》于 1982 年 8 月 23 日第五届全国人民代表大会常务委员会第二十四次会议通过；根据 1993 年 2 月 22 日第七届全国人民代表大会常务委员会第三十次会议《关于修改〈中华人民共和国商标法〉的决定》第一次修正；根据 2001 年 10 月 27 日第九届全国人

民代表大会常务委员会第二十四次会议《关于修改〈中华人民共和国商标法〉的决定》第二次修正；根据 2013 年 8 月 30 日第十二届全国人民代表大会常务委员会第四次会议《关于修改〈中华人民共和国商标法〉的决定》第三次修正。其包括总则、商标注册的申请、商标注册的审查和核准、注册商标的续展、变更、转让和使用许可、注册商标的无效宣告、商标使用的管理、注册商标专用权的保护、附则，一共八章，七十三条。

2002 年 8 月 3 日，国务院颁布《商标法实施条例》，于 2014 年 4 月 29 日中华人民共和国国务院令第 651 号修订。《商标法实施条例》分为总则，商标注册的申请，商标注册申请的审查，注册商标的变更、转让、续展，商标国际注册，商标评审，商标使用的管理，注册商标专用权的保护，商标代理，附则，一共十章，九十八条。自 2014 年 5 月 1 日起施行。

二、商标注册

(一) 商标注册的原则

1. 自愿注册原则

我国的商标注册实行自愿注册和强制注册相结合的原则。经注册的商标，商标注册人对其注册商标享有专用权；未经注册的商标，可以在生产服务中使用，无权禁止他人在同种或类似商品上使用与其商标相同或近似的商标，但驰名商标除外。目前，我国的大部分商标采取自愿注册原则。

根据《商标法实施细则》规定，人用药品和烟草制品以及由其公布的其他商品，必须使用注册商标。未使用注册商标的，禁止生产和销售。

2. 申请在先原则

申请在先原则指两个或者两个以上的商标注册申请人，在同一种商品或者类似商品上，以相同或者近似的商标申请注册的，申请在先的商标，其申请人可获得商标专用权，在后的商标注册申请予以驳回。如果是同一天申请，初步审定并公告使用在先的商标，驳回其他人的申请，不予公告；同日使用或均为使用的，申请人之间可以协商解决，协商不成的，由各申请人抽签决定。

3. 单一性原则

单一性原则是指每一种商品只能申请注册一件商标。商标注册申请在不同类别的商品上使用同一商标，应当按商品分类表提出注册申请。注册商标在同一类其他商品上使用，应当同样提出注册申请。

4. 优先权原则

优先权是指在申请商标注册方面，各缔约国要相互给对方国家国民的优先权，商标注册申请人自其商标在外国第一次提出商标注册申请之日起 6 个月内，又在中国就相同商品以同一商标提出商标注册申请的，依照该外国同中国签订的协议或者共同参加的国际条约，或者按照相互承认优先权的原则，可以享有优先权。

(二) 商标注册的条件

1. 商标注册的申请人

《商标法》规定，自然人、法人或者其他组织，需要取得商标专用权的，应当向商标局申请商品商标注册。外国人或者外国企业在中国申请商标注册的，应当按其所属国和中华人民共和国签订的协议或者共同参加的国际条约或者按对等原则办理，并且须委托国家认可的具有商标代理资格的组织代理。

2. 商标注册的条件

(1) 一件商标一份申请。

(2) 申请注册的商标应当具有显著特征。

(3) 申请注册的商标不得违反法律的禁止性规定。

《商标法》规定，下列标志不得作为商标使用：

(1) 同中华人民共和国的国家名称、国旗、国徽、军旗、勋章相同或者近似的，以及同中央国家机关所在地特定地点的名称或者标志性的建筑物的名称、图形相同的。

(2) 同国外的国家名称、国旗、国徽、军旗、勋章相同或者近似的，但该国政府同意的除外。

(3) 同政府间国际组织的名称、旗帜、徽记相同或者近似的，但经该组织同意或者不易误导公众的除外。

(4) 与表明实施控制、予以保证的官方标志、检验印记相同或者近似的，但经授权的除外。

(5) 同"红十字"、"红新月"的名称、标志相同或者近似的。

(6) 带有民族歧视性的。

(7) 夸大宣传并带有欺骗性的。

(8) 有害于社会主义道德风尚或者有其他不良影响的。

(9) 县级以上行政区划的地名或者公众知晓的外国地名，但是，地名具有其他含义或者作为集体商标、证明商标组成部分的除外。已经注册的使用地名的商标继续有效。

【案例 5-3】 河南省洛阳市某纺织厂设计了一款式新颖的短衫，在牡丹节期间投放市场，销路很好，后来许多服装厂相继仿制，对该纺织厂的产品销路影响很大。为了维护工厂的利益和把握市场前景，该厂于 2002 年 6 月 10 日向国家商标局提出"洛阳"牌商标的注册申请。在纺织厂申请注册期间，服装厂仍继续生产与纺织厂样式完全相同的短衫，并使用了"洛阳"商标(仅文字相同，图案、字形均不相同)，纺织厂立即向工商行政管理部门提出保护其商标专用权的申请。2002 年 7 月 1 日，商标局驳回纺织厂的商标注册申请。纺织厂收到驳回通知后，很不服气，欲申请复议。同时，服装厂看到纺织厂没有取得注册商标，更无顾忌，继续进行生产…

问题：

(1) 商标局驳回纺织厂的商标注册申请是否正确，理由是什么？

(2) 服装厂在纺织厂的商标注册申请被驳回后是否可以继续生产带有该种商标的产品？为什么？

解析：

(1) 驳回是合法的。县级以上行政区划名称不得作为商标注册，新商标法颁布以前已经注册的，继续有效。所以说国家驳回商标申请是正常的。

(2) 可以生产但是不受到国家法律保护，建议重新申请一个。在商标申请过程中可以搜集相关证据，当商标证书下来以后可以一纸诉状将那些侵权的组织告上法庭，从根本上保护自己的知识产权。

(10) 仅有本商品的通用名称、图形、型号的。

(11) 仅仅直接表示商品的质量、主要原料、功能、用途、重量、数量及其他特点的。

(12) 以三维标志申请注册商标的，仅由商品自身的性质产生的形状(如手机、杯子的形状)、为获得技术效果而须有的商品形状(如锓子)或者使商品具有实质性价值的形状(如汽车轮胎的形状)，不得作为商标注册。

(三) 商标注册的程序

1. 申请

申请人应当提交申请书、商标图样、证明文件并缴纳申请费。

申请日期一般以商标局收到申请文件的日期为准。申请人享有优先权的，优先权日为申请日。

2. 审查

商标局对符合规定的注册申请，予以初步审定，并予以公告；对不符合规定的注册申请，予以驳回，书面通知申请人并说明理由。

申请人对驳回申请不服的，可向商标评审委员会申请复审，对复审决定不服的，可在收到通知之日起 30 日内向法院提起行政诉讼。

3. 异议

对初步审定的商标，自公告之日起 3 个月内，任何人均可以提出异议。商标局依法对提起的异议进行裁定，当事人对裁定不服的，可自收到裁定通知之日起 15 日内，向商标评审委员会申请复审。当事人对商标评审委员会的裁定不服的，可自收到通知之日起 30 日内向人民法院起诉。

4. 公告

公告期满无异议或异议不成立，当事人又不提出复审或复审理由不成立的，商标局予以核准注册，发给商标注册证，并予以公告。至此，申请人便取得注册上的专用权。

(四) 驰名商标的法律保护

驰名商标是指市场上享有较高声誉并为相关公众所熟知的商标。在我国，驰名商标仅为注册商标。认定某一商标是否为驰名商标，主要考虑的是该商标在市场上是否享有较高的声誉并为相关公众所熟知。

认定驰名商标应当考虑下列因素：

(1) 相关公众对该商标的知晓程度。

(2) 该商标使用的持续时间。

(3) 该商标的任何宣传工作的持续时间、程度和地理范围。

(4) 该商标作为驰名商标受保护的记录。

(5) 该商标驰名的其他因素。

对驰名商标的保护方式主要有：

(1) 将与他人驰名商标相同或者近似的商标在非类似商品上申请注册，且可能损害驰名商标注册人的权益，商标局驳回其注册申请；已经注册的，自注册日起 5 年内，驰名商标注册人可以请求商标评审委员会予以撤销，但恶意注册的不受时间限制。

(2) 将与他人驰名商标相同或者近似的商标使用在非类似商品上，且会暗示该商品与驰名商标注册人存在某种联系，从而可能使驰名商标注册人的权益受到损害的，驰名商标注册人可以自知道或者应当知道之日起 2 年内，请求工商行政管理机关予以制止。

(3) 自该驰名商标认定之日起，他人将与该驰名商标相同或者近似的文字作为企业名称一部分使用，且可能引起公众误认的，工商行政管理机关不予核准登记；已经登记的，驰名商标注册人可以自知道或者应当知道之日起 2 年内，请求工商行政管理机关予以撤销。

三、注册商标的期限和续展

(一) 注册商标的期限

注册商标专用权具有时间性。《商标法》第 37 条规定：注册商标的有效期为 10 年，自核准注册之日起计算。

(二) 注册商标的续展

注册商标有效期满，需要继续使用的，应当在期满前 6 个月内申请续展注册；在此期间内未能提出申请的，可以给予 6 个月的宽展期。宽展期满仍未提出申请的，注销其注册商标。

每次续展注册的有效期为 10 年。续展注册经核准后，予以公告。续展不受次数限制。

【案例 5-4】 甲公司于 1999 年 11 月 4 日以"佳佳乐"注册商品商标和服务商标，经查，乙食品厂曾于 1988 年 7 月 1 日取得"佳佳乐"食品的注册商标，但迄今未提出该注册商标的续展申请，在此情况下商标局是否应当核准商品商标和服务商标？为什么？

解析： 商标局不应该核准注册甲公司的商标，因为商标的有效期是 10 年，也就是说乙公司的商标应该在 1998 年 7 月 1 日到期，但是《商标法》规定商标在续展期内没有续展的，给予 6 个月的宽展期。也就是说乙公司直到 1999 年的 12 月 31 日都可以进行续展申请。

四、商标的管理

商标管理是国家商标管理机关依法对注册商标、未注册商标的使用和商标印制等行为进行的管理行为。

（一）注册商标管理

1. 监督注册商标的使用

对自行改变注册商标的文字、图形或其组合的，自行改变注册商标的注册人名字、地址或其他注册事项的，自行转让注册商标的，责令限期改正，拒不改正的撤销注册商标。

2. 撤销未用的注册商标

商标局对连续三年停止使用注册商标的，撤销其注册商标。

3. 监督注册商标的商品质量

对商品粗制滥造、以次充好欺骗消费者的，责令限制改正，并予以通报或者并处罚款，或者由商标局撤销注册商标。

4. 加强必须注册商标的商品管理

国家对必须注册商标的商品，未经注册而进行销售的，责令限期申请注册，可以并处罚款。

（二）未注册商标管理

使用未注册商标擅自加注册商标标识，冒充注册商标，或者其商品粗制滥造、以次充好欺骗消费者的，责令限期改正，禁止其商品在市场上销售，予以通报或者并处罚款。

根据《商标印制管理暂行办法》的规定，商标印制工作必须由持有工商行政管理机关核发的营业执照，并经核定允许承揽商标印制业务的企业承担，严格禁止无照或者超越经营范围承揽商标印制业务。

需印制注册商标的使用者，凭"商标注册证"到所在地县级工商行政管理局领取"注册商标印制证明"，凭证明委托商标印制单位印制。

需印制未注册商标的使用者，凭"营业执照"到所在地县级工商行政管理局领取"未注册商标印制委托书"，凭委托书委托商标印制单位印制。

任何人不得非法印制或者买卖商标标识。违反者可根据情节予以通报，收缴商标标识及印制模具，没收违法所得，并处予罚款。

五、商标权的终止

注册商标的终止，是指由于法定事由的发生，注册商标所有人丧失其商标权，法律不再对该注册商标予以保护。根据《商标法》规定，注册商标因注销或者撤销而终止。

（一）注册商标因注销而终止

商标局可以注销注册商标的情形主要有：
(1) 商标注册人申请注销的。
(2) 注册商标法定期限届满，未续展和续展未获批准的。
(3) 商标注册人死亡或者终止，自死亡之日或者终止之日起 1 年期满，该注册商标没有办理转移手续的，任何人可以向商标局申请注销该注册商标。

(二) 注册商标因撤销而终止

1. 因注册不当而撤销注册商标

(1) 商标本身不具备注册条件，使用了不得作为商标使用的标志。这类商标可由国家商标局依职权撤销，也可因任何人请求由商标评审委员会撤销。

(2) 因商标注册而侵犯他人合法权益，具体包括：将他人驰名商标抢先注册，侵犯他人著作权、外观设计专利权、姓名权、商号权而取得的注册，以虚假地理标志进行商标注册，抢先注册他人已有一定影响的未注册商标。这些商标应由利害关系人自商标注册之日起 5 年内请求商标评审委员会裁定撤销。恶意注册的，驰名商标所有人不受 5 年时间的限制。

2. 因争议而撤销注册商标

在先申请注册的商标注册人认为他人在后申请注册的商标与其在同一种或者类似商品上的注册商标相同或者近似，在先申请注册的商标注册人可以在后申请注册的商标注册之日起 5 年内，向商标评审委员会申请裁定撤销。

3. 违法使用注册商标

违法使用注册商标的行为具体包括：

(1) 自行改变注册商标的。

(2) 自行改变注册商标的注册人名义、地址或者其他注册事项的。

(3) 自行转让注册商标的。

(4) 连续 3 年停止使用的。

(5) 使用注册商标，其商品粗制滥造、以次充好欺骗消费者的。

对商标局撤销注册商标的决定，当事人不服的，可以自收到通知之日起 15 日内向商标评审委员会申请复审，由商标评审委员会作出决定，并书面通知申请人。当事人对商标评审委员会的决定不服的，可以自收到通知之日起 30 日内向人民法院起诉。

六、商标侵权行为

注册商标的专用权以核准注册的商标和核定使用的商品为限。侵犯注册商标专用权的行为主要有以下方面：

(1) 未经商标注册人的许可，在同一种商品或者类似商品上使用与其注册商标相同或者近似的商标的。

(2) 销售侵犯注册商标专有权的商品的。

(3) 伪造、擅自制造他人注册商标标识或者销售伪造、擅自制造的商标标识的。

(4) 未经商标注册人同意，更换其注册商标并将该更换商标的商品又投入市场的。

(5) 故意为侵犯他人注册商标专用权行为提供仓储、运输、邮寄、隐匿等便利条件。

(6) 给他人的注册商标专有权造成其他损害的行为，主要有：

① 在同一种或者类似的商品上，将与他人注册商标相同或者近似的标志作为商品名称或者商品装潢使用，误导公众。

② 故意为侵犯他人注册商标专用权行为提供仓储、运输、邮寄、隐匿等便利条件。

③ 将与他人注册商标相同或者近似的文字作为企业的字号在相同或者类似商品上突出使用，容易使相关公众产生误认。

④ 复制、摹仿或者翻译他人注册的驰名商标或其主要部分在不相同或者不相似商品上作为商标使用，误导公众，致使该驰名商标注册人的利益可能受到损害。

⑤ 将与他人注册商标相同或者近似的文字注册为域名，并且通过该域名进行相关商品交易的电子商务，容易使相关公众产生误认。

【课后练习】

一、单项选择题

1. 根据《专利法》规定，下列选项中能授予专利的是(   )。

A. 科学发现　　　　　　　　　　　B. 智力活动规则

C. 疾病治疗方法　　　　　　　　　D. 培育动物新品种的方法

2. 根据《专利法》规定，实用新型专利权和外观设计专利权的期限为(   )。

A. 10 年，期限不可续展　　　　　　B. 10 年，期限可以续展

C. 20 年，期限不可续展　　　　　　D. 20 年，期限可以续展

3. 根据《商标法》规定，可以作为商标准予注册的有(   )。

A. "长寿"牌香烟　　　　　　　　　B. "BEST"香烟

C. "PRC"打火机　　　　　　　　　D. "Aspirin"消炎药

4. "龙泉"纺织机械厂经核准，于 2007 年 10 月 19 日注册了"龙泉牌"商标，但一直未实际使用过，依照《商标法》规定，若到(   )该厂还不使用该注册商标，商标局有权撤销该注册商标。

A. 2008 年 10 月 19 日　　　　　　B. 2010 年 10 月 19 日

C. 2012 年 3 月 19 日　　　　　　　D. 2017 年 10 月 19 日

5. 根据《商标法》规定，注册商标有效期满后可以续展注册，每次续展注册的有效期为(   )。

A. 6 个月　　　　B. 5 年　　　　C. 10 年　　　　D. 20 年

6. 根据我国商标的分类，商标"999"属于(   )。

A. 文字商标　　　　　　　　　　　B. 组合商标

C. 图形商标　　　　　　　　　　　D. 立体商标

7. 根据《商标法》的规定，下列商品必须强制注册的是(   )。

A. 雪茄烟　　　　　　　　　　　　B. 儿童营养品

C. 纺织品　　　　　　　　　　　　D. 电器

8. 发明、实用新型、外观设计专利权的保护期限，下列选项中(   )为起算日。

A. 申请日　　　　　　　　　　　　B. 公告之日

C. 优先权日　　　　　　　　　　　D. 授权之日

9. 外观设计专利的保护范围应当根据(   )确定。

A. 说明书
B. 图片或照片
C. 实物模型或样品
D. 说明书加图片或照片

10. 甲、乙共同完成一项发明，就该项发明的专利申请权所作的下列判断中，不正确的是(　　)。

A. 如果甲不同意申请专利，乙可以自行申请

B. 如果甲放弃其专利申请权，乙可以单独申请，但取得专利后，甲有免费使用的权利

C. 如果甲准备转让其专利申请权，应签订书面合同

D. 如果甲准备转让其专利申请权，乙在同等条件下有优先受让的权利

二、多项选择题

1. 下列属于专利权的客体是(　　)。

A. 发明
B. 实用新型
C. 外观设计
D. 文学作品

2. 甲是乙公司的研发人员，为了完成研发任务，甲夜以继日在公司实验室勤奋工作，终于发明了一种抗癌新药。该药品后来被国家知识产权局授予了发明专利。请问以下说法中正确的是(　　)。

A. 甲拥有专利申请权

B. 甲有权在专利文件中写明自己是发明人

C. 甲有权获得奖励或报酬

D. 乙公司转让专利权时，甲在同等条件下有优先受让权

3. 根据《商标法》的规定，可以不使用注册商标的商品有(　　)。

A. 食品
B. 调味品
C. 彩色电视机
D. 电冰箱

4. 甲于 1995 年 9 月 30 日申请商标注册，同年 12 月 30 日经国家商标局核准取得注册商标，下列各项中符合《商标法》的规定有(　　)。

A. 该注册商标的有效期到 2005 年 12 月 30 日

B. 该注册商标的有效期到 2005 年 9 月 30 日

C. 注册商标有效期满，如果需要继续使用，该厂应该在 2005 年 6 月 30 日以后至 2005 年 12 月 30 日以前申请续展注册

D. 注册商标有效期满，如果需要继续使用，该厂应该在 2005 年 1 月 1 日以后至 2005 年 9 月 30 日以前申请续展注册。

5. 下列成果可以申请专利的有(　　)。

A. X 光治疗仪
B. 先进工作者的奖励和提成办法
C. 动植物产品的生产方法
D. 计税软件

三、案例分析题

1. 2015 年 3 月 8 日，江西蓝天钢铁有限公司职工(简称蓝天公司)甲利用业余时间独立完成了一项实用新型产品。4 月 15 日甲将该实用新型产品在我国主办的某国际发明展览会上首次展出。5 月 4 日，甲向专利局提交了专利申请文件。

2015 年 4 月 2 日，陕西白云钢铁有限公司职工(简称白云公司)乙独立完成了公司交给的开发同一实用新型产品的任务，并于 5 月 2 日向专利局邮寄了专利申请文件，白云公司认为该专利申请权应属单位，故于 5 月 3 日向专利局邮寄了专利申请文件。专利局分别于

5 月 9 日、5 月 10 日收到乙、白云公司的申请文件。根据上述材料，回答以下问题：

(1) 本案中的甲、乙及白云公司，可以申请专利的是？请说明理由。

(2) 专利局对这些申请该如何处理？请说明理由。

2. 甲服装公司的"lavender"注册商标被国家工商行政管理总局商标局认定为驰名商标。乙服装商行在其销售的服装产品中均使用带有"lavender"字样的标签和外包装袋。甲服装公司认为乙服装商行的上述行为侵犯了"lavender"注册商标专用权，并依法向人民法院起诉。根据上述材料，回答以下问题：

(1) 乙服装商行的行为是否构成侵权？为什么？

(2) 假设"lavender"商标是未注册的驰名商标，某公司将"lavender"商标用在饮料商品上，是否构成侵权？为什么？

(3) 在侵权人因侵权所获得的利益或者被侵权人因被侵权所受到的损失均难以确定的情况下，人民法院应如何确定侵权赔偿的数额？

第六章　市场规制法

【学习目标】

　　掌握不正当竞争的概念和特征；掌握不正当竞争行为的种类表现；掌握产品的概念、产品质量与产品质量责任；掌握消费者的权利和义务；理解消费争议解决的途径；理解生产者、销售者的产品责任与义务。

【案例导入】

　　1997 年 5 月，来自保定的陈某在北京某商场购买了一双由天津某皮鞋厂生产的皮鞋，价值人民币 300 元。购鞋的同时，陈某还领取了此商场发的"包修、包换、包退"的三包质量卡。陈某回保定后，穿上了这双新购得的皮鞋，仅穿十天，此鞋鞋底即告断裂。陈某为此专程前往北京，找到店家要求退货。该商场承认皮鞋确实存在质量问题，同意调换，但同时还表示，目前商场无现货可换，商场将与生产厂家进行联系，请陈某暂回保定等候该商场与生产厂家联系的结果。此后，陈某三次电话查询此事，商场方面总以生产厂家没有回音为由要求陈某继续等待。1998 年 3 月，陈某再次赴北京找商场要求解决问题，商场仍给陈某以同样的答复。陈某遂向人民法院提出诉讼，要求该商场退回购鞋款 300 元，并要求赔偿交通、误工费等人民币 500 元。

　　问题：法院应怎样判决？

第一节　反不正当竞争法

一、反不正当竞争法概述

（一）不正当竞争行为的概念和特征

1. 不正当竞争行为的概念

　　依据《中华人民共和国反不正当竞争法》（以下简称《反不正当竞争法》）中第 2 条的规定：不正当竞争行为是指经营者违反该法规定，损害其他经营者的合法权益，扰乱社会经济秩序的行为。所谓经营者是指从事商品经营或者营利性服务的法人、其他经济组织和个人。

2. 不正当竞争行为的特征

(1) 主体特定性。不正当竞争行为主体必须是经营者，即从事商品经营或者营利性服务的法人、其他经济组织和个人。除涉及共同侵权外不包括非经营者。但是，如果政府及其所属职能部门滥用行政权力妨碍经营者的正当竞争行为，根据《反不正当竞争法》的规定，也应视为不正当行为。

(2) 平等竞争性。《反不正当竞争法》调整的侧重点是调整平等的经营者之间的竞争关系。经营者和消费者之间不存在竞争问题，不受《反不正当竞争法》调整，而受《合同法》或《中华人民共和国消费者权益保护法》调整。

(3) 行为违法性。不正当竞争是违反国家法律、行政法规的交易行为。《反不正当竞争法》第二章将 11 种行为列为不正当竞争行为。

(4) 危害社会性。不正当竞争行为所侵害的客体是其他经营者或消费者的合法权益，不仅损害了其他经营者和广大消费者的利益，而且严重地损害了国家的利益，破坏了市场秩序，阻碍了社会生产力的发展。

3. 不正当竞争行为的监督检查

行使不正当竞争行为监督检查职能的部门为县级以上人民政府工商行政管理部门和其他监督检查部门，如质量技术监督局、物价局、食品卫生行政管理等部门。其职权为：

(1) 按照规定程序询问被检查的经营者、利害关系人、证明人，并要求提供证明材料或者与不正当竞争行为有关的其他资料。

(2) 查询、复制与不正当竞争行为有关的协议、账册、单据、文件、记录、业务函电和其他资料。

(3) 检查与《反不正当竞争法》第 5 条规定的不正当竞争行为有关的财物，必要时可以责令被检查的经营者说明该商品的来源和数量，暂停销售，听候检查，不得转移、隐匿、销毁该财物。

监督检查部门在行使上述职权时，被检查的经营者、利害关系人和证明人应当如实提供有关资料或者情况。同时，监督检查部门的工作人员在行使职权时，应出示检查证件。

(二) 反不正当竞争法的概述

1. 反不正当竞争法的概念

反不正当竞争法是指由国家制定的，调整在维护公平、制止不正当竞争行为过程中发生的社会关系的法律规范的总称。

2. 反不正当竞争法的颁布

1993 年 9 月 2 日第八届全国人民代表大会常务委员会第三次会议通过并颁布了《反不正当竞争法》，并于 1993 年 12 月 1 日起施行，该法共五章，三十三条。2007 年最高人民法院公布了《关于审理不正当竞争民事案件应用法律若干问题的解释》(法释[2007]2 号)，自 2007 年 2 月 1 日起施行。

我国《反不正当竞争法》最显著的特征是调整对象的特殊性，即调整发生在市场竞争中的不正当竞争行为。主要包括三个方面：

(1) 竞争主体之间的关系。包括正当竞争主体与不正当竞争主体之间的关系，以及不正当竞争主体相互之间的关系。

(2) 竞争主体与消费主体之间的关系。保护消费者的合法权益是《反不正当竞争法》的立法宗旨之一，竞争主体与消费主体之间的关系当然属于反不正当竞争法的调整对象。

(3) 国家相关权力机关与不正当竞争主体之间的关系。不同于一般的民事法律，《反不正当竞争法》是国家规制市场经济秩序的法律手段，体现国家的公权力，反映国家对市场秩序的干预和调控，有国家强制色彩。

3. 反不正当竞争法的基本原则

(1) 自愿、平等原则。市场主体在竞争活动中，其行为属于真实的意思表示，法律地位平等，任何机关和个人不得采取各种不正当手段干扰或者干预。

(2) 公平原则。公平是参与市场竞争的基本原则，指参与市场交易活动的经营者都按照相同的规则开展，整个经营过程都必须在一种公平的环境下进行。

(3) 诚实信用原则。是指竞争主体在竞争过程中应当诚实守信，言必行，行必果，表里如一，不弄虚作假，不欺不诈，文明竞争。

(4) 公序良俗原则。市场主体在长期的经济交往中，已经形成了为社会普遍承认和遵守的商事行为准则，即商业道德。市场主体必须遵守这些公认的商业道德，遵守公序良俗。

4. 反不正当竞争法的立法目的

(1) 保障市场经济健康发展。良好的竞争可以保障良好的市场秩序，促进社会生产力的发展，促进资源的合理配置，有利于经济发展保持活力。《反不正当竞争法》的根本目的就是要保障经济的健康发展。

(2) 保护市场主体公平竞争。《反不正当竞争法》就是要保护正当公平的竞争，维持正常的市场秩序，发挥竞争的积极作用，严厉打击不正当竞争行为。

(3) 保护市场主体的合法权益。保护合法经营者和消费者的权益是《反不正当竞争法》的直接目标。

二、不正当竞争行为的种类

《反不正当竞争法》第二章第 5 条至第 15 条的规定，应对主要的不正当竞争行为进行规制。

(一) 假冒行为

1. 概念

假冒行为是指经营者在市场经营活动中，以种种不实手段对自己的商品或服务作虚假表示、说明或承诺，或利用他人的智力劳动成果推销自己的商品或服务，使用户或消费者产生误解，扰乱市场秩序、损害同业竞争者的利益或消费者利益的行为。

根据所造成混淆和误解的标的不同，可以把假冒行为分为产品假冒行为、质量假冒行为、产品价格假冒行为和外观假冒行为等。

2. 特征

(1) 假冒行为以竞争为目的。假冒行为针对的对象是特定的市场经营者以及这些经营者的产品或服务，其真正的目的在于使交易对方对其提供的商品或服务产生混淆或误解，误认为是特定经营者的产品或服务。行为人在主观上希望客户或消费者产生混淆和误解，以此获得竞争优势。

(2) 假冒行为是利用他人的标志或标识。假冒者仿冒的主要是他人的商品或服务标志，如商标、商品名称、包装、装潢及企业名称或姓名、产地名称、质量标志等。

(3) 假冒行为的本质带有欺骗性。假冒者搭名牌产品的便车，不正当地利用他人的商业信誉和商品声誉，欺骗与之交易的消费者和经营者。通过欺骗手段，行为人不正当地占有了他人潜在的或现实的市场份额。

3. 种类

(1) 假冒他人的注册商标。

(2) 擅自使用知名商品特有的名称、包装、装潢，或者使用与知名商品近似的名称、包装、装潢，造成和他人的知名商品相混淆，使购买者误认为是该知名商品。

(3) 擅自使用他人的企业名称或者姓名，引人误认为是他人的商品。

(4) 在商品上伪造或者冒用认证标志、名优标志等质量标志，伪造产地，对商品质量作引人误解的虚假表示。

(二) 商业贿赂行为

1. 商业贿赂的概念

商业贿赂是指经营者为争取交易机会，暗中给予交易对方有关人员或者其他能影响交易的相关人员以财物或其他好处，损害其他经营者的合法权益，扰乱社会经济秩序的行为。

2. 商业贿赂的特征

(1) 商业贿赂的主体是从事市场交易的经营者，既可以是买方，也可以是卖方。

(2) 商业贿赂的目的是获得交易机会，特别是为了获取优于其竞争对手的竞争优势。

(3) 商业贿赂的表现是秘密给付财务或其他财产，具有很大的隐蔽性。

3. 商业贿赂的形式

(1) 商业贿赂的形式主要是回扣。这里的"回扣"是指经营者在销售商品时，在财外暗中以现金、实物或者其他方式退给对方单位或者个人的一定比例的商品价款。包括以下形式：

① 现金回扣，如辛苦费、劳务费、手续费、交通费、茶水费等。

② 实物回扣，如赠送一些很名贵物品。

③ 服务性回扣，如供其子女出国留学、出国旅游，提供免费度假、旅游、色情服务、高档宴席，解决子女亲属入学等。

《反不正当竞争法》规定：经营者销售或者购买商品，可以明示方式给对方折扣，可以给中间人佣金。经营者给对方折扣、给中间人佣金，必须要如实入账。接受折扣、佣金的经营者必须如实入账。

(2) 回扣与折扣、佣金的区别：回扣是指经营者销售商品时在账外暗中以现金、实物或者其他方式退给对方单位或者个人的一定比例的商品价款。本规定所称账外暗中，是指未在依法设立的反映其生产经营活动或者行政事业经费收支的财务账上，按照财务会计制度的规定明确如实记录，包括不记入财务财、转入其他财务财或者做假账等。

折扣即商品购销中的让利，是指经营者在销售商品时，以明示并如实入账的方式给予对方的价格优惠，包括支付价款时对价款总额按一定比例即时予以扣除和支付价款总额后再按一定比例予以退还两种形式。

佣金是指经营者在市场交易中给予为其提供服务的具有合法经营资格的中间人的劳务报酬。

4. 商业贿赂的认定

实践中，认定商业贿赂行为应综合考虑以下因素：

(1) 行为的主体是经营者和受经营者指使的人(包括其职工)；其他主体可能构成贿赂行为，但不是商业贿赂。

(2) 行为的目的是争取市场交易机会，而非其他目的(如政治目的、提职、获取职称等)。

(3) 有私下暗中给予他人财物和其他好处的行为，且达到一定数额。如若只是许诺给予财物，不构成该行为；给予的财物或好处数额过小，如为联络感情赠送小礼物，亦不构成该行为。

(4) 该行为由行贿与受贿两方面构成。一方行贿，另一方不接受，不构成商业贿赂；一方索贿，另一方不给付，也不构成商业贿赂。

【案例 6-1】某经销公司购买了一批凉席，准备卖出，但凉席销路不好，该公司经理决定用奖励的方法促销凉席，即将购买凉席价款的 20% 给予购买者，恰在此时，有一企业招待所的采购员张某来到该公司购买凉席 500 张，经双方协定，达成协议：张某所买凉席货款的 20% 为该公司给张某的奖励，对于这部分奖励，双方均不入财务账，但该地的工商部门闻讯前来调查，认为某经销公司的行为属于商业贿赂行为，没收了其非法所得，并处以相应的罚款。

问题：本案经销公司的行为是否属于商业贿赂行为？为什么？

解析：经销公司的行为属于商业贿赂行为。该经销公司的奖励行为实际是一种财外回扣行为，构成了不正当竞争。回扣是指卖方从买方支付的商品款项中按一定比例返还给买方的价款。并不是所有的回扣就会构成不正当竞争行为。《反不正当竞争法》第 8 条规定：经营者不得采用财物或者其他手段进行贿赂以销售或者购买商品。在财外暗中给予对方单位或者个人回扣的，以行贿论处；对方单位或者个人在财外暗中收受回扣的，以受贿论处。可见，只有在财外暗扣的行为才是不正当竞争行为，而本案中的经销公司购买凉席者的奖励并不入账，是一种账外回扣，是《反不正当竞争法》所禁止的不正当竞争行为。

(三) 虚假宣传行为

1. 虚假宣传行为的概念

虚假宣传行为是指经营者利用广告或者其他方法，对商品的质量、制作成分、性能、用途、生产者、有效期限、产地等作引人误解的虚假宣传，或者广告的经营者在明知或者应知的情况下，代理、设计、制作、发布虚假广告。

2. 虚假宣传行为的特征

(1) 主观方面。如果是广告主，则不论其主观上是否具有过错均构成虚假宣传的不正当竞争行为，应依法承担法律责任。如果是广告的经营者，则只有在其明知或应知是虚假宣传的情况下，才承担法律责任。

(2) 行为方式。违法者通过广告、报纸等大众传播媒介进行宣传，制造舆论。

(3) 宣传内容。宣传的内容与客观事实不相符，诱导消费者对商品的真实情况产生错误的认识，并且可能导致消费者误购。

3. 虚假宣传行为的认定

实践中，认定虚假宣传行为应综合考虑以下因素：

(1) 对商品作片面的宣传或者对比的。

(2) 将科学上尚未定论的观点、现象等当作定论的事实用于商品宣传的。

(3) 以歧义性语言或者其他引人误解的方式进行商品宣传的。

以明显的夸张方式宣传商品，不足以造成相关公众误解的，不属于引人误解的虚假宣传行为。

(四) 侵犯商业秘密行为

1. 商业秘密的概念

商业秘密是指不为公众所知悉、能为权利人带来经济利益、具有实用性并经权利人采取保密措施的技术信息和经营信息。

2. 商业秘密的特征

(1) 具有秘密性。即"不为公众所知悉"。

(2) 具有实用性。即具有实用性并能为权利人带来经济利益。

(3) 具有保密性。即权利人采取保密措施，包括订立保密协议、建立保密制度及采取其他合理的保密措施。

(4) 是一种技术信息或者经营信息。

3. 侵犯商业秘密行为的主要形式

(1) 非法获取商业秘密，即以盗窃、利诱、胁迫或其他不正当手段获取他人商业秘密。

(2) 披露、使用或允许他人使用以不正当手段获取的他人商业秘密。

(3) 违反合同约定披露、使用或允许他人使用其所掌握的商业秘密。

(4) 违反劳动合同约定披露、使用或允许他人使用其所掌握的商业秘密。

(5) 第三人明知或应知前述(4)项，仍然获取、使用或披露他人商业秘密。

4. 侵犯商业秘密行为的认定

实践中，认定侵犯商业秘密的行为应综合考虑以下因素：

(1) 认定是否构成侵权，必须首先依法确认商业秘密确实存在。

(2) 行为主体可以是经营者，也可以是其他人。

(3) 行为主体实施了侵犯他人商业秘密的行为。

(4) 行为主体以非法手段获取、披露或者使用他人商业秘密的行为已经或可能给权利人带来损害后果。

【**案例6-2**】甲乙两旅行社都是享有盛名的国家承办境外游客到国内观光的经济组织。2012 年，两旅行社均接待海外游客 20 万人次，经济效益不相上下。2015 年上半年，甲旅行社以高薪为条件，致使乙旅行社海外部 15 名工作人员全部辞职，转入甲旅行社工作。甲旅行社为此成立海外旅行二部，该 15 名原乙旅行社的工作人员在转入甲旅行社时将自己的业务资料、海外业务单位名单都带入甲旅行社。2015 年上半年，两旅行社的业务均发生很大的变化，甲旅行社的海外游客骤然上升，效益大增，而乙旅行社业务受到极大影响，造成了较大的经济损失。

问题：

(1) 甲旅行社的行为是否构成不正当竞争？为什么？

(2) 对甲旅行社是否应进行法律制裁？为什么？

解析：

(1) 甲旅行社的行为已构成不正当竞争，属于侵犯商业秘密的行为。商业秘密是指不为公众所知悉、能为权利人带来经济利益，具有实用性并经权利人采取保密措施的技术信息和经营信息。雇员或职员的"跳槽"行为是企业的商业秘密被泄露的主要渠道。甲旅行社利用高薪利诱乙旅行社职员泄露乙旅行社的经营信息，致使乙旅行社业务骤减，造成一定经济损失。

(2) 商业秘密是企业的一种无形财产，具有不可侵犯性，任何人均负有不可侵犯的义务，雇员也不例外。以上案例的雇员"跳槽"以及泄露商业秘密行为都有构成侵权，应依法进行相应的处理。获取被泄露商业秘密的甲旅行社采用了不正当竞争手段，也应承担侵权责任，给予相应的制裁。

(五) 不正当低价销售行为

1. 不正当低价销售行为的概念

不正当低价销售行为是指经营者以排挤对手为目的，以低于成本的价格销售商品。

2. 不正当低价销售行为的特点

(1) 以排挤竞争对手，抢占市场为目的。

(2) 以低于产品的成本价销售。

(3) 低价销售行为具有持续性。

3. 不正当低价销售行为的例外

(1) 销售鲜活商品。

(2) 处理有效期限即将到期的商品或者其他积压的商品。

(3) 季节性降价。

(4) 因清偿债务、转产、歇业降价销售商品。

(六) 不正当有奖销售行为

1. 不正当有奖销售行为的概念

不正当有奖销售行为是指经营者违反诚实信用原则和公平竞争原则，利用物质、金钱或其他经济利益引诱购买者与之交易，排挤竞争对手的不正当竞争行为。

2. 不正当有奖销售行为的认定

有奖销售是经营者通过赠与金钱、物质或者其他利益的方式，刺激消费者购买其商品的行为，可以分为附赠式有奖销售和抽奖式有奖销售，前者是奖励所有购买者，后者是奖励部分购买者。实践中，认定不当有奖销售行为应综合考虑以下因素：

(1) 谎称有奖销售或对所设奖的种类、中奖概率、最高奖金额、总金额、奖品种类、数量、质量、提供方法等作虚假表示。

(2) 采取不正当手段故意让内定人员中奖。

(3) 故意将设有中奖标志的商品、奖券不投放市场或不与商品、奖券同时投放，或者故意将带有不同奖金金额或奖品标志的商品、奖券按不同时间投放市场。

(4) 抽奖式的有奖销售，最高奖的金额超过 5000 元(以非现金的物品或者其他经济利益作为奖励的，按照同期市场同类商品或者服务的正常价格折算其金额)。

(5) 利用有奖销售手段推销质次价高的商品。

【案例 6-3】　下列行为属于不正当竞争的是(　　)。

A. 低于成本价销售鲜活产品

B. 商场为了促销，在成本价以上将商品打折出售

C. 企业经营不善，因为歇业而降价销售产品

D. 商场抽奖式的有奖销售，最高奖的金额达到 10 000 元

解析：《反不正当竞争法》第 13 条规定：经营者不得从事下列有奖销售：(1) 采用谎称有奖或者故意让内定人员中奖的欺骗方式进行有奖销售；(2) 利用有奖销售的手段推销质次价高的商品；(3) 抽奖式的有奖销售，最高奖的金额超过 5000 元，故选 D。

(七) 强行搭售行为

1. 强行搭售行为的概念

《反不正当竞争法》第 12 条规定：经营者销售商品，不得违背购买者的意愿搭售商品或附加其他不合理的条件。因此，强行搭售行为是指经营者利用其经济优势，在销售商品或提供服务时，违背对方的意愿，强行搭配其他商品的行为。

2. 强行搭售行为的表现

实践中，强行搭售行为的表现形式主要有搭售商品、捆绑销售、在销售商品中附加不合理的条件和在技术转让中搭售商品或附加其他不合理的限制条件等。

3. 强行搭售行为的认定

实践中，认定强行搭售行为应综合考虑以下因素：

(1) 其行为主体是经营者，并且通常是具有经营优势的经营者。

(2) 经营者利用其经济优势违背相对交易人的意愿强行搭售商品或服务,交易人被迫接受。

(3) 经营者主观上存在故意，客观上侵害了相对交易人的权益。

(4) 搭售行为在一定条件下存在违法性。

(5) 搭售行为不正当阻碍甚至剥夺了同行业竞争对手相关产品的交易机会。

【案例6-4】 2015年5月15日，刘某在某电信公司营业厅办理安装宽带业务，却被告知要装宽带必须安装一部固定电话并且电话机要在营业厅买，否则就不给办理安装宽带业务。刘某无奈只好在营业厅买了一部电话机。

问题：某电信公司营业厅的行为性质如何认定？

解析：显然案例中的某电信公司违背了刘某的意志，强行搭售电话机，违反了《反不正当竞争法》以及《中华人民共和国消费者权益保护法》的有关规定，构成了强行搭售行为，应予禁止。

(八) 强制交易行为

1. 强制交易行为的概念

强制交易行为是指公用企业或者其他依法具有独占地位的经营者，限定他人购买其指定的经营者的商品，以排挤其他经营者公平竞争的行为。

2. 强制交易行为的表现

(1) 限定用户、消费者只能购买和使用其附带提供的相关产品，而不得购买和使用其他经营者提供的符合技术标准的同类商品。

(2) 限定用户、消费者只能购买和使用其指定的经营者的、生产或者经销的商品，而不得购买和使用其他经营者提供的符合技术标准的同类商品。

(3) 强制用户、消费者购买其提供的不必要的商品及配件。

(4) 强制用户、消费者购买其指定的经营者提供的不必要的商品。

(5) 以检验商品质量、性能等为借口，阻碍用户、消费者购买、使用其他经营者提供的符合技术标准要求的其他商品。

(6) 对不接受其不合理条件的用户、消费者拒绝、中断或者消减供应相关商品，或者滥收费用。

(7) 其他限制竞争的行为。

3. 强制交易行为的认定

(1) 主体具有特殊性，即必须是公用企业或者依法具有独占地位的企业。

(2) 行为的特定性，即主体利用自己的优势地位实施了法律行政法规明文禁止的限制竞争行为。

(3) 行为具有现实或潜在社会危害性，表现在一方面排挤了其他经营者的公平竞争，另一方面损害了消费者和用户的合法权益。

(九) 滥用行政权力的行为

1. 滥用行政权力的行为的概念

根据《反不正当竞争法》第7条的规定：政府及其所属部门不得滥用行政权力，限定他人购买其指定的经营者的商品，限制其他经营者正当的经营行动。政府及其所属部们不得滥用行政权力，限制外地商品进入本地市场，或者本地商品流向外地市场。因此，滥用行政权力的行为是政府及其所属部门利用行政权力介入市场竞争领域，限制市场公平竞争的行为。

2. 滥用行政权力的行为的表现

(1) 限定他人购买其指定的经营者的商品。

(2) 限制其他经营者正当的经营活动。

(3) 限制外地商品进入本地市场。

(4) 限制本地商品流向外地市场。

3. 滥用行政权力的行为的认定

(1) 行为主体限于政府及其所属部门。

(2) 政府及其所属部门实施了法律、行政法规禁止的限制竞争行为。

(3) 其实限制竞争的行为的目的在于保护本部门、本地区的利益，从而损害外地经营者和本地消费者的合法权益。

【案例6-5】 某县政府决定，为促进地方经济发展，扶持本县企业，凡运输到本县销售的外地化肥一律加征50%的"管理费"。这一决定使得运到该县的外地化肥价格急剧上升，农民只好购买本县化肥厂生产的化肥。

问题：

(1) 本案某县政府的行为违反了《反不正当竞争法》的哪项规定？

(2) 对县政府的行为应怎样处理？

解析：

(1) 该县政府的行为属于滥用行政权力行为，该行为的特点是：行为主体是政府及其所属部门，而不是商品经营者；行为主体采取了限制竞争的行为；限制竞争的行为阻碍了公平竞争，也限制了商品在地区之间的流通。

(2) 根据《反不正当竞争法》的规定，政府及其所属部门违反规定，限定他人购买其指定的经营者的商品、限制其他经营者正当的经营活动，或者限制商品在地区之间正常流通的，由上级机关责令其改正；情节严重的，由同级或者上级机关对直接责任人员给予行政处分。

(十) 商业诋毁行为

1. 商业诋毁行为的概念

《反不正当竞争法》第14条规定：经营者不得捏造、散布虚伪事实，损害竞争对手的商业信誉、商品声誉。

可知，商誉诋毁行为是指从事生产、经营活动的市场主体为了竞争的目的，故意制造和散布有损同行商业信誉的虚假信息，使其无法参与正常的市场交易活动，削弱其市场竞争能力，从而使自己在竞争中取得优势的行为。

商业信誉主要体现在商业道德、服务质量、厂商资信情况等。

2. 商业诋毁行为的表现形式

(1) 竞争者自己或者唆使他人捏造虚假事实，以贬低对方的商誉。

(2) 利用广告形式捏造虚假事实，进行商业诋毁行为。

(3) 在经营和销售过程中，不是向社会而是在特定的范围内向客户或者特定类型的消费者散布虚假事实，以贬低竞争对手的商业信誉。

(4) 无限夸大自己的商品质量，吹嘘产品的质量上乘，同时贬低同类产品的质量，也构成一种商业诋毁行为。

(5) 组织或收买他人以顾客或消费者的名义向工商行政管理机关、消费者协会等部门进行关于竞争对手产品或服务质量差，侵害消费者权益的虚假投诉，从而进行商业诋毁行为。

3. 商业诋毁行为的认定

(1) 行为主体的目的是损坏对手的商誉，以削弱对方的竞争力。

(2) 行为的方式是捏造、散布虚假事实，比如通过广告、新闻发布会、报刊杂志等形式进行虚假报道，诱使消费者对诋毁对象产生质疑心理从而减少与竞争对手的交易活动。

(3) 发布的信息是虚假的、捏造的，如果发布的信息是真实的，则不构成诋毁行为。

(4) 诋毁对象能够确定，即能够使人将其描述对象与特定的经营者联系在一起。

(5) 虚假的事实必须对商誉权不利，或者造成商誉权的损害。

(十一) 串通招投标行为

1. 串通招投标行为的概念

串通招投标行为是指投标者串通投标，抬高标价或者压低标价，或者投标者和招标者相互勾结，排挤竞争对手的公平竞争的行为。

2. 串通招投标行为的表现形式

(1) 投标者之间相互约定，一致抬高或者压低投标报价。

(2) 投标者之间相互约定，在招标项目中轮流以高价位或者低价位中标。

(3) 投标者之间先进行内部竞价，内定中标人，然后再参加投标。

(4) 投标者之间其他串通投标行为。

(5) 招标者在公开开标前，开启标书，并将投标情况告知其他投标者，或者协助投标者撤换标书，更改报价。

(6) 招标者向投标者泄露标底。

(7) 投标者与招标者商定，在招标投标时压低或者抬高标价，中标后再给投标者或者招标者额外补偿。

(8) 招标者预先内定中标者，在确定中标者时以此决定取舍。

(9) 招标者和投标者之间其他串通招标投标行为。

【案例 6-6】 乙市办公大楼公开招标，有 A、B、C、D 四家有资质的公司投标。其中 A 公司与市政府达成协议，由市政府将标底 1200 万元压到 800 万元。其余三家游标书中底价均为 100 万元以上，只有 A 公司为 900 万元，于是 A 以低价中标。在建设中，双方不断调整工程量，增加费用，最终 A 公司取得工程款 1300 万元。试问该招标过程合法吗？

解析： 不合法。属于串通招投标行为，即市政府与 A 公司串通，压低价格，排挤其他竞争对手。

三、不正当竞争行为的监督检查

(一) 监督检查的方式

不正当竞争行为的监督检查主要包括行政监督、社会监督和司法审判三种方式。其中行政监督检查是不正当竞争行为的主要方式。

根据《反不正当竞争法》第 3 条的规定，各级人民政府应当采取措施，制止不正当竞争行为，为公平竞争创造良好的环境和条件。县级以上人民政府工商行政管理部门对不正当竞争行为进行监督检查。

社会监督是指任何自然人、法人或其他组织，对于市场经济领域中的竞争行为均有监督权，对市场经济活动中出现的不正当竞争行为均可以向行政主管部门举报、检举，社会监督是打击不正当竞争行为，维持正常市场秩序必不可少的有效途径。

司法审判作为纠纷解决的最终途径，在反不正当竞争中也发挥着重大作用，也是不正当竞争行为的监督检查途径之一。

(二) 监督检查的职权

(1) 查询、复制与不正当竞争行为有关的协议、财册、单据、文件、记录、业务函电和其他资料。

(2) 责令被检查的经营者说明该商品的来源和数量，也可责令其暂停销售，听候检查，禁止其转移、隐匿和销毁该财物。

(3) 责令停止违法行为、消除影响、没收违法所得、吊销营业执照、处以罚款。

四、不正当竞争行为的法律责任

根据法律规定，不正当竞争行为主体应承担的法律责任包括民事责任、行政责任以及刑事责任。

(一) 民事责任

《反不正当竞争法》规定：经营者给被侵害的经营者造成损害的，应当承担损害赔偿责任；被侵害的经营者的损失难以计算的，赔偿额为侵权期间因侵权所获得的利润，并应当承担被侵害的经营者因调查该经营者侵害其合法权益的不正当竞争行为所支付的合理费用。民事责任的形式主要包括停止侵害、恢复名誉、消除影响、赔偿损失等。

(二) 行政责任

《反不正当竞争法》规定：被侵害的经营者要通过监督检查部门对侵权者的查处来实现。行政责任的形式主要包括责令停止违法行为、责令改正、消除影响以及吊销营业执照等形式。

(三) 刑事责任

《反不正当竞争法》只对经营者承担刑事责任作了原则规定，确定具体的刑事责任要适用《中华人民共和国刑法》的相应规定。我国经营者的不正当竞争行为，构成犯罪的主要体现在假冒行为、商业贿赂行为等不正当竞争行为中。

第二节　产品质量法

一、产品质量法概述

(一) 产品

《中华人民共和国产品质量法》(以下简称《产品质量法》)规定：产品是指经过加工、制作，并用于销售的产品。天然的物品、非用于销售的产品，不属于本法的产品范畴。其适用范围如下：

(1) 本法只适用于生产、流通的产品，不包括不动产和销售进口商品。

(2) 其适用主体是生产者、销售者、用户和消费者以及监督管理机构。

(3) 军用产品不适用于本法，由其他法律予以调整，但军工企业生产的民用产品，适用于本法的规定。

(4) 建设工程不属于产品的范畴，但建设工程所用的建筑材料、建筑构配件和设备除外。

(5) 因核设施、核产品造成损害的赔偿责任，法律、行政法规另有规定的，依照其规定。

【案例 6-7】 下列不属于《产品质量法》所称的产品的有(　　)。

A. 花生油　　　　B. 海底隧道　　　　C. 米粉　　　　D. 矿泉水

解析： 根据《产品质量法》规定，该所称的产品，是指经过加工、制作，用于销售的产品，建设工程不属于产品的范畴，故选 B。

(二) 产品质量

所谓产品质量是指产品能满足规定的或者潜在需要的特征和特性的总和，它具有适用性、安全性、可用性、可靠性、维修性、经济性等特征。影响产品质量的既有物质因素，又有技术因素，甚至还有社会因素。

(三) 产品质量法

产品质量法是调整在生产、流通以及监督管理过程中，因产品质量而发生的各种经济关系的法律规范的总称。

1993 年 2 月 22 日第七届全国人民代表大会常务委员会第三十次会议通过了《产品质量法》，并于 2000 年 7 月 8 日第九届全国人民代表大会常务委员会第十六届会议进行了修改。修订后的《产品质量法》自 2001 年 1 月 1 日起试行，旨在加强对产品质量的监督管理，提高产品质量水平，明确产品质量责任，保护消费者的合法权益，维护社会经济秩序。

我国现行的产品质量法律体系包括两大部分：

(1) 产品质量监督管理制度，主要包括：产品质量标准制度、质量认证制度、生产许可制度、产品质量抽查制度、产品质量检测制度、产品质量违法责任追究制度。

(2) 产品质量责任制度，即产品使用者和消费者因缺陷产品造成损害而请求赔偿的制度。

二、产品质量监督管理制度

(一) 产品质量监督管理体制

1. 产品质量行政监督部门

《产品质量法》规定，国务院产品质量监督管理部门负责全国的产品质量监督管理工作。县级以上地方人民政府管理产品质量监督工作的部门负责本行政区域内的产品质量监督管理工作。县级以上地方人民政府有关部门在各自的职权范围内负责产品质量监督管理工作。

2. 产品质量行政监督职权

县级以上产品质量监督部门可以依法行使下列职权：

(1) 对当事人涉嫌从事违反本法的生产、销售活动的场所实施现场检查。

(2) 向当事人的法定代表人、主要负责人和其他有关人员调查、了解涉嫌从事违反本法的生产、销售活动的有关情况。

(3) 查阅、复制当事人有关的合同、发票、财簿以及其他有关资料。

(4) 对有根据认为不符合保障人体健康和人身、财产安全的国家标准、行业标准的产品或者有其他严重质量问题的产品，以及直接用于生产、销售该项产品的原辅材料、包装物、生产工具，予以查封或者扣押。

(二) 产品质量监督管理内容

1. 产品质量标准制度

《产品质量法》对我国产品实行质量标准制度。产品标准是对产品所做的技术规定，它是判断产品合格与否的主要依据。

现行的产品标准分为国家标准、行业标准、地方标准和经备案的企业标准。没有约定或约定不明确的，按照国家标准、行业标准履行。没有国家标准、行业标准的，按照通常标准或者符合合同目的的特定标准履行。对不符合国家标准、行业标准的，不符合保障人体健康和人身、财产安全标准和要求的工业产品，禁止生产与销售。

2. 质量认证制度

根据《中华人民共和国质量认证管理条例》的规定，认证制度分为企业质量体系认证和产品质量认证。

(1) 企业质量体系认证：企业质量体系认证是指通过认证机构的独立评审，对于符合条件的企业，颁布认证证书，从而证明给企业的质量体系到达相应标准。国家根据国际通用的质量管理标准(ISO9000 系列)，推行企业质量体系认证制度。

企业质量体系认证由国务院产品质量监督部门认可的或者其授权的部门认可的认证机构负责。目前主要包括国务院产品质量监督部门直接设立的认证委员会和授权其他行政主管部门设立的行业认证委员会。

(2) 产品质量认证：产品质量认证是由依法取得产品质量认证资格的认证机构，依据有关的产品标准和要求，按照规定的程序，对申请认证的产品进行工厂审查和产品检验，对符合条件要求的，通过颁发认证证书和认证标志以证明该项产品符合相应标准要求的活动。产品质量认证必须遵循自愿原则。产品质量认证分为安全认证和合格认证。

实施产品质量认证的机构，是国务院产品质量监督管理部门认可的或者经国务院产品质量监督部门授权的部门认可的认证机构。

3. 生产许可制度

生产许可证是指国家对于具备生产某种产品条件并能保证产品质量的企业，依法授权许可生产该项产品资格的法律制度。

国家为了规范许可证行为，2005 年 6 月 29 日国务院公布了《工业产品生产许可证管理条例》，自 2005 年 9 月 1 日起施行，2014 年国家质检总局公布了新修订的《工业产品生产许可证管理条例实施办法》，自 2014 年 8 月 1 日起施行。实施生产许可证的工业产品主要是重要的产品，如药品、医疗器械等。生产许可证的实施，由国务院产品质量监督管理部门统一组织领导、督促和检查，制定管理办法，审批产品目录，规定编号办法，仲裁有关争议事项等。

4. 产品质量抽查制度

国家对产品质量实行以抽查为主要方式的监督检查制度。

(1) 抽查方式：国家对产品质量监督检查，主要是在企业待销售产品中随机抽取，确保检验结果的公平性和代表性。

(2) 抽查范围：

① 有可能危及人体健康和人身、财产安全的产品，包括药品、食品、电器产品、易燃易爆产品等。

② 影响国计民生的重要工业产品，包括工业原材料、基础部件、农业生产资料和重要的民生日常工业品。

③ 消费者和有关组织反应有质量问题的产品，包括通过消费者权益保护组织反映的发生质量问题较多的产品。

(3) 抽查实施：监督检查由产品质量监督部门统一规划和组织。

国家的产品质量监督检查应由国务院产品质量监督部门统一规划和组织，县级以上地方产品质量监督部门在本行政区域内也可以组织监督检查。对已经过国家监督抽查的产品，地方不得重复抽查；上级监督抽查的产品，下级不得重复抽查。涉及药品、食品等某些特殊产品的监督抽查，有关法律另有规定的，依照有关法律规定执行。

督检查作为政府行为不得向被检查人收取检查费用。检验抽取样品的数量不得超过合理需要的数量。

生产者、销售者对抽查检验的结果有异议的，可以自收到检验结果之日起 15 日内向实施监督抽查的产品质量监督部门或者其上级产品质量监督部门申请复检，由受理复检的产品质量监督部门做出最终结论。

三、生产者、销售者的产品质量义务

(一) 生产者的产品质量义务

根据《产品质量法》规定，生产者的产品质量义务主要涉及两个方面，即作为的义务和不作为的义务。

1. 作为的义务

(1) 生产者的产品质量要求：

① 不存在危机人身、财产安全的不合理危险。

② 具有产品应当具备的使用性能。

③ 符合在产品或者其包装上注明采用的产品标准。

④ 符合以产品说明、实物样品的方式表明的质量状况。

(2) 生产者的产品包装及标识要求：

① 有产品质量检验合格证明。

② 有中文标志的产品名称、生产厂厂名和厂址。

③ 根据产品的特点和使用要求，需要用中文予以相应标明或者向消费者提供有关资料。

④ 限期使用的产品，应当在显著位置标明相应的日期。

⑤ 使用不当，容易造成产品本身损害或者可能危及人身、财产安全的产品应当有警示标志或者中文警示说明。

2. 不作为的义务

(1) 不得生产国家明令淘汰的产品。

(2) 不得伪造产地，不得伪造或者冒用他人的厂名、厂址。

(3) 不得伪造或者冒用认证标志，名优标志等质量标志。

(4) 不得掺杂、掺假，不得以假充真、以次充好，不得以不合格产品冒充合格产品。

(二) 销售者的产品质量义务

1. 作为的义务

(1) 进货检查验收义务。

(2) 保持销售产品质量的义务。

(3) 销售的产品标识应当合法。

2. 不作为的义务

(1) 不得销售国家明令淘汰的产品。

(2) 不得销售失效、变质的产品。

(3) 不得伪造产地、认证标志。

(4) 不得伪造或冒用他人的厂名、厂址。

(5) 不得销售掺杂、掺假、以假充真、以次充好的产品。

(6) 销售的产品不得以不合格产品冒充合格产品。

【案例 6-8】 下列产品的包装不符合《产品质量法》要求的是(   )。

A. 蓝天商场销售的"苹果"牌彩电只有韩文和英文的说明书

B. 白云工厂生产的香肠没有标明厂址

C. 北航工厂生产的香烟上没有标明"吸烟有害身体健康"

D. 南航工厂生产的瓶装白酒没有标明酒精度

解析：根据《产品质量法》规定，投入流通的产品包装及标识必须中文予以标明厂址，对可能危及人身安全的产品应当有中文警示说明，故选 ABCD。

四、产品质量责任制度

(一) 产品质量责任的概念

产品质量责任是指产品的生产者或者销售者因生产或者销售的产品存在缺陷，使消费者受损失时应承担的责任。产品质量责任分为民事责任、行政责任和刑事责任。

(二) 产品质量民事责任

产品质量民事责任是指生产者或者销售者因违反产品质量义务所应当承担的民事法律后果。民事责任主要是财产责任。

1. 产品缺陷

产品缺陷是指产品存在危及人身、他人财产安全的、不合理的危险，产品不符合保障人体健康，人身、财产安全的国家标准、行业标准。根据缺陷产生的原因不同，产品缺陷可分为设计缺陷、未预先告知缺陷和其他产品缺陷。

2. 责任主体

根据《产品质量法》的规定，产品质量民事责任主体主要分为两大类：

(1) 生产者。生产者为产品质量责任的主要承担着，包括成品、半成品、原材料及零件的生产者。

(2) 销售者。销售者为产品质量责任的直接承担者，包括批发商、零售商、批零兼营商以及进出口商等。

3. 归责原则

《产品质量法》则对生产者、销售者的产品缺陷责任分别作了不同的规定，对生产者采用严格责任原则，而对销售者采用的是过错责任原则。

(1) 严格责任即无过错制度。因产品存在缺陷造成人身、他人财产损害的，生产者应当承担赔偿责任。也就是只要产品有缺陷，不论生产者主观上是故意或过失，都要承担法律责任。生产者不负有举证的义务，但生产者若能证明有下列情形之一的，不承担赔偿责任：

① 未将产品投入流通的。

【案例 6-9】 某厂开发一种新型节能炉具，先后制造出 10 件样品，后来样品有 6 件丢失。1996 年某户居民的燃气罐发生爆炸，查明原因是使用了某厂丢失的 6 件样品炉具中的一件，而该炉具存在重大缺陷。该户居民要求某厂赔偿损失，某厂不同意赔偿，下列理由中哪一个最能支持某厂立场(   )。

A. 该炉具尚未投入流通

B. 该户居民如何得到炉具的事实不清

C. 该户居民偷盗样品，由此造成的损失应由其自负

D. 该户居民应向提供给其炉具的人索赔

解析：某厂开发的新型节能炉具样品虽然存在重大缺陷，但尚未投入流通，根据《产品质量法》规定，不应承担赔偿责任，故选 A。

② 产品投入流通时，引起损害的缺陷尚不存在的。

③ 将产品投入流通时的科学技术水平尚不能发现缺陷的存在的。

(2) 过错责任原则。由于销售者的过错使产品存在缺陷，造成人身、他人财产损害的，销售者应当承担赔偿责任。如果销售者无法举证证明缺陷产品是他人生产或供货的，法律即推定其具有过错，应承担相应的赔偿责任。故销售者负有举证的义务，否则赔偿责任不能免除。

4. 构成要件

根据《产品质量法》的规定，产品质量民事责任的构成要件主要有两种情况：

(1) 生产者责任。生产者的产品质量民事责任构成要件主要有：① 产品存在缺陷；② 损害的客观存在；③ 产品缺陷与损害存在因果关系。

(2) 销售者责任。销售者的产品质量民事责任构成要主要有：① 销售者有过错；② 产品有缺陷；③ 造成了他人人身、财产的损害；④ 产品缺陷与损害之间有因果关系。

5. 损害赔偿

根据《产品质量法》的规定，因产品存在缺陷造成人身、财产损害的，受害人既可以向产品的生产者要求赔偿，也可以向产品的销售者要求赔偿，受害人有选择的权利。不管是生产者还是销售者，都负有先行赔偿的义务，然后再按照过错向其他人追偿。受害人可请求赔偿的范围有：

(1) 人身伤害的赔偿范围。《产品质量法》规定，人身伤害的赔偿范围有三种情况：

① 产品缺陷造成受害人人身伤害的，侵害人应当赔偿医疗费、治疗期间的护理费、因误工减少的收入等费用。

② 造成残疾的，还应支付残疾者的生活自助具费、生活补助费、残疾赔偿金，由其抚养的人所必需的生活费等。

③ 造成受害人死亡的，并应当支付丧葬费、死亡赔偿金、由死者生前抚养的人所必需的生活费等。

(2) 财产损害的赔偿范围。对于因产品缺陷造成受害人财产损失的，侵害人应当恢复原状或者折价赔偿；受害人因此遭受重大损失的，侵害人应当赔偿损失。

6. 诉讼时效

因产品缺陷造成损害要求赔偿的诉讼时效为 2 年，自当事人知道或者应当知道其权益受到损害时起计算。

因产品存在缺陷造成损害要求赔偿的请求权，在造成损害的缺陷产品交付最终用户开始，消费满 10 年终止；但尚未超过明示的安全使用期的除外。

(三) 产品质量行政责任

根据《产品质量法》规定，生产者、销售者应承担行政责任的情形有：

(1) 生产、销售不符合保障人体健康和人身、财产安全的国家标准、行业标准的产品的。

(2) 在产品中掺杂、掺假，以假充真，以次充好，或者以不合格产品冒充合格产品的。

(3) 生产、销售国家明令淘汰的产品的。

(4) 伪造产地，伪造、冒用他人厂名、厂址，伪造、冒用认证标志等质量标志的。

(5) 产品标识不符合《产品质量法》的有关规定的。

根据《产品质量法》规定，生产者、销售者应承担行政处罚的种类是：① 责令停止违法行为；② 没收违法所得；③ 罚款；④ 吊销营业执照。

没收的对象除违法生产、销售的产品和违法所得外，对生产者专门用于生产假冒伪劣产品、不合格产品的原辅材料、包装物、生产工具均应予以没收。罚款的幅度最高可达违法生产、销售产品货值金额的 3 倍。同时应当承担民事赔偿责任和缴纳罚款、罚金的，其财产不足以同时支付的，先承担民事赔偿责任。

(四) 产品质量刑事责任

生产、销售不符合保障人体健康、保障人身和财产安全的国家标准或行业标准的产品，构成犯罪的，依法追究刑事责任。另外，根据《中华人民共和国刑法》的规定，对生产、销售伪劣商品犯罪行为负有追究责任的国家机关工作人员，徇私舞弊、不履行法律规定的，追究职责，情节严重的，处 5 年以下有期徒刑或者拘役。

第三节　消费者权益保护法

一、消费者概述

(一) 消费者的概念

《中华人民共和国消费者权益保护法》(以下简称《消费者权益保护法》)第 2 条规定：消费者为生活需要购买，使用商品或者接受服务，其权益受到本法保护。本法未作规定的，受其他法律法规保护。由此可知，所谓消费者通常是指为生活消费的需要而购买、使用商品或接受服务的个人。从事消费活动的社会组织、企事业单位不属于该法意义上的"消费者"。消费者权益是指消费者在购买使用商品或接受服务时依法享有受法律保护的权利。

(二) 消费者的特证

(1) 消费者的消费主体是购买、使用商品或接受服务的个人。消费者的身份限于购买、使用商品或者接受服务的个人，通常认为消费者只能是个人而不是法人及其他社会组织。自然人才能成为终极消费主体，法人和社会组织的"人格"是法律抑制的，他们不能进行直接的生活消费，因此不能成为终极消费主体。

(2) 消费者的消费客体是经营者提供的商品或服务。消费者是与经营者相对的法律主体，没有经营者也就无所谓消费者。消费者既包括购买商品或服务的人，也包括使用商品或服务的人。

(3) 消费者的消费性质属于生活消费。《消费者权益保护法》中的消费通常是指生活消费，即购买或接受服务的目的是为了满足个人或家庭生活的需要。但是农民购买、使用直接用于农业生产的各种生产资料的生产性的消费活动，参照《消费者权益保护法》执行。

二、消费者权益保护法概述

1. 消费者权益保护法的概念

消费者权益保护法是指调整在保护消费者权益过程中所发生的社会关系的法律规范的总称。1993 年 10 月 31 日全国人大常委会通过了《消费者权益保护法》，并从 1994 年 1 月 1 日起实施。该法的颁布实施，是我国第一次以立法的形式全面确认消费者的权利。此举对保护消费者权益，维护社会经济秩序，促进社会主义市场经济健康发展具有十分重要的意义，该法分别于 2009 年 8 月 27 日和 2013 年 10 月 25 日进行了修订，并于 2014 年 3 月 15 日正式实施。

2. 消费者权益保护法的适用范围

根据《消费者权益保护法》的规定，该法的适应范围为：

(1) 消费者为生活消费需要购买、使用商品或者接受服务的，适用《消费者权益保护法》。由于在市场交易中，分散、单个的自然人处于弱者地位，需要法律的特殊保护，因此，从事消费活动的社会组织、企事业单位不属于《消费者权益保护法》意义上的"消费者"。

(2) 农民购买、使用直接用于农业生产的生产资料时，参照《消费者权益保护法》执行。消费者权益保护法的宗旨在于保护作为经营者对立面的特殊群体——消费者的合法权益。农民购买直接用于农业生产的生产资料，虽然不是为个人生活消费，但作为经营者而言，其弱者地位是不言而喻的。故该法把农民购买、使用直接用于农业生产的生产资料也纳入保护范围。

(3) 经营者为消费者提供其生产、销售的商品或者提供服务，适用《消费者权益保护法》。消费者权益保护法以保护消费者利益为核心，在处理经营者与消费者关系时，经营者首先应当遵守该法的有关规定，该法未做规定的，应当遵守其他有关法律、行政法规的规定。

三、消费者的权利与经营者的义务

(一) 消费者的权利

1. 安全保障权

安全保障权是指消费者在购买、使用商品和接受服务时享有人身、财产安全不受损害的权利。这是消费者最基本、最重要的权利。

消费者的安全保障权主要包括两个方面：

(1) 人身安全权，消费者的生命、健康不受侵害。

(2) 财产安全权，消费者的财产不受侵害。

2. 知悉真情权

消费者的知悉真情权是指消费者享有知悉其购买、使用的商品或者接受服务的真实情况的权利。消费者的知悉真情权又称为知情权，它是消费者决定购买商品、接受服务的前提。

消费者的知悉真情权主要包括两个方面：

(1) 消费者在购买、使用商品或接受服务时，有权要求经营者提供商品的价格、产地、生产者、用途、性能、规格、等级、主要成分、生产日期、有效期限、检验合格证明、使用方法说明书、售后服务，或者服务的内容、规格、费用等有关情况。

(2) 经营者向消费者提供以上商品或服务的信息必须是真实的。

3. 自主选择权

消费者的自主选择权是指消费者依法享有的自主选择商品或者服务的权利。

消费者的自主选择权主要包括四个方面：

(1) 自主选择提供商品或者服务的经营者。

(2) 自主选择商品品种或者服务方式。

(3) 自主决定是否购买商品或者接受服务。

(4) 自主比较、鉴别和挑选商品或者服务。

4. 公平交易权

公平交易权是指消费者在购买商品或接受服务时，有权获得质量保障、价格合理、计量准确等公平交易条件以及有权拒绝经营者的强制交易行为。

公平交易权主要包括三个方面：

(1) 质量保障：经营者必须向消费者提供合格的产品，不得以假充真，以次充好。

(2) 价格合理：即商品的价格应当与质量保持一致，真正做到质价相符，货有其价。

(3) 计量准确：计量器具要符合法律法规的规定，计量时应做到准确无误，数量充足。

(4) 拒绝强制交易：经营者违背消费者的意愿，采取威胁、引诱、胡搅蛮缠、先斩后奏等方法强行推销产品的，消费者有权予以拒绝。

5. 依法求偿权

消费者因购买、使用或者接受服务受到人身、财产损害的，享有依法获得赔偿的权利，其目的在于对已遭到损害的消费者进行事后补救。这是消费者的一项非常重要的救济性权利。

依法求偿权的主体包括购买、使用商品或者接受服务受到损害的消费者和使用他人购买的商品、服务而受到损害的消费者，以及在别人购买、使用商品或接受服务时，因在场而受到商品或者服务伤害的第三者。

依法求偿权主要包括两个方面：

(1) 人身损害的赔偿，无论是生命健康还是精神方面的损害均可要求赔偿。

(2) 财产损害的赔偿，包括直接损失及可得利益的损失。

消费者通过网络交易平台购买商品或者接受服务，其合法权益受到损害的，可以向销售者或者服务提供者要求赔偿。网络交易平台提供者不能提供销售者或者服务者的真实名称、地址和有效联系方式的，消费者也可以向网络交易平台提供者要求赔偿。

【案例 6-10】 吴女士在某大型网购平台上的一家手表网店中购买了一款某知名进口品牌手表。实际收到货后，吴女士发现自己购买的手表并非正品。于是联系卖家退货，但通过网店中所留的电话、邮件等均无法联系上。吴女士向网购平台工作人员反映，他们在核实后表示，对方当时提供验证的身份证件系假冒，目前他们已将这家网店关闭，吴女士所遭受的损失只能自己承担。

问题： 吴女士的损失应如何求偿？

解析： 网络等非门店购物方式与传统的购物方式不同，对于商家是否具有经营资质、信誉等情况，买家无从查证，这就需要网络平台提供商加强审查和监管。新《消费者权益保护法》对网络交易平台提供商的责任进行了清晰定位，即网络交易平台提供商不能提供销售者或者服务者的真实名称、地址和有效联系方式的，要承担先行赔偿的责任。故吴女士有权要求网络交易平台提供商承担赔偿责任。

另外，经营者提供商品或者服务有欺诈行为的，应当按照消费者的要求增加赔偿其受到的损失，增加赔偿的金额为消费者购买商品的价款或者接受服务的费用的 3 倍；增加赔偿的金额不足 500 元的，为 500 元。法律另有规定的，依照其规定。

【案例 6-11】 孙小姐在某超市购物时，看到一款促销的泰国大米，原价 10.5 元/公斤，促销价 6.2 元/公斤。孙小姐觉得挺便宜，便买了 1 公斤。后孙小姐又买了 1 公斤苹果，苹果原价 15.5 元/公斤，促销价 10.1 元/公斤。结账回家后，孙小姐认真核查小票，发现超市在结账时均是按大米和苹果的原价结算的，于是她找到超市要求赔偿。

问题： 孙小姐的上述赔偿要求是否合法？

解析： 根据新《消费者权益保护法》第 55 条的规定，经营者在提供商品或者服务中，采取虚假或者其他不正当手段欺骗、误导消费者，使消费者的合法权益受到损害的行为属于消费欺诈行为。该案中的超市符合此规定。故孙小姐可获得 3 倍赔偿，由于该数额低于 500 元，因此孙小姐可以获得 500 元的赔偿。

6. 依法结社权

依法结社权是指消费者享有的依法成立维护自身合法权益的社会团体的权利。消费者的依法结社权是其宪法权利在生活消费领域的具体体现，有利于促进消费者从分散、弱小状态走向集中和强大，并通过集体的力量来改变自己的弱者地位，以便能与实力强大的经营者相抗衡，切实维护自身的合法权益。

依法结社权包含三个方面：

(1) 消费者享有组织社会团体的权利。

(2) 消费者行使结社权的目的是为了维护自己的利益。

(3) 消费者结社权应依法行使。

《消费者权益保护法》第 47 条规定：对侵害众多消费者合法权益的行为，中国消费者协会以及在省、自治区、直辖市设立的消费者协会，可以向人民法院提起诉讼。

近几年来，我国不断出现侵犯消费者权益的群体性消费事件，对于消费纠纷数额较小的事件，相当多的消费者衡量维权成本后，出于各种原因不愿意维权。在诸如三鹿奶粉、问题胶囊等群体性消费事件中，消费者往往势单力薄，举证困难，消费维权常常陷入尴尬境地。《消费者权益保护法》明确了省级以上消协的公益诉讼主体地位，对于群体性消费事件，消费者可以向市级消协组织反映，由市级消协组织向省级消协组织请求提起公益诉讼，由省级消协组织决定是否提起公益诉讼。但是，单一的消费事件，消费者只能自行提起民事诉讼。

7. 获取知识权

获取知识权是指消费者在购买、使用商品或接受服务时，享有获得相关消费知识的权利。获取知识权主要包括两个方面：

(1) 有关消费的基本知识，如商品和服务的基本常识、市场的基本知识等。对此，国家和经营者都有义务为消费者提供基本的培训、咨询和指导。

(2) 有关消费者权益保护方面的知识，如消费者权益保护的法律法规和政策、消费者权益保护机构、消费者与经营者发生争议时的解决途径等。

8. 维护尊严权

维护尊严权是指消费者在购买、使用商品和接受服务时享有其人格尊严、民族风俗习惯得到尊重的权利。

维护尊严权包括两个方面：

(1) 消费者的人格尊严权不受侵犯。包括消费者的人格权和尊严权，即不得侵害消费者的生命权、健康权、姓名权、肖像权、名誉权等，不得对消费者进行侮辱、诽谤，不得搜查消费者的身体及携带的物品，不得侵犯消费者的人身自由。

(2) 消费者的民族风俗习惯应受到尊重。少数民族在饮食、服饰、居住、婚葬、节庆、娱乐、礼节、禁忌等方面都有不同的风俗习惯。维护尊严权是党和国家民族政策的一项重要内容，也法律赋予消费者的一项法定权利。

9. 监督批评权

监督批评权是指消费者享有对商品和服务以及保护消费者权益工作进行监督批评的权利。监督批评的形式主要有检举、控告、提出批评和建议。

监督批评权主要包括五个方面：

(1) 对经营者提供的商品及服务质量进行的监督、批评。

(2) 对经营者提供的商品及服务数量进行的监督、批评。

(3) 对经营者提供的商品及服务价格进行的监督、批评。

(4) 对经营者态度、服务质量进行的监督、批评。

(5) 对消费者权益保护工作的监督、批评。

(二) 经营者的义务

《消费者权益保护法》所称的经营者是指以盈利为目的，从事商品生产或提供服务的单位或者个人。包括企业法人、其他经济组织、个体工商户以及公民。在消费法律关系中，消费者的权利就是经营者的义务，消费者的权利是通过经营者履行义务来实现的。

1. 履行法定义务或者约定义务

根据《消费者权益保护法》的规定，经营者的义务有两类：一类是法律直接规定的义务即法定义务，另一类是基于合同产生的义务即约定义务。经营者和消费者有约定的，应当按照约定履行义务，但双方的约定必须以不违背法律、法规的规定为前提，否则约定无效。

2. 听取意见或者接受监督的义务

根据《消费者权益保护法》的规定，经营者应当听取消费者对其提供的商品或者服务的意见，接受消费者的监督。听取意见和接受监督的义务，不但有利于规范个体的消费行为，推动消费行业水平的提高，而且有利于提高经营者的产品、服务质量，从而改善消费者的地位。

3. 保障商品或者服务安全的义务

根据《消费者权益保护法》的规定，经营者应当保证其提供的商品或者服务符合保障人身、财产安全的要求。对可能危及人身财产安全的商品和服务，应当向消费者做出真实的说明和明确的警示，并说明和标明正确使用商品或接受服务的方法以及危害发生的方法。

经营者发现其提供的商品或者服务存在严重缺陷，即使正确使用商品或者接受服务仍然可能对人身、财产安全造成危害的，应当立即向有关行政部门报告和告知消费者，并采取防止危害发生的措施。

4. 提供商品或者服务真实信息的义务

根据《消费者权益保护法》的规定，经营者应当向消费者提供有关商品或者服务的真实信息，不得作引人误解的虚假宣传。经营者向消费者提供商品或者服务的真实信息，是实现消费者知情权的重要前提，也是促进交易的基本保障。

5. 标明真实名称和标记的义务

根据《消费者权益保护法》的规定，经营者应当标明其真实名称和标记；租赁他人柜台或者场地的经营者，应当标明其真实名称和标记。

名称和标记是区别于其他商品和服务来源的标志。商品或者服务经营者以及租赁他人柜台或场地的经营者，均有标明真实名记和标记的义务，否则一旦发生纠纷，则无法确定求偿主体。

6. 出具凭证或者单据的义务

根据《消费者权益保护法》的规定，经营者提供商品或者服务，应当按照国家有关规定或者商业惯例向消费者出具购货凭证或者服务单据；消费者索要购货凭证或者服务单据的，经营者必须出具。购货凭证和服务单据是经营者和消费者之间的交易凭证，是界定消费者和经营者的权利义务关系的重要依据，从而使消费者的合法权益不受侵害。

7. 保证商品或者服务质量的义务

根据《消费者权益保护法》的规定，经营者负有商品或者服务的质量担保义务。经营者应当保证消费者在正常使用商品或者接受服务的情况下，其提供的商品或者服务应当具有的质量、性能、用途和有效期限；但消费者之前已经知道商品或者服务存在瑕疵的除外。

经营者以广告、产品说明、实物样品或者其他方式表明商品或者服务的质量状况的，应当保证其提供的商品或服务的实际质量状况与标明的质量状况相符。

8. 承担"三包"和其他责任的义务

根据《消费者权益保护法》第 55 条规定：经营者提供的商品或者服务不符合质量要求的，消费者可以依照国家规定、当事人约定退货，或者要求经营者履行更换、修理等义务。没有国家规定和当事人约定的，消费者可以自收到商品之日起 7 日内退货；7 日后符合法定解除合同条件的，消费者可以及时退货，不符合法定解除合同条件的，可以要求经营者履行更换、修理等义务。依照前款规定进行退货、更换、修理的，经营者应当承担运输等必要费用。

经营者采用网络、电视、电话、邮购等方式销售商品，消费者有权自收到商品之日起 7 日内退货，且无需说明理由，但下列商品除外：消费者定做的；鲜活易腐的；在线下载或者消费者拆封的音像制品、计算机软件等数字化商品；交付的报纸、期刊。除前款所列商品外，其他根据商品性质并经消费者在购买时确认不宜退货的商品，不适用无理由退货。经营者应当在收到退回商品之日起 7 日内返还消费者支付的商品价款，退回商品的运费由消费者承担，如双方有约定的，按照约定处理。

【案例 6-12】　"双十一"购物节时，王小姐在某大型购物网站上看到一双高跟鞋，款式新颖，价格也很便宜，王小姐毫不犹豫点击了购买，并支付了货款。收到货后，王小姐觉得这双高跟鞋虽然新颖，但颜色跟网页上的图片出入很大，于是便联系上网店店主，要求退货，并愿意承担来往的运费，但遭到店主的拒绝。

问题：王小姐是否有权要求退货？

解析：《消费者权益保护法》第 25 条针对网络等远程购物方式赋予了消费者 7 天的反悔权。上述案例中王小姐有权要求退货。

另外，经营者提供的机动车、计算机、电视机、电冰箱、空调器、洗衣机等耐用商品或者装饰装修等服务，消费者自接受商品或者服务之日起 6 个月内发现瑕疵，发生争议的，由经营者承担有关瑕疵的举证责任。

【案例 6-13】　张先生在某商场促销活动中购买了一台迷你小冰箱，可使用 2 个月后，小冰箱内壁便出现了裂痕。张先生拿着发票找到商场，但商场认为小冰箱系张先生人为损坏，不同意帮张先生免费修理。张先生将商场告上了法庭。

问题：法院能否支持张先生的诉讼请求？

解析："谁主张，谁举证"是《中华人民共和国民事诉讼法》规定的一般证据规则。消费者要想证明某个商品存在瑕疵就必须拿出证据，但因为不掌握相关技术等信息，消费者举证往往非常困难。此次《消费者权益保护法》的修改，将消费者"拿证据维权"转换为经营者"自证清白"，实行举证责任倒置，破解了消费者举证难问题。根据新《消费者权益保护法》，上述案例中，冰箱有无质量问题，应由商家来举证。故法院应该支持张先生的诉讼请求，以维护其合法权益。

9. 遵守公平交易的义务

根据《消费者权益保护法》的规定，经营者不得以格式合同、通知、声明、店堂告示等方式作出对消费者不公平、不合理的规定，或者减轻、免除其损害消费者合法权益应当承担的民事责任。格式合同、通知、声明、店堂告示等含有前款所列内容的，其内容无效。

格式合同是指当事人一方预先拟定合同条款，对方只能表示全部同意或者不同意的合同。现实生活中的车票、船票、飞机票、保险单、提单、仓单、出版合同等都是格式合同。格式合同的拟定方可以利用其优越的经济地位，制定有利于自己、而不利于消费者的合同条款。格式合同虽然具有节约交易的时间、事先分配风险、降低经营成本等优点，但同时也存在诸多弊端。针对格式合同的弊端，我国的相关立法对之作了一定的规制。

10. 尊重消费者的义务

根据《消费者权益保护法》的规定，经营者不得对消费者进行侮辱、诽谤，不得搜查消费者的身体及其携带的物品，不得侵犯消费者的人身自由。这项义务体现了对消费者弱势群体人身安全的保护和基本人权的保障。

11. 保护消费者个人信息的义务

根据《消费者权益保护法》的规定，经营者收集、使用消费者个人信息，应当遵循合法、正当、必要的原则，明示收集、使用信息的目的、方式和范围，并经消费者同意。经营者收集、使用消费者个人信息，应当公开其收集、使用规则，不得违反法律、法规的规定和双方的约定收集、使用信息。

经营者及其工作人员对收集的消费者个人信息必须严格保密，不得泄露、出售或者非法向他人提供。经营者应当采取技术措施和其他必要措施，确保信息安全，防止消费者个人信息泄露、丢失。在发生或者可能发生信息泄露、丢失的情况时，应当立即采取补救措施。

【**案例 6-14**】吴先生在某大酒店预订了婚宴，并留了电话。可是不久，婚庆、旅游等公司的电话便接踵而至，吴先生不堪其扰。吴先生回忆在婚礼操办过程中，唯一留号码的就是在订酒席环节。于是他找到酒店方，酒店方告知：打电话的婚庆公司都是酒店的合作方，这是酒店为方便新人而免费提供的一项增值服务，新人在这些公司可以享受到相应的折扣优惠。对此，吴先生非常气愤，无奈向法院起诉。

问题：法院能否支持吴先生的诉讼请求？

解析：个人信息被随意泄露或买卖，消费者的正常生活受到严重干扰。谁都知道是商家"出卖"了消费者的个人信息，但却没人管也没地方去投诉。新《消费者权益保护法》首次将个人信息保护作为消费者权益予以明确，是消费者权益保护领域的一项重大突破。故法院应该支持吴先生的诉讼请求，以维护其合法权益。

四、消费争议的解决

(一) 消费争议的解决途径

消费争议是指在消费领域发生的，消费者在购买、使用商品或者接受服务过程中，因经营者不依法履行或不适当履行义务致消费者合法权益受到损害而引起的纠纷。消费争议的当事人一方是消费者，另一方则是经营者。双方都是消费者或者都是经营者的争议不属于消费争议。

根据《消费者权益保护法》的规定，消费者和经营者发生消费争议的，可以通过下列途径来解决。

1. 协商

协商是指在争议发生后，消费者与经营者在平等、自愿的基础上就有关争议进行对话、协商而最终达成解决争议的一种方式。协商是解决消费者与经营者之间经济纠纷最常见、最普遍的途径，其具有简便、高效、经济的特点。

2. 调解

调解指在第三方的主持下，由当事人就有关纠纷自愿协商，达成一致而解决的一种途径。

根据《消费者权益保护法》的规定，消费者协会具有调解消费争议的职能。消费者协会调解是指消费者和经营者将争议提交消费者协会调解，从而达成解决争议的方式。但是，消费者协会主持的调解属于民间调解，其调解协议不具有法律约束力，当事人一方或双方反悔的，或未达成调解协议的，双方可以通过仲裁或诉讼途径来解决争议。

3. 申诉

申诉是消费者与经营者发生消费争议后，在与经营者协商而不能达成和解时，向有关行政部门申诉，以维护消费者的合法权益的一种方式。

消费者可以根据具体情况，向工商行政管理、物价、质量技术监督、卫生防疫等部门提出申诉。有关行政部门对消费者的申诉应予及时答复并处理。

4. 仲裁

仲裁是指双方当事人在争议发生之前或者争议发生之后达成书面协议，自愿把争议提交给仲裁机构进行裁决的行为。申请仲裁的前提是有书面仲裁协议或仲裁条款，否则不能申请仲裁。相对其他的消费争议解决途径，仲裁具有成本低、时间短等特点。并且仲裁实行一裁终局原则。

5. 诉讼

根据《消费者权益保护法》的规定，当消费者权益受到损害时，可直接向人民法院起诉，也可因不服行政处罚决定而向人民法院起诉。诉讼相对仲裁而言，具有成本高、时间长、强制性等特点，它是最强有力的争议解决途径，通过其他途径解决不了的消费争议，都可以通过诉讼来解决。

(二) 消费争议求偿主体的确定

根据《消费者权益保护法》的规定，确定消费争议求偿主体的方法主要有以下几点。

1. 销售者的先行赔付义务

消费者在购买、使用商品时，其合法权益受到损害的，可以向销售者要求赔偿。销售者赔偿后，属于生产者的责任或者属于向销售者提供商品的其他销售者的责任的，销售者有权向生产者或者其他销售者追偿。

2. 生产者与销售者承担连带责任

消费者或其他受害人因商品缺陷造成人身、财产损害的，可以向销售者要求赔偿，也可以向生产者要求赔偿。属于生产者责任的，销售者赔偿后，有权向生产者追偿。属于销售者责任的，生产者赔偿后，有权向销售者追偿。

3. 向服务者求偿

消费者在接受服务时，其合法权益受到损害的，可以向服务者要求赔偿。

4. 向变更后的企业赔偿

消费者在购买、使用商品或接受服务时，其合法权益受到损害，因原企业分立、合并的，可以向变更后承受其权利义务的企业要求赔偿。

5. 向营业执照持有人求偿

使用他人营业执照的违法经营者提供商品或服务，损害消费者合法权益的，消费者可以向其要求赔偿，也可以向营业执照的持有人要求赔偿。

6. 向展销会举办者及柜台出租者求偿

消费者在展销会、租赁柜台购买商品或者接受服务，其合法权益受到损害的，可以向销售者或者服务者要求赔偿。展销会结束或者租赁柜台期满后，也可以向展销会的举办者、柜台的出租者要求赔偿。展销会的举办者、柜台的出租者赔偿后，有权向销售者或服务者追偿。

7. 向虚假广告主、广告经营者求偿

《消费者权益保护法》第 45 条规定：消费者因经营者利用虚假广告或者其他虚假宣传方式提供商品或服务，其合法权益受到损害的，可以向经营者要求赔偿。广告经营者、发布者发布虚假广告的，消费者可以请求行政主管部门予以惩处。广告经营者、发布者不能提供经营者的真实名称、地址和有效联系方式的，应当承担赔偿责任。广告经营者、发布者设计、制作、发布关系消费者生命健康商品或者服务的虚假广告，造成消费者损害的，应当与提供该商品或者服务的经营者承担连带责任。社会团体或者其他组织、个人在关系消费者生命健康商品或者服务的虚假广告或者其他虚假宣传中向消费者推荐商品或者服务，造成消费者损害的，应当与提供该商品或者服务的经营者承担连带责任。

8. 向检验机构、认证机构求偿

检验机构出具的检验结果或者证明不实，造成损失的，应当承担相应的赔偿责任；认证机构对不符合认证标准而使用认证标志的产品，未依法要求其改正或者取消使用认证标志资格，造成损失的，与产品的生产者、销售者承担连带责任。

五、法律责任

依照《消费者权益保护法》的规定，经营者因其行为性质、程度的不同，可能承担民事责任、行政责任，甚至刑事责任。

1. 民事责任

我国民法通则规定的民事责任可以分为两大类，即违约责任和侵权责任。而侵权责任又可以分为一般侵权责任和特殊侵权责任，在消费纠纷中，经营者承担的民事责任主要有以下几种：

(1) 经营者违反《产品质量法》和其他法律法规规定应承担的民事责任。现行《消费者权益保护法》第48条规定了9项，即：① 商品存在缺陷的；② 不具备商品应当具备的使用性能而出售时未作说明的；③ 不符合在商品或者其包装上注明采用的商品标准的；④ 不符合商品说明、实物样品等方式表明的质量状况的；⑤ 生产国家明令淘汰的商品或者销售失效、变质的商品的；⑥ 销售的商品数量不足的；⑦ 服务的内容和费用违反约定的；⑧ 对消费者提出的修理、重作、更换、退货、补足商品数量、退还货款和服务费用或者赔偿损失的要求，故意拖延或者无理拒绝的；⑨ 法律、法规规定的其他损害消费者权益的情形。对上述违法行为，经营者主要以修理、更换、重作和赔偿损失等方式承担民事责任。

(2) 致人伤害的民事责任。《消费者权益保护法》第49条规定：对于一般伤害，经营者应承担支付医疗费、治疗期间的护理费、因误工减少的收入等费用的责任；造成残疾的，除上述费用外，还应当支付残疾者生活自助费、生活补助费、残疾赔偿金以及由其扶养的人所必需的生活费等费用。

(3) 致人死亡的民事责任。《消费者权益保护法》第49条规定：经营者提供商品或者服务造成消费者或者其他受害人死亡的，应当支付丧葬费、死亡赔偿金以及由死者生前扶养的人所必需的生活费等费用。

(4) 侵犯其他人身权的民事责任。《消费者权益保护法》第50第、51条规定：经营者对消费者进行侮辱、诽谤，搜查消费者的身体及其携带的物品，侵犯消费者的人身自由或者侵犯消费者的人格尊严的，应当停止侵害、恢复名誉、消除影响、赔礼道歉，并赔偿损失。

(5) 造成财产损害的民事责任。《消费者权益保护法》第52条规定：经营者提供商品或者服务，造成消费者财产损害的，应当按照消费者的要求，以修理、重作、更换、退货、补足商品数量、退还货款和服务费用或者赔偿损失等方式承担民事责任。消费者与经营者另有约定的，按照约定履行。

(6) 违反约定的民事责任，如违反"三包"约定的民事责任。根据《消费者权益保护法》的规定，对国家规定或者经营者与消费者约定包修、包换、包退(简称"三包")的商品，经营者应当负责修理、更换或者退货。在保修期内两次修理仍不能正常使用的，经营者应当负责更换或者退货。对包修、包换、包退的大件商品，消费者要求经营者修理、更换、退货的，经营者应当承担运输等合理费用。

2. 行政责任

经营者有下列情形之一，依照《产品质量法》等法律、法规规定进行处罚；法律、法规未作规定的，由工商行政管理部门责令改正，可以根据情节单处或者并处警告、没收违法所得、处以违法所得一倍以上五倍以下的罚款，没有违法所得的处以10 000万元以下的罚款；情节严重的，责令停业整顿、吊销营业执照。

(1) 生产、销售的商品不符合保障人身、财产安全要求的。

(2) 在商品中掺杂、掺假，以假充真、以次充好，或者以不合格商品冒充合格商品的。

(3) 生产国家明令淘汰的商品或者销售失效、变质的商品的。

(4) 伪造商品的产地，伪造或者冒用他人的厂名、厂址，伪造或者冒用认证标志、名优标志等质量标志的。

(5) 销售的商品应当检验、检疫而未检验、检疫或者伪造检验、检疫结果的。

(6) 对商品或者服务作引人误解的虚假宣传的。

(7) 对消费者提出的修理、重作、更换、退货、补足商品数量、退还货款和服务费用或者赔偿损失的要求，故意拖延或者无理拒绝的。

(8) 侵害消费者人格尊严或者侵犯消费者人身自由的。

(9) 法律、法规规定的对损害消费者权益应当予以处罚的其他情形。

上述行政机关的行政处罚，经营者不服的，可以申请复议，或向人民法院提起行政诉讼。

3. 刑事责任

(1) 经营者的刑事责任。经营者提供商品或者服务，造成消费者或者其他受害人人身伤害或死亡，构成犯罪的，应依法追究刑事责任。

《消费者权益保护法》第 60 条规定：以暴力、威胁等方法阻碍有关行政部门工作人员依法执行职务的，依法追究刑事责任；拒绝、阻碍有关行政部门工作人员依法执行职务，未使用暴力、威胁方法的，由公安机关依照《中华人民共和国治安管理处罚法》的规定处罚。

(2) 国家机关工作人员的刑事责任。《消费者权益保护法》第 61 条规定：国家机关工作人员有玩忽职守或者包庇经营者侵害消费者合法权益的行为的，由其所在单位或者上级机关给予行政处分；情节严重，构成犯罪的，依法追究刑事责任。

【课后练习】

一、单项选择题

1. 下列选项中，属于《消费者权益保护法》调整的对象是(　　)。

A. 消费者为生产需要购买、使用商品或接受服务时所发生的法律关系

B. 各商家为经营需要而发生的购销关系

C. 消费者为生活消费需要购买、使用商品或者接受服务而发生的法律关系

D. 消费者为营利而进行的购销活动

2. 我国对不正当竞争行为的监督检查机关是(　　)。

A. 县级以上人民政府工商行政管理部门

B. 地级以上人民政府工商行政管理部门

C. 法律、行政法规规定的监督检查的其他部门

D. 区级以上人民政府工商行政管理部门

3. 有关《消费者权益保护法》的适用范围，以下说法正确的是(　　)。

A. 《消费者权益保护法》只调整因生活消费而产生的法律关系

B. 《消费者权益保护法》调整因购买、使用商品或者接受服务而产生的所有法律关系

C. 《消费者权益保护法》只调整生活消费者与经营者之间的法律关系

D. 《消费者权益保护法》主要调整因生活消费而产生的法律关系，也调整农民直接用于农业生产而购买、使用商品所产生的生产消费法律关系

4. 经营者下列行为中未违反《消费者权益保护法》规定的义务是(　　)。

A. 店堂告示"商品一旦售出概不退换"

B. 店堂告示"未成年人须由成人陪伴方可入内"

C. 顾客购买两条毛巾索要发票，经营者以"小额商品，不开发票"为由加以拒绝

D. 出售蛋类食品的价格经常变化

5. 消费者王某购买了某一型号的燃气热水器，安装使用后没有出现问题。有一天，王某在中央电视台第二套节目发布的产品抽查结果中发现，其购买的该厂生产的这一型号的燃气热水器被国家质量监督部门抽检确定为不合格产品。对此，王某和经营者依法要做的是(　　)。

A. 王某可以要求退货，经营者应当负责退货

B. 王某可以要求退货，但因其购买的产品未出现质量问题，经营者有权拒绝退货

C. 王某无权要求退货，因其购买的产品未出现质量问题

D. 王某无权要求退货，因其没有造成损害

二、多项选择题

1. 消费者和经营者发生消费者权益争议的，可以通过下列(　　)途径解决。

A. 与经营者协商和解

B. 请求消费者协会调解

C. 根据与经营者达成的仲裁协议提请仲裁机构仲裁

D. 向有关行政部门申诉

2. 生产者在下列(　　)情况下不对消费者负责赔偿。

A. 消费者从销售者处购买的化妆品不具有包装上标明的使用效果

B. 某人从生产者处盗窃其开发中的高压锅样品，在使用时被炸伤

C. 因销售者贮存不当致使药品变质而使某患者服药后过敏

D. 消费者使用产品后发生不适，但现在科学技术无法证明产品与不适之间的关系

3. 以下不(　　)属于限制竞争的行为。

A. 甲自来水公司指定消费者只能购买使用其下属企业生产的水表

B. 乙商场设置最高额为1万元的有奖销售进行促销

C. 丁企业与丙企业在招标过程中串通

D. 戊企业在销售过程中使用商业贿赂的手段

4. 晓燕与他人合作开办了一个固体饮料厂，没有进行工商登记领取营业执照，也未办理卫生许可证，用淀粉、白糖等生产所谓的"麦乳精"、"强身大补精"，销售中使用的是他人的注册商标标志，后被工商行政管理部门查获。请问，如何认定其行为?(　　)

A. 她没有领取营业执照，不是经营者，不适用《反不正当竞争法》

B. 她从事的是经营行为，应适用《反不正当竞争法》

C. 她假冒注册商标，构成侵权行为

D. 她违反工商行政管理法规，构成无照经营的违法行为

5. 陈某到一饭店就餐，饭店服务人员韩某在给煤气炉点火时，煤气炉突然爆炸，陈某、韩某及邻座顾客吕某均被炸伤。经查，煤气炉系甲厂生产，质量存在严重缺陷。下列有关表述中正确的是(　　)。

A. 陈某既可以要求甲厂承担赔偿责任，也可以要求饭店承担赔偿责任

B. 韩某只能依劳动合同关系要求饭店赔偿损失

C. 吕某可以要求甲厂承担赔偿责任

D. 向甲厂要求赔偿的诉讼时效为 1 年，自身体受到伤害之日起计算

三、案例分析题

1. 居民甲在某商场购得一台"多功能食品加工机"，回家试用后发现该产品只有一种功能，遂向商场提出退货，商场答复："该产品说明书未就其性能作明确说明，这是厂家的责任，所以顾客应向厂家索赔，商场概不负责。"问题：

(1) 该产品存在什么问题？

(2) 谁应对该产品负责？

(3) 根据《消费者权益保护法》，居民甲享有哪些权利？

2. 2015 年 11 月，北京某玻璃店司机李某在前门某百货精品店经营部购买由福建某服装厂生产的羽绒服，回家后发现拉链拉不开。第二天到该店换了一件，仍然存在此类问题。12 月 1 日李某再次去商店，又挑了数件均有毛病，与店方商议第二天下午一时来退货。可是，当李某来退货时，却不见女售货员，只见店堂内坐着两个小伙子。其中一人听说李某是来退货的，顿时暴跳如雷、破口大骂，边骂边挥起拳头直捣李某右眼。顿时，李某眼眶被打裂，血流满面。另一人也飞起一脚，正中李某心窝，将李某踢倒在地。两人在店堂内轮番毒打李某长达二十多分钟，没有一个售货员予以劝阻。过后，两个打人者很快逃离现场。李某忍痛爬起。找到值班经理陈述，并要求送到医院治疗，经理以需要调查为由，一直让李某等了两个多小时，才勉强让女售货员带他到宣武中医院治疗，缝了十多针。事后，李某向北京市崇文区人民法院起诉。问题：本案应如何解决？

第七章　金　融　法

【学习目标】

掌握金融法的概念及调整对象，了解金融法的体系和基本原则；掌握中国人民银行法的性质、职能、货币政策以及业务范围；掌握商业银行法的设立条件、业务范围、及基本规则；理解我国政策性银行的相关法律规定；掌握保险合同当事人之间的权利和义务及保险公司的设立；掌握证券发行制度、证券交易制度的法律规定，了解上市公司的收购规定。

【案例导入】

2015 年 2 月 8 日上海一家银行由于工作人员的失误，将 100 元面额的人民币错放进 50 元人民币的窗柜，致使一台 ATM 加倍吐钱，共为 17 位提款人超倍服务达 14 个小时，直到一名大学生发现并向银行报告才停机。这 17 名提款人共取款 30 次，取款现金达 29 600 元，造成银行损失 14 800 元。后来，银行根据提款记录，从网络中心查清了 17 名提款人的姓名和账号，才将款如数追回。

北京定福大街储蓄所的一台 ATM 出错，将一名存款只有 800 元的客户，显示为拥有 1 亿元存款的超级富翁并疯狂吐钞。

2015 年 12 月 16 日，一位客户在深圳某银行的自动柜员机上取 2500 元钱，第一个柜员机取不了，换个柜员机才取出，第二天去打印存折，却打出两笔 2500 元的取款记录。找银行交涉，银行称，人有可能做假，而机器是最忠实的指令执行者，错不了。

第一节　金融法概述

一、金融法概念及调整对象

目前，关于金融法的定义有不同的阐述。我们认为，金融法是调整金融关系的各种法律规范的总称。所谓金融关系是指金融领域内有关经济主体之间发生的社会关系。金融关系可分为以下三类：

(1) 金融交易关系。即社会经济成分之间因存款、贷款、同业拆借、票据贴现、银行结算、证券买卖、金融信托、金融租赁、外汇买卖、保险等而发生的关系。

(2) 金融监管关系。即国家以及有关的国家机关对金融市场、金融市场主体以及金融市场主体之间的交易活动实施监管而产生的关系。这种关系的特点是监管主体与被监管主体之间地位不平等，前者对后者实行强制，后者对前者必须服从。

(3) 金融调控关系。即国家以及有关的国家机关以稳定金融市场、引导资金流向、控制信用规模为目的，对有关的金融变量实行调节和控制而产生的关系。金融调控有直接控制与间接调控之分。

综上所述，金融法是以金融关系，即金融交易关系、金融监管关系和金融调控关系为调整对象的各种法律规范的总称。

二、金融法的特点

(一) 金融法的系统性

金融法调整的关系不是"一对一"的关系，而是"一对多"和"多对一"的关系。由于金融业有"连锁反应"的特点，所以，金融法对金融业有"牵一发动全身"的系统作用，例如，我国在制定与执行商业银行法时，不仅考虑商业银行法的问题，还要考虑与证券法的关系问题。过去，不允许银行资金进入证券市场，证券市场会因资金来源不充足而萎缩。现在，允许银行接受股票抵押贷款，股市资金来源比过去更充足，股市就会膨胀。再如，银行存款利息提高时，证券市场交易量通常会相应减少；反之，便会增加。在金融领域看来，银行与证券市场就好像两个互相连通的"水库"，资金就像水库中的"水"，当一个金融市场的压力升高时，"水"就会从一个"水库"流向另一个"水库"。除了银行与证券市场之外，其他各金融市场也像互相连在一起的"水库"，资金之"水"可从银行信贷市场流向证券市场；也可以从证券市场流向保险市场；可以从证券投资基金市场流向证券市场，也可以流向外汇市场或银行储蓄市场等。

(二) 金融法的宏观调控性

金融法是调整金融交易与金融监管关系的法律，所以，较之其他商法和民法，具有更明显的宏观调控性。金融法对金融关系的四大要素进行规范，这四大要素是：市场准入、经营范围、利率及汇率和资格审查。由于上述因素对国民经济有直接或间接的影响，所以，金融法对宏观经济的调控作用，比其他法律更加明显。

(三) 关注资金流通的效率性

人们常说"时间就是金钱"，"寸金难买寸光阴"，这两句话都将时间与金钱联系在一起，也反映出金融业中资金融通及效率的重要性。所以，调整金融关系的法律，也要求特别关注资金融通效率，也就是特别关注金融关系中的时间因素。假如，如果我国某公司欠日本某公司用美元计账的债务，由于不同时间美元对日元的汇率不同，要付的钱就会相差很大。金融交易关系对时间特别敏感，所以，采用金融法调整金融关系时，也要特别关注资金流通的效率性。

三、金融法的渊源

所谓金融法的渊源是指金融法律规范的表现形式。金融法的渊源，主要有如下几个方面：

(1) 宪法。宪法是由全国人民代表大会制定的国家根本法，具有最高的法律效力。宪法关于社会主义经济制度的规定，是对金融关系进行法律调整的基本依据。

（2）法律。全国人民代表大会及其常务委员会制定的调整金融关系的法律，是金融法的主要渊源。如：全国人民代表大会制定的《中华人民共和国中国人民银行法》(以下简称《中国人民银行法》)，全国人民代表大会常务委员会制定的《中华人民共和国商业银行法》(以下简称《商业银行法》)、《中华人民共和国保险法》(以下简称《保险法》)、《中华人民共和国证券法》(以下简称《证券法》)。作为金融法渊源的，并不以上述的专门法律为限。如《中华人民共和国刑法》对金融犯罪及其刑罚作了规定，当然也是金融法的渊源。

（3）行政法规。国务院以及国务院授权所属部门制定的调整金融关系的行政法规，是金融法的重要渊源。如：国务院颁布的《企业债券管理条例》、《储蓄管理条例》、《借款合同条例》、《股票发行与交易管理暂行条例》等。

（4）地方法规。地方各级人民代表大会和地方各级人民政府在法律规定的权限内制定的调整金融关系的地方性法规，也是金融法的渊源。地方法规仅在制定机关所辖区域内有效。

（5）国际条约。我国缔结或参加的与金融有关的国际条约，除我国声明保留的以外，构成我国金融法的重要渊源。我国缔结或者参加的国际条约与我国法律有不同规定的，适用该国际条约的规定，即国际条约具有优先于国内法的效力。

四、金融法的基本原则

金融法的基本原则是一国金融立法体系贯穿始终的主线和纲领，它通过对若干重大基本问题的定性和定位，对国家金融法制建设起基础性的导向作用。

（一）以稳定货币为前提，促进经济发展的原则

金融促进经济的发展，必须受客观规律的制约，其中最重要的一条就是必须保持货币价值的稳定。经济的发展是指经济持续、稳定、健康、协调的发展，而非单纯指经济的增长速度。一味追求经济的高增长而非经济地增发货币，固然可能在短期内刺激投资和生产，增加就业，但充其量不过是表面的、虚假的、暂时的和病态的经济繁荣。货币的稳定，无疑是经济持续、稳定、健康、协调发展的必要条件。

（二）维护金融业稳健的原则

促进金融机构的审慎经营，化解风险隐患，维护金融业的稳健，杜绝金融危机，是各国金融立法刻意追求的核心目标，也是当前国际金融监管合作的中心议题。

实现金融稳健，一要完善市场机制，强化市场约束；二要健全金融法制，严格金融监管。

（三）保护投资者利益的原则

在这里，投资者指金融交易中购入金融工具融出资金的所有个人和机构，包括存款人。加强对投资者利益的保护，意义异常深远，重要性日益突出。立法对投资者利益的保护，主要有以下制度：（1）信息披露制度；（2）银行保密制度；（3）存款保险制度。

（四）与国际惯例接轨的原则

（1）国际惯例通常是成熟的金融交易和金融监管经验的结晶，与国际惯例接轨，可以

有效地避免立法失误，提高我国金融立法水平和金融监管的质量。

(2) 与国际惯例接轨，有助于改善我国的金融法制环境，减少和降低涉外金融交往中与外方不必要的冲突与摩擦，促进金融的进一步对外开放，为积极引进和利用外资创造条件。

(五) 分业经营、分业管理的原则

金融具有广阔的活动领域，涉及到银行、信托、保险、证券等。为了搞好经营，提高效率，就必须坚持银行业、信托业、保险业、证券业分业经营、分业管理的原则。这样，一方面加强专业分工、提高经营管理水平和经营效益，另一方面打破了大一统的经营及管理模式，保护了竞争。但是，也应该看到，近年来随着金融创新不断发展，各国对金融业的分业经营、分业管理原则有所放宽，银行也可以适度经营部分证券、信托等业务。这对于分散经营风险，扩大经营规模，提高效益有一定的意义。

第二节 银 行 法

一、中国人民银行法

(一) 中国人民银行法的概述

银行是指经营货币和信用业务的金融机构。银行按其职能划分为中央银行、商业银行和其他银行机构。

中央银行是只代表国家制定和实施货币政策，对金融业实施监督管理并从事有关金融业务活动的特殊金融机构，中央银行在一个国家金融体系中居于主导地位，是一国金融体制的核心机构。我国的中央银行是中国人民银行。

中央银行法是指调整中央银行因制定和实施的货币政策、行使对金融业的监督和管理职能而产生的银行管理关系的法律规范总称。中央银行法是一个国家金融法律体系中的基本法。

《中国人民银行法》是我国的中央银行法。1995 年 3 月 18 日，第八届全国人大第三次会议通过并公布了《中国人民银行法》。2003 年 12 月 27 日，十届人大常委会第六次会议通过了修改《中国人民银行法》的决定，自 2004 年 2 月 1 日起施行。

(二) 中国人民银行的性质和法津地位

《中国人民银行法》第 2 条规定：中国人民银行是中华人民共和国的中央银行。中国人民银行在国务院领导下，制定和执行货币政策，防范和化解金融风险，维护金融稳定。其第 4 条第 2 款规定：中国人民银行为执行货币政策，可以依照本法第四章的有关规定从事金融业务活动。由此可见，作为我国的中央银行，中国人民银行兼具国家机关和金融机构的双重属性。

从法律地位上来看，中国人民银行具有相对独立性。《中国人民银行法》第 6 条规定：中国人民银行应当向全国人民代表大会常务委员会提出有关货币政策情况和金融业运行情况的工作报告。第 7 条规定：中国人民银行在国务院领导下依法独立执行货币政策，履行职责，开展业务，不受地方政府、各级政府部门、社会团体和个人的干涉。由此可见，中国人民银

行是代表国家进行金融管理和金融调控的特殊金融机构，在国家金融体系中居于主导地位。

(三) 中国人民银行的职能和职责

1. 中国人民银行的职能

中国人民银行作为我国的中央银行，是发行的银行、银行的银行、政府的银行。

所谓发行的银行，是指中国人民银行是货币发行的银行，即垄断货币的发行权，是全国唯一的货币发行机构。

所谓银行的银行，是指中国人民银行以商业银行和其他金融机构作为其办理存款、放款和汇款的业务对象，通过此种业务对商业银行和其他金融机构的活动施以影响。

所谓政府的银行，是指中国人民银行代表国家贯彻执行财政金融政策，代为管理国家财政收支以及为国家提供各种金融业务。

2. 中国人民银行的职责

中国人民银行依法履行下列职责：

(1) 发布与履行与其职责有关的命令和规章。

(2) 依法制定和执行货币政策。

(3) 发行人民币、管理人民币流通。

(4) 监督管理银行间同业拆借市场和银行间债券市场。

(5) 实施外汇管理，监督管理银行间外汇市场。

(6) 监督管理黄金市场。

(7) 持有、管理、经营国家外汇储备、黄金储备。

(8) 经理国库。

(9) 维护支付、清算系统的正常运行。

(10) 指导、部署金融业反洗钱工作，负责反洗钱的资金监测。

(11) 负责金融业的统计、调查分析和预测。

(12) 作为国家的中央银行，从事有关国际金融活动。

(13) 国务院规定的其他职责。

(四) 中国人民银行的管理体制

1. 中国人民银行行长负责制

中国人民银行实行行长负责制。中国人民银行设行长一人，副行长若干人。中国人民银行行长的人选根据国务院总理的提名，由全国人民代表大会决定，全国人民代表大会闭会期间，由全国人民代表大会常务委员会决定，由中华人民共和国主席任免。中国人民银行副行长由国务院总理任免。

2. 中国人民银行货币政策委员会

为了正确制定和实施货币政策，中国人民银行设立货币政策委员会。货币政策委员会由国务院主管财经的综合职能部委组成。货币政策委员会的职责是在综合分析宏观经济形势的基础上，依据国家宏观调控目标，讨论货币政策的重要措施及其他宏观经济政策的协调等涉及货币政策的重大事项，并提出建议。作为中国人民银行的咨询议事机构，货币政策委员会在国家宏观调控、货币政策制定和调整中发挥着重要作用。

3. 中国人民银行分支机构

中国人民银行的分支机构是中国人民银行的派出机构，不具有法人资格。根据中国人民银行的授权，分支机构维护本辖区的金融稳定，承办有关业务。1998 年 12 月，为其强化中央银行的独立性，中国人民银行撤销了省级分行，在全国九个城市天津、上海、南京、武汉、广州、成都、西安等设立了九大分行，在北京和重庆设立了中国人民银行总行营业管理部。

(五) 人民币的发行和管理

1. 人民币的法律地位

《中国人民银行法》第 16 规定：中华人民共和国的法定货币是人民币。这一规定表明了人民币的法律地位，即它是我国境内流通、使用的唯一合法货币。作为法定支付手段，以人民币支付我国境内的一切公共的和私人的债务，任何单位和个人不得拒收。我国实行独立、统一、稳定的货币政策。国家禁止金银、外币在国内市场自由流通。

2. 人民币的发行

《中国人民银行法》第 18 条明确规定：人民币由中国人民银行统一印制、发行。人民币的发行是指中国人民银行向流通市场投放现金的行为。发行人民币、管理人民币流通是《中国人民银行法》赋予中国人民银行的职责之一。

(1) 发行原则：我国人民币的发行历来坚持以下三大发行原则：

① 集中统一原则：集中是指人民币的发行权集中于代表国家的中央政府——国务院。统一是指国家授权中国人民银行统一垄断货币发行。除中国人民银行外，任何地区、任何单位和个人都无权发行货币。

② 经济发行原则：又称信用发行原则，是财政发行的对称，是指根据国民经济发展情况，按照商品流通的实际需要而进行货币发行。这种发行是在经济增长的基础上增加货币投放，是为了适应和满足商品生产和商品流通对货币的客观需要，不会引起物价波动和通货膨胀。

③ 计划发行原则：货币发行要根据国民经济发展的要求，有计划地发行。具体由中国人民银行总行提出货币发行计划，报国务院批准后组织实施。

(2) 发行程序：根据法律规定，人民币的发行程序如下：

① 中国人民银行提出人民币发行计划，确定年度货币供应量。

② 国务院批准中国人民银行报批的货币发行计划。

③ 中国人民银行进行发行基金的调拨。发行基金是中国人民银行为国家保管的待发行的货币，是调节市场货币流通的准备金。发行基金不是货币，不起价值符号的作用，只有投放到市场上去，才成为流通中的货币。发行基金的动用权，属于中国人民银行总发行库。

④ 普通商业银行业务接收调拨基金。

⑤ 普通商业银行业务库进行日常现金收付。

3. 人民币的管理

根据《中国人民银行法》的规定，禁止伪造、变造人民币；禁止出售、购买伪造、变造的人民币；禁止运输、持有、使用伪造、变造的人民币；禁止故意毁损人民币；禁止在宣传品、出版物或者其他商品上非法使用人民币图样。残缺、污损的人民币，按照中国人民银行的规定兑换，并由中国人民银行负责收回、销毁。

(六) 中国人民银行的货币政策

1. 货币政策的概念

货币政策是指国家为实现其特定的经济目标，运用各种手段调节货币供应量、信用量、利率等，进而影响宏观经济的方针和措施。我国货币政策的目标是保持货币币值的稳定，并以此促进经济增长。

2. 货币政策工具

中国人民银行为执行货币政策，可以运用下列货币政策工具：

(1) 存款准备金制度。是指商业银行为应付客户提取存款和资金清算需要而设置的准备金。央行通过存款准备金政策来调节市场上的货币流量。

(2) 基准利率政策。是指中国人民银行规定各种期限的存款利率和放款利率的幅度。各商业银行及其他金融机构必须按此基准利率进行资金活动。

(3) 再贴现政策。指央行通过制定或调整再贴现利率来干预和影响市场利率和货币的市场供求，从而调整市场的货币量的政策。

(4) 再贷款政策。是指中国人民银行通过对商业银行等金融机构发放贷款，以控制和调节商业银行的信贷活动，从而控制和调节货币供应量和信用总量。中国人民银行对商业银行的贷款为信用贷款，只能用于解决商业银行的临时资金不足，不得用于放款和证券投资。

(5) 公开市场政策。指中央银行在金融市场上买卖有价证券和票据(一般是政府债券)，直接决定基础货币的变动，从而达到扩张和收缩信用调节货币供应量。

(6) 国务院确定的其他货币政策工具。

(七) 中国人民银行的业务

1. 授权性业务

(1) 依照法律、行政法规的规定经管国库。

(2) 代理国务院财政部门向各金融机构组织发行、兑付国债和其他政府债券。

(3) 根据需要为银行业金融机构开立账户，但不得对银行业金融机构的账户透支。

(4) 组织或者协助组织银行业金融机构相互之间的清算系统，协调银行业金融机构相互之间的清算事项，提供清算服务。

(5) 根据执行货币政策的需要，向商业银行提供贷款，但贷款的期限不得超过 1 年。

2. 禁止性业务

(1) 中国人民银行不得对政府财政透支，不得直接认购、包销国债和其他政府债券。

(2) 除国务院决定中国人民银行可以向特定的非银行金融机构提供贷款外，中国人民银行不得向地方政府、各级政府部门提供贷款，不得向非银行金融机构以及其他单位和个人提供贷款。

(3) 中国人民银行不得向任何单位和个人提供担保。

(八) 中国人民银行的金融监管

1. 金融监管的目的

(1) 保障金融业经营的安全性。

(2) 保证中央银行货币金融政策的一致性。

(3) 保持金融市场的稳定性。

2. 金融监管的目标

金融监管的目标可分为一般目标和具体目标。目前各国无论采用哪一种监管组织体制，监管的目标基本是一致的，通常称作三大目标体系：第一，维护金融业的安全与稳定；第二，保护公众的利益；第三，维持金融业的运作秩序和公平竞争。

我国现阶段的金融监管目标可概括为：

(1) 一般目标：

① 防范和化解金融风险，维护金融体系的稳定与安全；② 保护公平竞争和金融效率的提高，保证中国金融业的稳健运行和货币政策的有效实施。

(2) 具体目标：经营的安全性、竞争的公平性和政策的一致性。

① 经营的安全性包括两个方面：一是保护存款人和其他债权人的合法权；二是规范金融机构的行为，提高信贷资产质量。

② 竞争的公平性是指通过中央银行的监管，创造一个平等合作、有序竞争的金融环境，保证金融机构之间的适度竞争。

③ 政策的一致性是指通过监管，使金融机构的经营行为与中央银行的货币政策目标保持一致。通过金融监管，促进和保证整个金融业和社会主义市场经济的健康发展。

【案例7-1】 某市的财政状况一直不好，而当地建设又需要大量资金，于是政府指令当地中国人民银行分行贷款给政府财政，并且要求其为当地的商业银行透支，同时命令其为当地的一项基本建设项目的外国贷款提供担保。

问题：该中国人民银行分行是否执行当地政府的指令？为什么？

解析：该中国人民银行分行有权拒绝当地政府的上述指令。因为中国人民银行的分支机构是中国人民银行的派出机构，根据中国人民银行的授权，维护本辖区的金融稳定，承办有关业务，不受地方政府、各级政府部门、社会团体和个人的干涉。《中国人民银行法》同时还规定，除国务院决定中国人民银行可以向特定的非银行金融机构提供贷款外，中国人民银行不得向地方政府、各级政府部门提供贷款；不得对银行金融机构的账户透支；不得向任何单位和个人提供担保。

二、商业银行法

(一) 商业银行的概念和组织形式

商业银行是指依法设立的吸收公众存款、发放贷款、办理结算等业务的企业法人。

根据《商业银行法》的规定，我国商业银行主要有以下三种组织形式。

1. 国有独资商业银行

国有独资商业银行是指由国家授权投资的机构或者国家授权的部门单独投资设立的有限责任商业银行，国家以其出资额为限对银行承担有限责任，而银行以其全部财产对外承担责任。

2. 股份制商业银行

股份制商业银行是指全部资本分为等额股份，股东以其所持股份为限对银行承担有限责任，银行以其全部财产对外承担责任的商业银行。又可以分为三类：

(1) 全国性股份制商业银行。目前，已恢复和组建了 10 余家全国性股份制商业银行，包括：中国银行、中国建设银行、中国工商银行、中国农业银行、交通银行、招商银行、中国光大银行、华夏银行、中信实业银行、福建兴业银行、广东发展银行、深圳发展银行、上海浦东发展银行、中国民生银行等。

(2) 地方性股份制商业银行，是指主要服务于地方经济发展的股份制商业银行。

(3) 合作制商业银行，是指金融功能、业务范围和经营规则与股份制商业银行相同，但采用合作制企业形态的银行。

3. 有限责任商业银行

有限责任商业银行是指由 50 个以下股东共同出资设立，股东以其出资额为限对银行承担有限责任，银行以其全部财产对外承担责任的商业银行。目前，采用有限责任公司形式的主要是指中外合资银行。

(二) 商业银行的设立和组织机构

1. 商业银行的设立条件

(1) 有符合《商业银行法》和《公司法》规定的章程。

(2) 有法定最低限额的注册资本。设立全国性商业银行的注册资本最低限额为 10 亿元人民币。设立城市商业银行的注册资本最低限额为 1 亿元人民币，设立农村商业银行的注册资本最低限额为 5000 万元人民币。注册资本应当是实缴资本。

(3) 有具备任职专业知识和业务工作经验的董事、高级管理人员。《商业银行法》规定，有下列情形之一的，不得担任商业银行的董事、高级管理人员：① 因犯有贪污、贿赂、侵占财产、挪用财产罪或者破坏社会经济秩序罪，被判处刑罚，或者因犯罪被剥夺政治权利的；② 担任因经营不善破产清算的公司、企业的董事或者厂长、经理，并对该公司、企业的破产负有个人责任的；③ 担任因违法被吊销营业执照的公司、企业的法定代表人，并负有个人责任的；④ 个人所负数额较大的债务到期未清偿的。

(4) 有健全的组织机构和管理制度。

(5) 有符合要求的营业场所、安全防范措施和与业务有关的其他设施。

(6) 其他审慎性条件。

2. 商业银行的设立程序

设立商业银行，必须依照法定程序报经国家国务院银行业监督管理机构审查批准。经批准设立的商业银行，由国务院银行业监督管理机构颁发经营许可证，并凭该许可证向工商行政管理部门办理登记，领取营业执照。

商业银行自取得营业执照之日起无正当理由超过 6 个月未开业的，或者开业后自行停业连续 6 个月以上的，由国务院银行业监督管理机构吊销其经营许可证，并予以公告。

3. 商业银行的组织机构

由于我国的商业银行依《商业银行法》的规定均采用公司制，因此其组织机构应根据《公司法》的规定设立。国有独资商业银行设董事会、监事会、行长(经理)；股份制商业银行设股东大会、董事会、监事会、行长(经理)；有限责任商业银行设股东会、董事会、监事会、行长(经理)。

4. 商业银行的分支机构

商业银行根据业务需要可以在中华人民共和国境内外设立分支机构。设立分支机构必须经国务院银行业监督管理机构审查批准，经批准设立的商业银行分支机构，由国务院银行业监督管理机构颁发经营许可证，并凭该许可证向工商行政管理部门办理登记，领取营业执照。

商业银行在中华人民共和国境内设立分支机构，应当按照规定拨付与其经营规模相适应的营运金额。拨付各分支机构实行全行统一核算，统一调度资金，分级管理的财务制度。

商业银行分支机构不具有法人资格，在总行授权范围内依法开展业务，其民事责任由总行承担。

(三) 商业银行的业务及基本规则

1. 商业银行的经营原则

(1) 安全性原则。因为银行业涉及广大公众的利益，与社会、政治的安定和经济的发展有着密切的关系，所以，必须用法律规定许多措施来保证银行经营过程的安全性。存款准备金、资本充足率、流动资金比例、分业经营等制度就是着眼于保护存款人的利益，保证金融市场的稳定。

(2) 流动性原则。这是指商业银行的最近要保持较高程度的经常流动状态，以此保证商业银行的支付能力。如果商业银行不能支付存款人的取款时，那么就可能引发大规模的公众挤兑。由此可见，商业银行经营资产的流动性是安全的基础。

(3) 效益性原则。从狭义上说，效益性是指商业银行本身的经济效益；而广义上看，效益性是指符合国家宏观经济和产业政策的金融业的整体效益。

2. 商业银行的业务范围

根据我国《商业银行法》第 3 条规定，商业银行的业务范围包括：

(1) 吸收公众存款。

(2) 发放短期、中期和长期贷款。

(3) 办理国内外结算。

(4) 办理票据承兑与贴现。

(5) 发行金融债券。

(6) 代理发行、代理兑付、承销政府债券。

(7) 买卖政府债券、金融债券。

(8) 从事同业拆借。

(9) 买卖、代理买卖外汇。

(10) 从事银行卡业务。

(11) 提供信用证服务及担保。

(12) 代理收付款项及代理保险业务。

(13) 提供保管箱业务。

(14) 经国务院银行业监督管理机构批准的其他业务。

商业银行的上述业务可分为负债业务、资产业务和中间业务三大类。负债业务是指商业银行筹借资金以形成其经营资产的业务；资产业务是指商业银行运用其资产获得利润的业务；中间业务是指商业银行凭借其业务条件提供金融服务、收取服务费的业务。

3. 存款业务基本准则

(1) 商业银行办理个人储蓄存款业务，应当遵循存款自愿、取款自由、存款有息、为存款人保密的原则。对个人储蓄存款，除法律另有规定外，商业银行有权拒绝任何单位或者个人查询、冻结、扣划。

(2) 对单位存款，除法律、行政法规另有规定外，商业银行有权拒绝任何单位或者个人查询，有权拒绝任何单位或者个人冻结、扣划。

(3) 商业银行应当按照中国人民银行的规定，向中国人民银行交存存款准备金，留足备付金；应当保证存款本金和利息的支付，不得拖延、拒绝支付存款本金和利息。

4. 贷款业务基本规则

(1) 指导思想。商业银行根据国民经济和社会发展的需要，在国家产业政策指导下开展贷款业务。

(2) 严格审贷规则。商业银行贷款，应当对借款人的借款用途、偿还能力、还款方式等情况等进行严格审查；实行审贷分离、分级审批的制度。

(3) 贷款担保规则。商业银行贷款，借款人应当提供担保。商业银行审查、评估、确认借款人资信良好，确能偿还贷款的，可以不提供担保。

(4) 书面合同规则。商业银行贷款，应当与借款人订立书面合同。

(5) 利率规则。商业银行应按照中国人民银行规定的贷款利率的上下限，确定贷款利率。

(6) 资产负债比例规则。商业银行贷款，应当遵守下列资产负债比例管理的规定：① 资本充足率不得低于 8%；② 贷款余额与存款余额的比例不得超过 75%；③ 流动性资产余额与流动性负债余额的比例不低于 25%；④ 对同一借款人的贷款余额与商业银行资本余额的比例不得超过 10%；⑤ 国务院银行业监督管理机构对资产负债比例管理的其他规定。

(7) 关系人贷款规则。商业银行不得向关系人发放信用贷款；向关系人发放担保贷款的条件不得优于其他借款人同类贷款的条件。此处的关系人是指：① 商业银行的董事、监事、管理人员、信贷业务人员及其近亲属；② 前项所列人员投资或者担任高级管理职务的公司、企业和其他经济组织。

(8) 自主贷款规则。任何单位和个人不得强令商业银行发放贷款或者提供担保。商业银行有权拒绝任何单位和个人强令要求发放贷款或者提供担保。

5. 禁止经营的业务

除国家另有规定外，商业银行在中华人民共和国境内不得从事信托投资和证券经营业务，不得向非自用不动产投资或者向非银行金融机构和企业投资。

(四) 商业银行的接管和终止

1. 商业银行的接管

(1) 含义。商业银行的接管是指金融管理机构通过一定的接管组织，按照法定的条件和程序，全面控制和管理商业银行业务活动的行政管理行为。

(2) 接管的条件和机关。商业银行已经或者可能发生信用危机，严重影响存款人的利益时，国务院银行业监督管理机构可以对该银行实行接管。

(3) 接管的目的。接管的目的是对被接管的商业银行采取必要措施，以保护存款人的利益，恢复商业银行的正常经营能力。被接管的商业银行的债权债务关系不因接管而变化。

(4) 接管的期限。接管的期限届满，国务院银行业监督管理机构可以决定延期，但接管期限最长不得超过 2 年。

(5) 接管的终止。有下列情形之一的，接管终止：① 接管决定规定的期限届满或者国务院银行业监督管理机构决定的接管延期届满；② 接管期限届满前，该商业银行已经恢复正常的营运能力；③ 接管期限届满前，该商业银行被合并或者被依法宣告破产。

2. 商业银行的终止

(1) 商业银行终止的原因有：① 因解散而终止；② 因撤销而终止；③ 因宣告破产而终止。

(2) 破产清算支付顺序：① 支付清算费用；② 所欠职工工资和劳动保险费用；③ 优先支付个人储蓄存款的本金和利息；④ 税款；⑤ 其他债务。

【案例 7-2】 2014 年 2 月，某商业银行与国内某房地产开发公司共同开发某经济特区的房地产项目，并成立项目公司，因该行副行长兼任房地产公司副董事长，商业银行向该项目公司投资 1 亿元人民币。同年 6 月，房地产开发公司以该公司的房地产作抵押，向商业银行提出贷款申请，商业银行经审核后，向其发放了 2 亿元抵押贷款。该银行当月资本余额为 17 亿元人民币。2015 年 7 月，房地产开发公司因经营亏损濒临破产，商业银行的贷款已无法收回。

问题：

(1) 商业银行能否向项目公司投资？

(2) 商业银行能否向房地产开发公司发放抵押贷款？

(3) 商业银行向房地产开发公司发放 2 亿元人民币贷款是否合法？

(4) 银监会对该商业银行的接管决定是否正确？

解析：

(1) 不能。《商业银行法》规定，商业银行不得向企业投资。

(2) 能。《商业银行法》禁止向关系人发放信用贷款，并不禁止向关系人发放担保贷款，只是发放担保贷款的条件不得优于其他借款人同类贷款的条件。

(3) 不合法。根据《商业银行法》关于资产负债比例管理的规定，对同一借款人的贷款余额与商业银行资本余额的比例不得超过 10%。该商业银行向房地产开发公司发放 2 亿元人民币贷款已超过其资本余额的 10%。

(4) 正确。因为该商业银行巨额贷款无法收回，可能发生信用危机，在此情况下银监会可以对该银行实行接管。

三、政策性银行法

(一) 政策性银行的概念和特征

1. 政策性银行的概念

政策性银行是指由政府发起、出资成立，为贯彻和配合政府特定经济政策和意图而进行融资和信用活动的机构。

政策性银行不以营利为目的，专门为贯彻、配合政府社会经济政策或意图，在特定的业务领域内，直接或间接地从事政策性融资活动，充当政府发展经济、促进社会进步、进行宏观经济管理的工具。

1994 年中国政府设立了国家开发银行、中国进出口银行、中国农业发展银行三大政策性银行，均直属国务院领导。由于我国没有出台专门的政策性银行法，这类政策性银行的业务依据是各自的银行章程和相关法律法规的规定。

2. 政策性银行的特征

(1) 从资本金性质看，政策性银行一般由政府财政拨款出资或政府参股设立，由政府控股，与政府保持着密切关系。

(2) 从经营宗旨上看，政策性银行经营时主要考虑国家的整体利益、社会效益，不以盈利为目标，而以贯彻执行国家的社会经济政策为己任。

(3) 从业务范围上看，政策性银行不能吸收活期存款和公众存款，主要资金来源是政府提供的资本金、各种借入资金和发行政策性金融债券筹措的资金。

(4) 从融资原则上看，政策性银行有其特殊的融资原则。在融资条件或资格上，要求其融资对象必须是从其他金融机构不易得到所需的融通资金的条件下，才有从政策性银行获得资金的资格，且提供的全部是中长期信贷资金，贷款利率明显低于商业银行同期同类贷款利率，有的甚至低于筹资成本，但要求按期还本付息。

(5) 从信用创造能力看，政策性银行一般不参与信用的创造过程，资金的派生能力较弱。因为政策性银行的资金来源主要不是吸收存款，而往往是由政府提供，而且政策性银行的贷款主要是专款专用，正常情况下不会增加货币供给。

3. 政策性银行与商业银行的区别

(1) 经营方式不同：政策性银行多由政府出资建立，业务上由政府相应部门领导。商业银行多采取股份制的形式，业务上自主经营、独立核算。

(2) 资金来源不同：政策性银行一般不接受存款，也不接受民间借款。而商业银行以存款作为其主要的资金来源。

(3) 经营目的不同：政策性银行是为了支持某些部门的发展而专门成立的，不以盈利为目的，与相应的产业部门关系密切。而商业银行则以利润最大化为经营目的，业务范围广泛。

(二) 我国的政策性银行

1. 国家开发银行

国家开发银行的主要职责是为国家基础设施、基础产业和支柱产业提供长期资金支持，引导社会资金投向，缓解经济发展瓶颈制约。电力、公路、铁路、石油石化、煤炭、邮电通信、农林水利、公共基础设施等是其主要业务领域和贷款支持重点。

2. 中国进出口银行

中国进出口银行的主要职责是贯彻执行国家产业政策、外经贸政策、金融政策和外交政策，为扩大我国机电产品、成套租赁和高新技术产品出口，推动有比较优势的企业开展对外承包工程和境外投资，促进对外关系发展和国际经贸合作，提供政策性金融支持。

3. 中国农业发展银行

中国农业发展银行的主要职责是按照国家的法律、法规和方针、政策，以国家信用为基础，筹集农业政策性信贷资金，承担国家规定的农业政策性和经批准开办的涉农商业性金融业务，代理财政性支农资金的拨付，为农业和农村经济发展服务。

四、法律责任

(一) 违法行为

根据《中国人民银行法》的规定，违法行为主要有以下几种：

(1) 伪造、变造人民币，出售伪造、变造的人民币的，或者明知是伪造、变造的人民币而运输的。

(2) 买卖伪造、变造的人民币或者明知是伪造、变造的人民币而持有、使用的。

(3) 在宣传品、出版物或者其他商品上非法使用人民币图样的。

(4) 印刷、发售代币券，以代替人民币在市场上流通的。

(5) 违反法律、行政法规有关金融监管规定的。

(6) 中国人民银行有违反有关业务规定行为的。

(7) 地方政府、各级政府部门、社会团体和个人强令中国人民银行及其工作人员违反有关规定提供贷款或者担保的。

(8) 中国人民银行的工作人员泄露国家秘密或者所知悉的商业秘密的。

(9) 中国人民银行的工作人员贪污受贿、徇私舞弊、滥用职权、玩忽职守的。

(二) 法律责任

根据《中国人民银行法》的规定，违法者应承担的法律责任包括民事责任、行政责任以及刑事责任。

对于违反《中国人民银行法》的有关单位，中国人民银行应当责令停业、改正违反行为，区别不同情形给予警告、没收违法所得、罚款等行政处罚。对负有直接责任的人员，情节轻微的，依法给予行政处分；构成犯罪的，依法追究刑事责任。

《中国人民银行法》对相关的民事责任作了如下规定：

(1) 有下列行为之一并造成损失的，负有直接责任的主管人员和其他直接责任人员应当承担部分或者全部赔偿责任：① 违反规定提供贷款的；② 对单位和个人提供担保的；③ 擅自动用发行基金的。

(2) 地方政府、各级政府部门、社会团体和个人强令中国人民银行及其工作人员违反《中国人民银行法》的规定提供贷款或者担保，造成损失的，应当承担部分或者全部责任。

第三节　保　险　法

一、保险法概述

(一) 保险的概念及分类

1. 保险的概念

根据《保险法》第 2 条规定，保险是指投保人根据合同的约定，向保险人支付保险费，保险人对合同约定的可能发生的事故所造成的财产损失承担赔偿保险金的责任，或者当被保险人死亡、伤残、疾病或者达到合同约定的年龄、期限时承担给付保险金责任的商业保险行为。

2. 保险的分类

(1) 根据保险标的不同，分为人身保险和财产保险两大类。人身保险是以人身的寿命和身体为保险标的的保险。当人们遭受不幸事故或因疾病、年老而丧失工作能力、伤残、死亡或年老退休，根据保险合同规定，保险人对被保险人或受益人给付保险金或年金，以解决病、残、老、死所造成的经济困难。

财产保险广义上讲，是除人身保险外的其他一切险种，包括财产损失保险、责任保险、信用保险、保证保险、农业保险等。

(2) 根据承担责任次序的不同，分为原保险与再保险。发生在保险人和投保人之间的保险行为，称为原保险。发生在保险人与保险人之间的保险行为，称之为再保险。再保险是保险人通过订立合同，将自己已投保的风险，全部或部分转移给一个或几个保险人，以降低自己所面临风险的保险行为，我们把分出自己承保业务的保险人称为原保险人，接受再保险业务的保险人称为再保险人。

(3) 根据保险的性质，分为社会保险、商业保险和政策保险。社会保险是指在既定的社会政策下，由国家通过立法手段对全体社会公民强制征缴保险费而形成保险基金，对其中因年老、疾病、生育、伤残死亡和失业而导致丧失劳动能力或失去工作机会的成员提供基本生活保障，是一种不以盈利为目的的社会保障制度。

商业保险是指保险公司所经营的，以盈利为目的的，进行独立经济核算的各类保险业务。

政策性保险是指由国家财政部门直接投资成立的公司或国家委托独家代办的商业保险结构，为了体现一定的国家政策，以国家财政为后盾，举办一些不以盈利为目的的保险行为。这类保险所投的风险一般损失程度较高，但出于种种考虑而收取较低保费，若经营者发生亏损，国家财政将给予补偿。常见的政策型保险有出口信用保险、投资保险等。

(二) 保险法概念及颁布

保险法是以保险关系为调整对象的法律规范的总称。凡有关保险的组织、保险对象以及当事人的权利义务等法律规范等均属保险法。

1995 年 6 月 30 日第八届全国人民代表大会常务委员会第十四次会议通过了《保险法》,1995 年 10 月 1 日正式实施。2002 年 10 月 28 日第九届全国人民代表大会常务委员会第三十次会议《关于修改〈中华人民共和国保险法〉的决定》第一次修正;2009 年 2 月 28 日,十一届全国人大常委会第七次会议通过了《保险法》修订草案。新修订的《保险法》将于 2009 年 10 月 1 日起实施。根据 2014 年 8 月 31 日第十二届全国人民代表大会常务委员会第十次会议《关于修改〈中华人民共和国保险法〉等五部法律的决定》第二次修正;根据 2015 年 4 月 24 日第十二届全国人民代表大会常务委员会第十四次会议《关于修改〈中华人民共和国计量法〉等五部法律的决定》第三次修正。

同时,为正确审理保险合同纠纷案件,切实保护合法人的合法权益,最高人民法院先后于 2009 年、2013 年和 2015 年颁布了三个《最高人民法院关于适用〈中华人民共和国保险法〉若干问题的解释》。

(三) 保险法的适用范围

根据《保险法》的规定,保险法适用于商业保险,凡在中华人民共和国境内从事商业保险活动的公民、法人和其他组织,都要受《保险法》的制约。

《保险法》不适用于社会保险,社会保险应由劳动法、社会保障法、社会保险法等法律法规来调整。

《保险法》也不适用于农业保险,农业保险属于政策性保险,或者由国家直接经营,或者由国家提供政策优惠和财政支持。

海商保险适用海商法的有关规定,海商法未作规定的,适用《保险法》的有关规定。

(四) 保险法的基本原则

1. 自愿原则

自愿原则是指保险法律关系的当事人即投保人、保险人以及被保险人、受益人有权根据自己的意愿设立、变更或者终止保险法律关系,不受他人干预,保险人有权选择保险人和保险的种类、保险的范围责任等。《保险法》第 4 条规定:从事保险活动必须遵循法律、行政法规,尊重社会公德,遵循自愿原则。

2. 最大诚信原则

根据《保险法》第 5 条规定,保险活动当事人行使权力,履行义务应当遵循诚实守信原则。由于保险活动具有不确定的保险风险和赔付风险,所以《保险法》要求当事人在订立与履行保险合同过程中,为了维护各方当事人利益,确保交易的成功,包括投保人、被投保人与保险人在内的当事人必须都恪守最大诚信原则。

3. 保险利益原则

保险利益原则是保险法中最具特色的基本原则。保险利益是投保人对保险标的所具有的法律上承认的利益。保险利益产生于投保人或被保险人与保险标的之间的经济联系或特定的人身关系，它是为法律所承认的、可以投保的一种法定权利，构成保险人可提供保险保障的最大额度。

(1) 人身保险的保险利益。人身保险是以人的寿命和身体为保险标的物的保险。人身保险的保险人在保险合同订立时对被保险人应当具有保险利益。订立合同时，投保人对被保险人不具有保险利益的，合同无效。所谓被保险人，是指其财产或者人身受保险合同保障，享有保险金请求权的人。投保人可以为被保险人。

《保险法》规定投保人对下列人员具有保险利益：① 本人；② 配偶、子女、父母；③ 除前项以外，有抚养、赡养或者抚养关系的家庭其他成员、近亲属；④ 与投保人有劳务关系的劳动者。除前述人员外，被保险人同意投保人为其订立保险合同的，视为投保人对被保险人具有保险利益。

(2) 财产保险的保险利益。财产保险是以财产及其有关利益为保险标的的保险。财产保险的被保险人在保险事故发生时，对保险标的应当具有保险利益。

4. 保险近因原则

近因原则是指保险人按照约定的保险责任范围承担保险责任时，其所承保危险的发生与保险标的的损害之间应该存在因果关系。在近因原则中造成保险标的损害的主要的、起决定性作用的原因，即属近因，它并不一定是损失发生时在空间和时间上最接近的原因。只有近因属于保险责任，保险人才承担保险责任。

5. 保险补偿原则

保险补偿原则是当保险事故发生时，被保险人从保险人处所得到的赔偿应正好填补被保险人因保险事故所造成的损失。这是保险理赔的基本原则。其包括两层含义：(1)被保险人在保险事故发生后有权依保险合同从保险人处获得全面、充分的赔偿；(2)保险赔偿以被保险人的实际损失为限，被保险人不能因为保险赔偿而获得额外利益。保险补偿原则仅适用于财产保险，而非人身保险。

6. 保险代位原则

保险代位原则是指当保险标的因遭受保险事故而造成损失，依法应当由第三者承担赔偿责任时，保险人自支付保险赔偿金之日起，在赔偿金额的限度内，相应取得向对此损失负有责任的第三者请求赔偿的权利。

二、保险合同

(一) 保险合同的概念及特征

1. 保险合同的概念

保险合同是指投保人和保险人约定保险权利和义务的协议。其包括三层含义：
(1) 保险合同的当事人只能是投保人和保险人。
(2) 保险合同当事人之间的关系是关于保险权利和义务的关系。
(3) 保险合同是当事人意思表示一致的结果。

2. 保险合同的特征

(1) 保险合同是双务合同。双务合同指当事人双方互负对待给付义务的合同，买卖合同是双务合同的典型。双务合同中的抗辩权是在合同履行过程中产生的，在符合法定条件时，当事人一方得以对抗另一方的履行请求权，起到暂时拒绝履行对方义务的作用。

(2) 保险合同是射幸合同。射幸合同就是指合同当事人一方支付的代价，所获得的只是一个机会，对投保人而言，其可能获得远远大于所支付的保险费的效益，但也可能没有利益可获；对保险人而言，其赔付的保险金可能远远大于其所收取的保险费，但也可能只收取保险费而不承担支付保险金的责任。保险人承保的危险或者保险合同约定的给付保险金的条件的发生与否，均为不确定。

(3) 保险合同是格式合同。所谓格式合同，是指由一方预先拟定合同的条款，对方只能表示接受或不接受。其特征在于订立保险合同时，投保人只能被动地服从、接受或者拒绝保险方所提出的条件。为了平衡双方利益，在对保险合同的文义进行解释时，通常采取不利于保险人的解释原则。

(4) 保险合同是诺成性合同。根据合同成立时是否交付标的物为要件，合同可分为诺成性合同和实践性合同。诺成性合同是指当事人意思表示一致即可成立的合同，又称不要物合同。实践性合同是指除了当事人意思表示一致还需交付标的物才可成立的合同，又称要物合同。

(5) 保险合同是要式合同。根据合同的成立是否需要特定的形式，可将合同分为要式合同与不要式合同。要式合同，是指法律要求必须具备一定的形式和手续的合同。不要式合同，是指法律不要求必须具备一定形式和手续的合同。

(二) 保险合同的分类

根据不同的标准，保险合同有不同的分类。依保险标的的不同，分为财产保险合同和人身保险合同：

(1) 财产保险合同是指以物或者其他财产利益为标的的保险合同。我国目前开办的财产保险主要有国内财产保险、农业保险和涉外保险三种类型。

(2) 人身保险合同是指以人的生命或身体为保险合同的保险标的保险合同。我国目前开办的人身保险有简易人身保险、团体人身保险、团体人身意外保险、养老保险、医疗保险、学生平安保险、涉外人身保险等。

依保险合同实施形式不同，分为强制保险合同和自愿保险合同：

(1) 强制保险合同是指依据法律的规定而强制实施的保险合同，如铁路、飞机、轮船旅客意外伤害强制保险，以及我国有的地方实行的第三者责任保险等。强制保险多基于国家经济社会政策需要而举办，主要适用于诸如交通工具责任、产品责任、公共责任、雇工责任、职业责任等领域。

(2) 自愿保险合同是基于投保人自己的意思而订立的保险合同。投保与保险人订立保险合同，应当遵循公平互利、协商一致、自愿订立的原则，除法律、行政法规规定必须保险的以外，保险公司和其他单位不得强制他人订立保险合同。

依保险人的责任次序的不同，分为原保险合同和再保险合同：

(1) 原保险合同又称第一次保险合同，是指保险人对被保险人承担直接责任的原始保险合同。

(2) 再保险合同又称分保险合同和二次保险合同，是指保险人将其承担的保险业务，以承担的形式部分转给其他保险人。保险人为了避免自己承担的业务遭受巨额损失，可以将其承保的保险业务分给其他保险人一部分。使数家保险公司对同一保险事故承担责任，增加了保险的可靠性。

依保险人的人数不同，可将保险合同分为单保险合同和复保险合同：

(1) 单保险合同是指投保人以一个保险标的、一个保险利益、一个保险事故与同一个保险人订立的保险合同。

(2) 复保险合同又称重复保险合同，是指投保人以同一保险标的、同一保险利益、同一保险事故向两个以上的保险人订立的保险合同。根据保险法的规定，复保险的保险金额总和超过保险价值的，各保险人赔偿金额总和不得超过保险价值。

(三) 保险合同的主体

保险合同的主体主要包括保险合同当事人和保险合同关系人。

1. 保险合同当事人

保险合同的当事人是指订立保险合同并享有保险合同所确定的权利和承担的义务的人，包括保险人和投保人。

(1) 保险人又称承保人，是指与投保人订立保险合同，并承担赔偿或者给付保险金责任的保险公司。经营商业保险业务，必须是依照《保险法》设立的保险公司，其他单位和个人不得经营商业保险业务。

(2) 投保人是指与保险人订立保险合同，并按照保险合同负有支付保险费义务的人。投保人可以是被保险人本人，也可以是被保险人以外的第三人，但必须具备相应的民事行为能力并对保险标的具有保险利益。

2. 保险合同关系人

保险合同关系人是指保险事故或保险合同约定的条件满足时，对保险人享有保险金给付请求权的人，包括被保险人和受益人。

(1) 被保险人。被保险人是指其财产或者人身受保险合同保障，享有保险金请求权的人。投保人与被保险人即可为同一人，也可以为不同一人。在财产保险中，被保险人必须是保险标的的所有人或其他权利人，而人身保险则直接以被保险人的身体或生命作为保险标的。被保险人一般也是享有赔偿请求权的人，但在人身保险的死亡保险中，一旦保险事故发生，被保险人无法行使赔偿请求权，故法律规定可由受益人享有。

对于人身保险中的被保险人，《保险法》明确规定，除父母为其未成年子女投保外，投保人不得为无民事行为能力人，投保人以死亡为给付保险金条件的人身保险，保险人也不得承保。

(2) 受益人。受益人又称保险金受领人，是指人身保险合同中由被保险人或者投保人指定的享有保险金请求权的人。投保人、被保险人和第三人都可以为受益人。受益人既可以为自然人，也可以为法人。

人身保险的受益人由被保险人或者投保人指定。投保人指定受益人时须经被保险人同意，投保人为与其有劳动关系的劳动者投保人身保险，不得指定被保险人及其近亲属以外的人为受益人。被保险人为无民事行为能力人或者限制民事行为能力人的，可以由其监护人指定受益人。

保险合同的主体还包括保险代理人和经纪人。

【案例 7-3】 张某有配偶李某和儿子张某某，2011 年 1 月，张某某经与张某协商取得其书面同意，为张某办理了人寿保险，期限为三年，张某指定受益人为其妻李某。保险合同约定张某死亡后保险公司一次性向李某支付保证金 2 万元。2011 年 4 月，张某突感身体不适，经查为肝癌晚期，6 月 5 日，张某死亡。李某根据张某的临终交代，向其子张某某索要保险单，张某某此时才告诉李某：他向同事许某借款 1 万元，将保险单质押给了许某。李某遂找许某索要保证单，许某则以保险单是质押物为由拒绝返还。李某诉至法院请求许某归还保险单。许某则称，只有李某还他 1 万元，才能将保险单交出。法院受理后，通知张某某参加诉讼，张某某提出，是他为张某投的人寿保险，保险费也是他交的，2 万元的保证金应属张某的遗产，他有权继承其中的 1 万元用于还债。

问题：

(1) 张某某与保险公司所订立的保险合同效力如何，为什么？

(2) 李某能否要回保险单，为什么？

(3) 张某某的主张是否成立，为什么？

解析：

(1) 该保险合同有效。首先，张某某与张某系父子关系，有可保利益，因此张某某可以做为投保人为张某投保人寿保险；其次，以死亡为给付条件的保险公司已经经过作为被保险人的张某的书面同意。以上两点均符合保险法以及其他有关法律的规定，该保险合同有效。

(2) 李某可以要回保险单。作为该保险合同指定身故受益人，在被保险人身故前拥有的是期待权，在被保险人身故符合保险合同给付条件后，已经转化为可以实现的权利，李某按保险法和保险合同的规定可以享受身故保险金，不受他人干涉。

(3) 张某某的主张不成立。李某作为张某指定的身故受益人，在张某身故后，已经符合保险合同的给付条件，应当享有身故保险金，指定受益人的身故保险金不是遗产，张某某无权要求继承。

(四) 保险合同的客体

保险合同的客体是指保险关系双方当事人享有权利和承担义务所指向的对象，即保险标的。保险标的是指作为保险对象的财产及其所关利益或者人的生命或身体。

(五) 保险合同的内容

1. 保险合同的基本条款

根据《保险法》第 19 条规定，保险合同的基本条款包括下列事项：

(1) 保险人名称和住所。

(2) 投保人、被保险人名称和住所，以及人身保险的受益人的名称和住所。

(3) 保险标的。

(4) 保险责任和责任免除。

(5) 保险期间和保险责任开始时间。

(6) 保险价值。

(7) 保险金额。

(8) 保险费以及支付办法。

(9) 保险金赔偿或者给付办法。

(10) 违约责任和争议处理。

(11) 订立合同的年、月、日。

2. 保险合同的特别条款

(1) 不丧失价值条款。不丧失价值条款是指投保人或者被投保人缴足 2 年的保险费的，投保人请求退保时，保险单所具有的现金价值并不因此而丧失的条款。人寿保险具有储蓄功能，保险人由投保人缴纳的保险费所提取的责任准备金，仍然属于被保险人所有，保险人最终应将之退还或返还给被保险人。

(2) 宽限期条款。人身保险期具有长期性的特点，大多采纳分期缴纳的形式，但是，在实践中，投保人可能因为疏忽或者其他原因不能按时缴纳保费，如果因此而使保险合同失效，将给投保人和被保险人的利益造成伤害。因此法律对人身保险合同到期续缴保费给予了一定期限的宽限期。

(3) 复效条款。保险合同的复效是指保险合同效力中止以后重新开始生效。投保人在保险合同规定的宽限期内仍未缴纳保费，则保险合同中止。保险合同中止后投保人可在一定的期限内申请恢复保险合同的效力。

(4) 自杀条款。自杀条款一般规定，在包含死亡责任的人寿保险合同中，保险合同生效后的一定时期内被保险人因自杀死亡属除外责任，保险人不给付保险金，仅退还所缴纳的部分保险费；而保险合同生效满一定期限之后被保险人因自杀死亡，保险人要承担保险责任，按照约定的保险金额给付保险金。

(六) 保险合同的订立与效力

1. 保险合同的订立

订立保险合同，包括投保和承保两个步骤。

投保是投保人向保险人提出保险请求的单方意思表示，属于订立保险合同的要约阶段；承保是保险人同意投保人的保险要约的意思表示，属于订立保险合同的承诺阶段。订立保险合同，由投保人提出保险要求，经保险人同意承保，并就保险合同的条款达成协议，保险合同成立。

2. 保险合同的形式

实践中保险合同多采用书面形式。保险合同一般由投保单、保险单、暂保单或者其他书面文件构成：

(1) 投保单是投保人向保险人提出的，订立保险合同的书面要约。投保单一般由保险人制成统一格式，由投保人依次所列项目逐项填写后交付保险人，即完成投保。

(2) 保险单简称保单，是保险人与投保人订立保险合同的正式书面形式。保险单必须明确，完整地记载保险双方的权利和义务内容，它是保险合同双方但当事人履行合同的依据。

(3) 保险凭证又称小保单，实际上是简化了的保险单，与保险单具有同等效力。

(4) 暂保单是一种临时保险单，是正式保险单发出前的一种临时保险合同。从法律效力上看，暂保单与保险单具有相同的效力，但暂保单的期限较短，正式保险单一经交付，暂保单自动失效。

保险合同成立后，保险人应当及时向投保人签发保险单或者其他保险凭证，并在保险单或者其他保险凭证中载明当事人双方约定的合同内容。经投保人和保险人协商同意，也可以采取其他书面形式订立保险合同。

3. 保险合同的效力

(1) 保险合同的生效。法律对保险合同的生效有规定的，依其规定；没有规定的，依照当事人之间的约定；法律既无规定，保险合同也无特别规定的，保险合同生效于保险合同成立之时。投保人和保险人可以对合同的效力附条件或者附期限。

(2) 保险合同的无效。保险合同可因法律规定或者当事人约定的原因而全部或者部分无效。引起保险合同无效的原因主要有：

① 基于民法上的原因，如保险合同的内容违反法律和行政法规、有欺诈或胁迫、无权代理、双方代理、恶意串通以及违反国家利益和社会公共利益等行为。

② 基于保险法上的原因，如：超额保险；投保人对保险标的的无保险利益；除法律另有规定外，未经被保险人书面同意的以死亡为给付保险金条件的保险；保险人未对投保人作出说明的免责条款等。

保险合同无效，自视不发生法律效力，在发生保险合同约定的保险事故时，保险人不承担保险责任。当事人因无效保险合同取得的利益应当依照民法上对无效合同处理的原则，予以返还或者予以收缴。

(七) 保险合同的履行

1. 投保人/被保险人的义务

(1) 缴纳保险费。保险合同成立后，投保人须按照约定缴纳保险费。不同的保险合同对缴纳保险费的要求有所不同，保险费可以一次付清，也可以分期支付。

(2) 通知保险事故发生。投保人、被保险人或者受益人知道保险事故发生后，应当及时通知保险人。故意或者因重大过失未及时通知，致使保险事故的性质、原因、损失程度等难以确定的，保险人对无法确定的部分，不承担赔偿或者给付保险金的责任，但保险人通过其他途径已经及时知道或者应当及时知道保险事故发生的除外。

(3) 维护保险标的安全。被保险人应当遵守国家有关消防、安全、生产操作、劳动保护等方面的规定，维护保险标的的安全。

(4) 通知危险程度增加。在保险合同有效期限内，保险标的危险程度增加的，被保险人按照合同的约定应当及时通知保险人，保险人有权要求增加保险费或者解除保险合同。被保险人未履行通知义务的，因保险标的的危险程度增加而发生的保险事故，保险人不承担赔偿责任。

(5) 采取必要措施防止或者减少损失。保险事故发生时，被保险人有责任尽力采取必要措施，防止或者减少损失。保险事故发生后，被保险人为防止或者减少保险标的的损失所支付的必要的、合理的费用，由保险人承担；保险人所承担的数额在保险标的损失赔偿金额以外另行计算，最高不超过保险金额的数额。

(6) 通知保险标的转让。被保险人转让保险标的的，受让人承继被保险人的权利和义务，被保险人或者受让人应当及时通知保险人，但货物运输保险合同和另有约定的合同除外。被保险人、受让人未履行通知义务的，因转让导致保险标的的危险程度显著增加而发生的保险事故，保险人不承担赔偿保险金的责任。

2. 保险人的义务与责任

(1) 保险金的给付义务：

① 给付期限：保险人收到被保险人或者受益人的赔偿或者给付保险金的请求后，应当及时作出核定；情形复杂的，应当在 30 日内作出核定，但合同另有约定的除外。保险人应当将核定结果通知被保险人或者受益人；对属于保险责任的，在与被保险或者受益人达成赔偿或者给付保险金的协议后 10 日内，履行赔偿或者给付保险金义务。保险合同对赔偿或者给付保险金的期限有约定的，保险人应当按照约定履行赔偿或者给付保险金义务。

② 先予支付：保险人自收到赔偿或者给付保险金的请求和有关资料之日起 60 日内，对其赔偿或者给付保险金的数额不能确定的，应当根据已有证明和资料可以确定的最低数额先予支付；保险人最终确定赔偿或者给付保险金的数额后，应当支付相应的差额。

(2) 拒赔时的通知义务。保险人作出核定后，对不属于保险责任的，应当自作出核定之日起 3 日内向保险人或者受益人发出拒绝赔偿或者拒绝给付保险金通知书，并说明理由。

(3) 保险人的违约责任。保险人没有及时依法或者依照保险合同履行给付保险金义务的，除继续履行支付保险金外，应该赔偿被保险人或受益人因此所受到的损失。

(4) 保险人的除外责任。除外责任是保险人依法不承担保险责任的情形，包括：① 在保险合同成立前，被保险人已知保险已经发生保险事故的，保险险人不承担责任；② 投保人或者被保险人故意造成保险标的损害者，保险人不承担保险责任；③ 保险事故发生后，投保人、被保险人或者受益人以伪造、变造的有关件、资料或者其他证据，编造虚假的事故原因或者夸大损失程度的，保险人对其虚报的部分不承担赔偿或者给付保险金的责任；④ 保险人不履行防灾减损义务而造成保险标的的扩大损失的，保险人不承担保险责任；⑤ 在合同有效期内，保险标的的危险程度增加，被保险人未履行及时通知义务的，因保险标的的危险程度增加而发生的保险事故，保险人不承担保险责任；⑥ 对于保险标的因其性质因其自然损耗而发生的损失，保险人不承担保险责任等。

3. 索赔和理赔

(1) 索赔。索赔是被保险人在保险标的出险后，按照保险合同的有关规定，向保险人要求支付赔偿金的行为，索赔按照下列程序进行：

① 出险通知。在保险事故发生后，投保人、保险人或受益人应将发生保险事故的时间、地点、原因及其他有关情况尽快通知保险人并提出索赔要求。同时，应当采取合理的施救、整理措施，并保护出险现场，接受保险人的检验，以便保险人能够正确、迅速地审核损失，给付赔偿。

② 提供索赔证明。投保人、被保险人或者受益人应当向保险人提供其所能提供的与确认保险事故的性质、原因、损失程度等有关的证明和资料，如保险单、保险标的原始单据、

出现报告损失鉴定证明、财产损失清单和施救整理费用等索赔单证。

③ 提出索赔请求。被保险人必须在法定的时间内行使索赔权,否则,将丧失对保险人的索赔请索权。

④ 领取保险金。

(2) 理赔。理赔是指保险人依据规定的工作程序处理被保险人所提出的索赔要求的行为。理赔按下列程序进行:

① 立案检验。保险人接到出险通知后,应立即核对保险单、立案,并派人到现场查勤,了解损失情况及原因。

② 审核责任。保险人审核被保险人提供的单证是否齐全、真实,损失是否发生在保险有效期内,所受损失是否属以保险财产,是否在责任范围内,保险人依照保险合同的约定,认为有关的证明和资料不完整的,应当通知投保人、被保险人或者受益人补充提供相关证明和资料。

③ 核算损失,给付赔偿金。保险人收到被保险人或者受益人的赔偿或者给付保险金的请求后,应当及时作出核定;情形复杂的,应当在 30 日作出核定,但合同另有约定的除外。保险人应当将核定结果通知被保险人或者受益人,对属于保险责任的,在于被保险人或者受益人达成赔偿或者给付保险金协议后的 10 日内,履行赔偿或者给故保险金义务。保险合同对赔偿或者给付保险金的期限有约定的,保险人应当按照约定履行赔偿或者给付保险金义务。

④ 剩余处理。受灾的保险财产尚有价值的,保险公司在全部赔偿后,有权处理剩余物资,也可以将剩余物资折价给保险人,以充抵保险金。

(八) 保险合同的变更、解除与终止

1. 保险合同的变更

在保险合同有效期内,投保人和保险人经协商同意,可以变更保险合同的有关内容。变更保险合同的金额,应当由保险人在原保险单或者其他保险凭证上批注或者附贴批单,或者由投保人和保险人订立变更的书面协议。保险合同的变更可以分为两种情形:一是保险合同主体的变更;二是保险合同内容的变更。

(1) 保险合同主体变更:投保人或被保险人的变更。主体变更属于合同的转让或者保险单的转让,投保人或者被保险人在保险合同有效期内将保险合同利益转让给第三人,从而引起合同的变更。这种主体的变更一般只限于投保人或者被保险人,保险人并不会发生变更。根据《保险法》的规定,转让保险标的,需注意以下四点:

① 保险标的受让人承继被保险人的权利和义务。

② 被保险人或者受让人应当及时通知保险人,但货物运输保险合同和另有约定的合同除外。

③ 因保险标的转让导致危险程度显著增加的,保险人自收到前款规定的通知之日起 30 日内,可以按照合同约定增加保险费或者解除合同。保险人解除合同的,应当将已收取的保险费,按照合同约定扣除自保险责任开始之日起至合同或解除之日止应收的部分后,退还投保人。

④ 被保险人、受让人未履行前述通知义务的,因转让导致保险标的危险程度显著增加

而发生的保险事故，保险人不承担赔偿保险金的责任。

(2) 保险合同内容的变更：这是指在保险合同有效期内对保险合同的内容进行的修改或补充，如保险标的的数量、品种的增减，保险标的的用途、存放地点的变化，保险金额、保险价值、保险费的增减以及人身保险合同所指定受益人的变更等。

2. 保险合同的解除

保险合同成立后即有法律约束力，当事人不得随意解除合同。当事人解除合同，应当依照规定或者当事人约定。《保险法》第 15 条规定：除本法另有规定或者保险合同另有约定外，保险合同成立后，投保人可以解除合同，保险人不得解除合同。

(1) 投保人故意隐瞒事实，不履行如实告知义务，足以影响保险人决定是否同意承保或者提高保险费率的，保险人可以解除保险合同，但是，该解除权自保险人知道有解除事由之日起超过 30 日不行使而消灭；同时，自合同成立起超过 2 年，或者保险人在合同订立时已经知道投保人未如实告知的情况的，则不得解除合同；发生保险事故的，保险人应当承担责任或者给付保险金的责任。

(2) 被保险人或者受益人在未发生保险事故的情况下，谎称发生了保险事故，向保险人提出赔偿或者给付保险金的请求的，保险人有权解除保险合同，并不退还保险费。

(3) 投保人、被保险人故意制造保险事故的，保险人有权解除保险合同，不承担赔偿或者给付保险金的责任，并不退还保险费(但若投保人已缴足 2 年以上保险费的，保险人应当按照合同约定向其他权利人退还保险单的现金价值)。

(4) 投保人、被保险人未按照约定履行其对保险标的的安全应尽的责任。

(5) 在合同有效期间，保险标的危险程度显著增加的，被保险人应当按照合同约定及时通知保险人，保险人可以按照合同约定增加保险费或者解除合同。

(6) 投保人申报的被保险人年龄不真实并且真实年龄不符合合同规定的年龄限制的，保险人可以解除合同，并按照合同约定退还保险单的现金价值，该解除权的行使同第一种情形，受有效期间和不可抗辩条款的限制。

3. 保险合同的终止

保险合同的终止是指保险合同效力的永久性停止，从而使得保险合同规定的当事人之间的权利和义务归于消灭。保险合同终止的原因有：

(1) 保险合同因期限届满而终止。

(2) 保险合同因保险赔偿金或者保险金的给付而终止。

(3) 保险合同因解除而终止。

(4) 保险标的发生部分损失的，在保险人赔偿后 30 日内，投保人可以终止合同。除合同约定不得终止的以外，保险人也可以终止合同。

(5) 在以生存作为给付条件的人身保险中，被保险人或者受益人死亡，保险合同终止。

三、保险公司

(一) 保险公司的概念和组织形式

保险公司是指依法设立的专门经营保险业务的企业法人。

《保险法》第 70 条明确规定：保险公司应当采取股份有限公司或国有独资公司的组织形式。我国的平安保险公司、太平洋保险公司都是保险股份有限公司。中国人民保险公司、中国人寿保险公司和中国太平保险公司属于国有保险公司。

(二) 保险公司的设立

1. 保险公司设立的条件

《保险法》第 72 条、73 条对保险公司设立的条件作了明确的规定：

(1) 有符合《保险法》和《公司法》规定的章程。

(2) 有法定的注册资本最低限额。设立保险公司，其注册资本的最低限额为人民币 2 亿元，保险公司最低注册资本限额必须为实缴货币资本。

(3) 有具备任职专业知识和业务工作经验的高级管理人员。

(4) 有健全的组织机构和管理制度。

(5) 有符合要求的营业场所和与业务有关的其他设施。

保险监督管理机构审查设立申请时，应当考虑保险业的发展和公平竞争的需要。

2. 保险公司设立的程序

根据《保险法》第 74 条至第 78 条的规定，保险公司设立的程序包括：

(1) 申请。申请设立保险公司，首先应当提交下列文件：设立申请书、可行性研究报告、保险监督管理机构规定的其他文件。

设立保险公司的申请经初步审查合格后，申请人应当依法进行保险公司的筹建，并向保险监督管理机构提交正式申请表和下列有关文件、资料：保险公司的章程、股东名册及其股份或者出资人及其出资额、持有公司股份 10% 以上的股东资信证明和有关资料、法定验资机构出具的验资证明、拟任职的高级管理人员的简历和资格证明、经营方针和计划、经营场所和与业务有关的其他设施的资料、保险监督管理机构规定的其他文件。

(2) 审批。保险监督管理机构自收到设立保险公司的正式申请文件之日起 6 个月内，应当作出批准或不批准的决定。

(3) 登记。经批准设立的保险公司，由批准部门颁发经营保险业务许可证，并凭经营保险业务许可证向工商行政管理机关办理登记，领取营业执照。

保险公司自领取经营保险业务许可证之日起 6 个月内无正当理由未办理公司设立登记的，其经营保险业务许可证自动失效。

另外，保险公司在我国境内外设立分支机构、代表机构，必须经保险监督管理机构批准。

(三) 保险公司的变更和终止

1. 保险公司的变更

保险公司的变更是指保险公司成立后，公司的合并、分立或重大事项等的变更。保险公司有下列变更事项之一，须经保险监督管理机构批准：

(1) 变更名称。

(2) 变更注册资本。

（3）变更公司或分支机构的营业场所。

（4）调整业务范围。

（5）公司分立或合并。

（6）修改公司章程。

（7）变更出资人或者持有公司股份 10% 以上的股东。

（8）保险监督管理机构规定的其他变更事项。

保险公司更换董事长、总经理，应当报经保险监督管理机构审查其任职资格。

2. 保险公司的终止

保险公司的终止是指保险公司因解散、依法被撤销、依法被宣告破产而终止其经营保险业务，亦指保险公司法人资格的丧失和公司主体地位的消灭。

保险公司依法终止其业务活动，应当注销其经营保险业务许可证。

（四）保险公司的业务范围

我国保险公司的业务范围主要包括财产保险业务、人身保险业务和再保险业务。

（1）财产保险业务包括财产损失保险、责任保险、信用保险等保险业务。

（2）人身保险业务包括人寿保险、健康保险、意外伤害保险等保险业务。

我国保险公司实行分业经营，即同一保险人不得同时兼营财产保险业务和人身保险业务；但是经营财产保险业务的保险公司经保险监督管理机构核定，可以经营短期健康保险业务和意外伤害保险业务。

（3）再保险业务是指保险人将其承担的保险业务，以承保形式部分转移给其他保险人的行为。再保险业务包括分入保险和分出保险。

（五）保险公司及其工作人员的业务禁止

根据《保险法》第 106 条规定，保险公司及其工作人员在保险业务活动中不得有下列行为：

（1）欺骗投保人、被保险人或者受益人。

（2）对投保人隐瞒与保险合同有关的重要情况。

（3）阻碍投保人履行本法规定的如实告知义务，或者诱导其不履行本法规定的如实告知义务。

（4）承诺向投保人、被保险人或者受益人给予保险合同规定以外的保险费回扣或者其他利益。

（5）故意编造未曾发生的保险事故进行虚假理赔，骗取保险金。

四、保险代理人和保险经纪人

（一）保险代理人

1. 保险代理人的种类

保险代理人是根据保险人的委托，向保险人收取代理手续费，并在保险人授权的范围内代为办理保险业务的单位或个人。

2. 保险代理的特征

保险代理属于民事代理，但又是一种特殊的代理，具有其自身的特征：

(1) 保险代理人为保险人办理保险业务，有超越代理权限行为，投保人有理由相信其有代理权，并已订立保险合同的，保险人应当承担保险责任，但保险人如因此受到损失，可以请求保险代理人赔偿。如果是保险人与保险代理人恶意串通的行为，则对保险人没有约束力。

(2) 投保人将有关订立保险合同的重要事项告知了保险代理人，视为已经告知了保险人，即便保险代理人没有告诉保险代理人，也是为保险人已经知悉该种事项与信息。只要保险人出具保险单，就不能以不知悉保险标的或保险危险等而拒绝保险责任。在这种情况下，保险代理人的过错就是保险人的过错。

(3) 保险人对保险代理人权限的限制，非经通知，不得对抗善意第三人。

(4) 个人保险代理人在代为办理人寿保险时，不得接受两个以上的保险人的委托。

3. 保险代理权的限制

保险代理人的代理权不仅受到保险代理合同的限制，也受到法律法规的限制。主要表现为：

(1) 保险代理人只能为经中国保险业监督管理委员会批准设立的保险公司代理保险业务，不得为无权经营保险业务的组织和个人代理保险业务。

(2) 保险代理人只能在中国保险业监督管理委员会批准的行政区域内，为在该行政区域内注册登记的保险公司代理保险业务。

(3) 代理人寿保险业务的保险代理人只能为一家公司代理保险业务。

(4) 保险代理人不得滥用代理权。

(5) 保险代理人本身向保险公司投保，均视为保险公司的直接业务，保险代理人不得从中提取代理手续费。

(6) 保险代理人不得擅自转委托，即将代理事项的一部分及全部在委托于他人。

(二) 保险经纪人

保险经纪人是基于保险人的利益，为投保人和保险人订立保险合同提供中介服务，并依法收取佣金的业务。保险经纪人具有如下特征：

(1) 保险经纪人不是保险合同的当事人。保险经纪人为投保人与保险人订立保险合同提供中介服务，不能代理保险人订立保险合同。

(2) 保险经纪人是依法成立的单位，个人不能成为保险经纪人。保险经纪公司可以以有限责任公司和股份有限公司形式成立。

(3) 保险经纪人以自己的名义从事保险经纪活动，承担由此产生的法律后果。

(4) 因保险经纪人在办理保险业务中的过错，给投保人、被保险人造成损失的，有保险经纪人承担责任。

(5) 保险经纪行为是盈利性行为，保险经纪人有权收取佣金。

五、保险代位求偿权

保险代位求偿权是指当保险标的发生保险事故造成损失，依法应由第三者承担赔偿责任时，保险公司自支付保险赔偿金之日起，在赔偿金额限度内，相应地取得向第三者请求赔偿的权利。

《保险法》规定：因第三者对保险标的伤害而造成保险事故的，保险人自由被保险人赔偿保险金之日起，在赔偿数额范围内，代位行使被保险人对第三者请求赔偿的权利。因此，保险代位求偿权是保险人的一项独立的法定权利。被保险人应当向保险人提供必要的文件或其所知道的有关情况，协助保险人行使代位求偿权。

保险人行使代位求偿权应注意以下几点：

(1) 保险事故是由第三人的行为所致，被保险人因保险事故而对第三人享有赔偿请求权。

(2) 保险人只有在向被保险人支付了保险金后才能行使对第三人的代位求偿权。

(3) 保险人行使代位求偿权向第三人追偿的金额不得超过其向被保险人支付的保险金。

(4) 代位求偿权仅适用于财产保险，不适用于人身保险。而且，保险人一般不得对被保险人的家庭成员或其组成人员行使代位请求赔偿的权利，但故意造成保险事故的除外。

(5) 保险事故发生后，在保险人未赔偿保险金之前。被保险人放弃对第三人的赔偿请求权的，保险人不承担赔偿保险金的责任；保险人向被保险人赔偿保险金后，若被保险人未经保险人同意放弃对第三人的赔偿请求权的，该放弃行为无效。

六、保险业的监督管理

保险业的监督管理是指保险业的主管机关即保险监督管理机构依法对保险业实施的监督管理。保险监督管理机构对保险业监督管理的内容，主要包括以下几个方面：

(1) 审批保险公司的设立、变更、终止，核定保险公司的业务经营范围。

(2) 制定商业保险主要险种的基本保险条款和保险费率。

(3) 检查保险公司的业务状况、财务状况和资金运用状况。

(4) 监督保险公司依法提取或结转各项准备金，依法办理再保险和依法运用保险资金。

(5) 整顿保险公司。

保险公司未按《保险法》规定提取或结转各项准备金、办理再保险或者严重违反资金运用规定的，由保险监督管理机构责令其限期改正。保险公司未能在限期内改正的，由保险监督管理机构决定选派保险专业人员和指定该保险公司的有关人员，组成整顿组织，对该保险公司进行整顿。

(六) 接管保险公司

保险公司违反《保险法》规定，损害社会公共利益，可能严重危及或者已经危及保险公司的偿付能力的，保险监督管理机构可以对该保险公司实行接管。

接管期限届满，保险监督管理机构可以决定延期，但接管期限最长不得超过 2 年。

七、法律责任

《保险法》对投保人、被保险人、受益人、保险人、保险监督管理部门工作人员所进行的保险欺诈、非法营业、徇私舞弊、玩忽职守等行为，追究相应的法律责任。追究刑事责任的行为有：

(1) 虚报保险标的，谎称发生保险事故，故意损失财产，故意使被保险人死亡或者疾病、伤残，伪造、变造事故证明，编造虚假事故原因或者资料和其他证据，夸大损失程度等，骗取保险金的保险欺诈活动，构成犯罪的。

(2) 保险公司及其工作人员在保险业务中隐瞒与保险合同有关的重要情况，欺骗投保人、被保险人、受益人，或拒不履行保险合同约定赔付或者给付保险金的义务，构成犯罪的。

(3) 保险代理人或保险经纪人在其业务中欺骗保险人、投保人、被保险人或者受益人，构成犯罪的。

(4) 保险公司及其工作人员故意编造未曾发生的保险事故，进行虚假理赔，骗取保险金，构成犯罪的。

(5) 违反《保险法》规定，擅自设立保险公司或者非法从事商业保险业务活动，构成犯罪的。

(6) 违反《保险法》规定，未取得经营保险代理业务许可证或者经纪业务许可证，非法从事保险代理业务或者经纪业务，构成犯罪的。

(7) 对不符合《保险法》规定的条件而设立保险公司的申请予以批准，或者对不符合保险代理人、保险经纪人条件的申请予以批准，或者滥用职权，有玩忽职守的其他行为，构成犯罪的。

对违反《保险法》未构成犯罪的行为，依法追究行政责任；给他人造成财产损失的，依法追究民事责任。

《保险法》同时也规定了对保险公司和保险监督管理部门的工作人员给予行政纪律处分的条件。

第四节 证 券 法

一、证券和证券法概述

(一) 证券的概念和种类

1. 证券的概念

证券是各类财产所有权或债权凭证的通称，是用来证明证券持有人有权依票面所载内容，取得相关权益的凭证。

证券有广义和狭义之分。广义的证券一般指货币证券、财物证券和资本证券。其中货币证券主要是汇票、支票和本票；财物证券主要是提货单、货运单等；资本证券主要是股票、债券、投资基金等。狭义的证券仅指资本证券，如股票、债券和国务院依法认定的其他证券。

2. 证券的特征

(1) 证券是财产性权利凭证。证券是具有财产价值的权利凭证。持有证券意味着持有人对该证券所代表的财产拥有控制权，但该控制权不是直接控制权，而是间接控制权。

(2) 证券是流通性权利凭证。证券的活力就在于证券的流通性。传统的民事权利始终面临转让上的诸多障碍，就民事财产权利而言，由于并不涉及人格及身份，其转让在性质上并无不可，但其转让是个复杂的民事行为。

(3) 证券是收益性权利凭证。证券持有人的最终目的是获得收益，这是证券持有人投资证券的直接动因。一方面，证券本身是一种财产性权利，反映了特定的财产权，证券持有人可通过行使该项财产权而获得收益，如取得股息收入(股票)或者取得利息收入(债券)；另一方面，证券持有人可以通过转让证券获得收益，如二级市场上的低价买入、高价卖出，证券持有人可通过差价而获得收益，尤其是投机收益。

(4) 证券是风险性权利凭证。证券的风险性表现为由于证券市场的变化或发行人的原因，使投资者不能获得预期收入，甚至发生损失的可能性。证券投资的风险和收益是相联系的。在实际的市场中，任何证券投资活动都存在着风险，完全回避风险的投资是不存在的。

3. 证券的种类

现行《证券法》中规定的证券包括股票、债券、证券投资基金和国务院依法认定的其他证券。

(1) 股票。股票是股份有限公司签发的，证明股东权利和义务的要式有价证券。目前，我国发行的股票按照投资主体的不同分为国家股、法人股、内部职工股和社会公众个人股；按照股东权益和风险的大小，可以分为普通股、优先股及普通和优先混合股；按照认购股票投资者身份和上市地点不同，可以分为境内上市内资股(A 股)、境内上市外资股(B 股)和境外上市外资股(包括 H 股, N 股, S 股)三类。

(2) 债券。债券是企业、金融机构或政府为募集资金向社会公众发行的，保证在规定时间内向债券持有人还本付息的有价证券。根据发行人的不同，债券可以分为三大类：① 企业、公司债券；② 金融债券；③ 政府债券。

(3) 证券投资基金券。证券投资基金券是指证券投资基金发起人向社会公众发行的，表明持有人对基金享有收益分配权和其他相关权利的有价证券。投资者按其所持基金券在基金中所占的比例来分享基金盈利，同时分担基金亏损。

(二) 证券法概述

《证券法》于 1998 年 12 月 29 日经第九届全国人大常委会第六次会议通过，自 1999 年 7 月 1 日起施行。2004 年 8 月 28 日，第十届全国人民代表大会常务委员会第十一次会议通过《关于修改〈中华人民共和国证券法〉的决定》，自公布之日起施行。2005 年 10 月 27 日，中华人民共和国第十届全国人民代表大会常务委员会第十八次会议通过《证券法》，自 2006 年 1 月 1 日起施行。2013 年 6 月 29 日，第十二届全国人民代表大会常务委员会第三次会议通过《关于修改〈中华人民共和国文物保护法〉等十二部法律的决定》，自公布之日起施行。

1. 证券法的调整对象

证券法以特定社会关系作为其调整对象。其调整对象包括证券发行关系、证券交易关系以及证券监管关系。

(1) 证券发行关系是指由证券发行人向证券投资者出售所发行证券而发生的证券买卖关系，可分为证券募集关系和证券交付关系。前者是证券发行人向证券投资者招募资金而形成的权利义务关系，后者是指证券发行人向证券投资者交付投资凭证而发生的权利义务关系。我国证券法理论一般将证券募集关系视为证券发行关系的一个组成部分。

(2) 证券交易关系是指证券投资者采取转让或者其他方式处置证券并与其他投资者发

生的交易关系，证券交易关系以证券买卖关系为典型形式，还可包括证券质押关系、赠与关系、继承关系及其他以证券作为标的的证券交易关系。

(3) 证券监管关系是指证券市场监管者因规范、调控证券发行和交易关系而与证券关系参与者形成的社会关系。证券监管者必须严格遵守法律、法规和规章，公正处理与证券发行和交易有关的各种关系。国务院证券监管机构实施证券监管职责而与其他行为人发生的证券监管关系，具有行政关系的性质；因自律监管机构实施监管而发生的证券监管关系，则具有民事关系性质。

2. 证券法的基本原则

证券法基本原则是证券法基本精神的体现，贯穿证券发行、交易、管理以及证券立法、执法和司法的始终，在证券法体系中有最高的效力，证券法的基本原则包括以下内容：

(1) 保护投资者合法权益的原则。我国证券法将保护投资者的合法权益作为"立法宗旨"，这充分体现了保护投资者合法权益的原则。

(2) 公开、公平、公正原则。公开原则是指发行人发行证券时必须依法将与证券有关的一切真实情况向社会公布，以供投资者投资决策时参考。只有以公开为基础，才能实现公平和公正。公平原则是指在证券发行和交易活动中，发行人、投资人、证券商和证专业服务机构的法律地位完全平等，其合法权益受到同等保护。只有实行公平原则，才能够保护投资者尤其是中小投资者的利益，确立平等竞争的市场机制。公正原则是指证券监督管理部门以及其他有关部门在履行职责时，应当依法行使职权，对一切从事证券发行和交易的市场主体给予公正的待遇。

(3) 平等、自愿、有偿、诚实信用的原则。《证券法》第 4 条规定：证券发行、交易活动的当事人具有平等的法律地位，应当遵守自愿、有偿、诚实信用的原则。

(4) 合法原则。《证券法》第 5 条规定：证券的发行、交易活动，必须遵守法律、行政法规，禁止欺诈、内幕交易和操纵证券市场的行为。这体现了在证券市场上的一切发行和交易活动都必须具有合法性。

(5) 分业经营、分业管理的原则。《证券法》第 6 条明确规定：证券业、银行业、信托业和保险业分业经营、分业管理。这一原则的目的在于禁止证券业与银行业、信托业、保险业之间业务混合，禁止银行、信托、保险等机构从事高风险的证券业务，以利于实现金融业管理的规范化，降低银行、信托和保险资金的风险。

(6) 国家集中统一监管与行业自律相结合的原则。《证券法》规定：国务院证券监督管理机构依法对全国证券市场实行集中统一监督管理。国务院证券监督管理机构根据需要可以设立派出机构，按照授权履行监督管理职责。在国家对证券发行、交易活动实行集中统一监督管理的前提下，依法设立证券业协会，实行自律性管理。国家审计机关对证券交易所、证券公司、证券登记结算机构、证券监督管理机构依法进行审计监督。

二、证券市场

证券市场由证券发行市场和证券交易市场两部分组成。

证券发行市场又称证券一级市场，是指通过发行证券进行筹资活动的市场。发行市场主要由证券发行人、认购人和中介人组成。其中，证券发行人包括政府、金融机构、公司和公共机构(如基金会等);认购人即投资者,包括机构和个人两类;中介人指综合类证券公司以及为证券发行服务的注册会计师机构、律师机构和资产评估机构。

证券交易市场又称证券二级市场,是指对已发行的证券进行买卖、转让和流通的市场。证券交易市场主要由证券交易所和场外交易市场组成。其中,证券交易所在我国特指国家专营的上海证券交易所和深圳证券交易所;场外证券交易市场是指依法设立的非上市证券进行交易的场所。在境外交易所交易的股票,一般为未上市股票,其交易价格不是通过中介竞价方式产生的,而是通过交易双方协商产生的。

三、证券发行

(一) 一般规定

公开发行证券必须符合法律、行政法规规定的条件,并依法报经国务院证券监督管理机构或者国务院授权的部门核准;未经依法核准,任何单位和个人不得公开发行证券。

证券发行制度包括股票发行和债券发行。股票发行一般有两种:一是为设立新公司而首次发行股票,即设立发行;二是为扩大已有的公司规模而发行新股,即增资发行。

(二) 股票发行

1. 设立发行

设立股份有限公司公开发行股票,应当符合《公司法》规定的条件和经国务院批准的国务院证券监督管理机构规定的其他条件,向国务院证券监督管理机构报送募股申请和相关文件。

依照《公司法》规定聘请保荐人的,还应当报送保荐人出具的发行保荐书。法律、行政法规规定设定公司必须报经批准的,还应当提交相应的批准文件。

2. 新股发行

公司公开发行新股,应当符合下列条件:

(1) 具备健全且运行良好的组织机构。

(2) 具有持续盈利能力,财务状况良好。

(3) 最近 3 年财务会计文件无虚假记载,无其他重大违法行为。

(4) 经国务院批准的国务院证券监督管理机构规定的其他条件。

上市公司公开发行新股,应当符合经国务院证券监督管理机构规定的条件,并报国务院证监管理机构核准。

公司公开发行新股,应当向国务院证券监督管理机构报送募股申请和相关条件。

依照本法规定聘请保荐人的,还应当报送保荐人出具的发行保荐书。

3. 募集资金的使用

公司公开发行股票所募集资金,必须按照招股说明书所列资金用途使用。改变招股说明书所列资金用途,必须经股东大会作出决议。擅自改变用途而未作纠正的,或者未经股东大会认可的,不得公开发行股票。

(三) 公司债券发行

1. 公司发行公司债券的条件

公司发行公司债券应当满足以下条件:

(1) 股份有限公司的净资产不低于人民币 3000 万元，有限责任公司的净资产不低于人民币 6000 万元。

(2) 累计债券余额不超过公司净资产的 40%。

(3) 最近 3 年平均可分配利润足以支付公司债券 1 年的利息。

(4) 筹集的资金投向符合国家的产业政策。

(5) 债券的利率不超过国务院限定的利率水平。

(6) 国务院规定的其他条件。

公开发行公司债券筹集的资金，必须用于核准的用途，不得用于弥补亏损和非生产性支出。

上市公司发行可转换为股票的公司债券，除应当符合上述条件外，还应当符合《证券法》关于公开发行股票的条件，并报国务院证券监督管理机构核准。

2. 公开发行公司债券报送的文件

申请公开发行公司债券，应当向国务院授权的部门或者国务院证券监督管理机构报送相关文件。

依照《证券法》的规定聘请保荐人的，还应当报送保荐人出具的发行保荐书。

3. 不得再次公开发行公司债券的情形

公司有下列情形之一的，不得再次公开发行公司债券：

(1) 前一次公开发行的公司债券尚未募足。

(2) 对已公开发行的公司债券或者其他债务有违约或者延迟支付本息的事实，仍处于继续状态。

(3) 违反《证券法》的规定，改变公开发行公司债券所募资金的用途。

（四）证券承销

根据《证券法》的规定，我国证券承销业务分为代销和包销两种方式。

证券代销又称代理发行，是指证券公司代发行人发售证券，在承销期结束时，将未售出的全部退还给发行人的承销方式。对发行人而言，这种承销方式风险较大，但承销费用相对较低。

证券包销是指证券公司将发行人的证券按照协议全部购入或者在承销期结束时将售后剩余证券全部自行购入的承销方式。包销又可分为全额包销和余额包销两种形式。证券包销合同签订后，发行人将证券的所有权转移给证券承销人。因此，证券销不出去的风险由承销人承担，但其费用高于代销的费用。

根据《证券法》的规定，向社会公开发行的证券票面总值超过人民币 5000 万元的，必须采取承销团的形式销售。所谓承销团，又称联合承销，是指两个以上的证券经营机构组成承销人，为发行人发售证券的一种承销方式。对巨额证券销售采取承销团的形式是为了分散风险和稳定证券市场。承销团在承销过程中，可以委托其中一家承销人为承销团负责人，即为主承销人。主承销人与其他各家承销人的关系属于民法上委托代理关系，主承销人的行为后果由承销团承担。

证券公司承销证券，应当同发行人签订代销或者包销协议。证券的代销、包销期最长不得超过 90 日。股票发行采用代销方式，代销期限届满，向投资者出售的股票数量未达到拟公开发行股票数量 70%的，为发行失败。发行人应当按照发行价并加算银行同期存款利息返还股票认购人。

(五) 证券发行的中介机构

1. 律师事务所

律师事务所可以根据所接受的当事人的委托，为其证券发行、上市和证券交易等业务活动提供制作、出具法律意见书等法律服务。律师事务所从事证券法律业务，可以为下列事项出具法律意见：

(1) 首次公开发行股票及上市。

(2) 上市公司发行证券及上市。

(3) 上市公司的收购、重大资产重组及股份回购。

(4) 上市公司实行股权激励计划。

(5) 上市公司召开股东大会。

(6) 境内企业直接或者间接到境外发行证券、将其证券在境外上市交易。

(7) 证券公司、证券投资基金管理公司及其分支机构的设立、变更、解散、终止。

(8) 证券投资基金的募集，证券公司集合资产管理公司及其分支机构品种的发行及上市。

(9) 中国证监会规定的其他事项。

2. 会计师事务所

注册会计师、会计师事务所执行证券、期货相关业务，必须取得证券、期货相关业务许可证，证券、期货相关机构有权自主选择有证券许可证的会计师事务所。但证券、期货相关机构一旦确定了有证券许可证的会计师事务所，无正当理由不得任意更换。会计师事务所的证券业务，包括证券、期货相关机构的财务报表审计、净资产验证、实收资本(股本)的审验、盈利预测审核、内部控制制度审核、前次募集资金使用情况专项审核等业务。

3. 资产评估机构

资产评估机构从事的证券业务包括涉及各类已发行或者拟发行证券企业的各类资产评估业务，涉及证券及期货经营机构、证券及期货交易所、证券投资基金及其管理公司、证券登记结算机构等的资产评估业务。

四、证券交易

(一) 证券交易的条件及方式

1. 证券交易的条件

证券交易的条件是指在证券市场上公开进行交易的证券必须符合法律规定的相关条件才能买卖，按照《证券法》的规定，证券交易的条件主要包括以下内容：

(1) 证券交易当事人依法买卖的证券，必须是依法发行并交付的证券，非法程序发行的证券，不得买卖。

(2) 依法发行的股票、公司债券及其他证券，法律对其转让期限有限制规定的，在限定的期限内不得买卖。例如，《公司法》对股份有限公司发起人持有的公司股份在 1 年内不得转让。

(3) 经依法核准的上市交易的股票、公司债券及其他证券，应当在依法设立的证券交易所上市交易或者在国务院批准的其他证券交易场所转让。

2. 证券交易的方式

对于证券交易的方式，《证券法》规定必须采用公开的集中竞价方式，实行价格优先，时间优先的原则。

(1) 集中竞价。竞价交易，是多个买主与卖主之间，出价最低的卖主与出价最高的买主达成交易。公开的集中竞价，则是所有有关购售该证券的买主和卖主集中在证券交易所内公开申报，竞价交易，每当买卖双方出价相吻合的构成一笔买卖，交易依买卖组连续进行，每个买卖组形成不同的价格。有关集中竞价交易的操作程序、成交办法，交易单位、交易价格升降单位、交易的清算交割日期等项证券交易运作规则，由证券交易所制定，报中国证监会批准。

(2) 价格优先。价格优先是指同时有两个或两个以上的买(卖)方进行买卖同种证券时，买方中出价最高者，应处在优先购买的地位；而卖方中出价最低者，应处在优先卖出的地位。

(3) 时间优先。时间优先是指出价相同时，以最先出价者优先成交。

(二) 证券交易的暂停和终止

证券交易的暂停，是指已获准上市的证券，因公司一定事由的发生，由证券主管机关或证券交易所决定或自动停止其在交易所的集中竞价交易的情形。证券交易的终止则是指已获准上市的证券因发生法定事由，由这个区主管机关或证券交易所决定取消其上市资格的情形。证券交易的暂停终止主要包括股票和债券交易的暂停和终止。

对证券交易所作出的不予上市、暂停上市、终止上市决定不服的，可以向证券交易所设立的复核机构申请复核。

(三) 禁止的证券交易行为

1. 禁止内幕交易行为

内幕交易是指知悉证券交易内幕信息的知情人和非法获取内幕信息的人，利用内幕信息进行证券交易的活动。

《证券法》明确规定，下列人员为知悉证券交易内幕信息的知情人员：

(1) 发行人的董事、监事、高级管理人员。

(2) 持有公司 5%以上股份的股东及其董事、监事、高级管理人员，公司的实际控制人及其董事、监事、高级管理人员。

(3) 发行人控股的公司及其董事、监事、高级管理人员。

(4) 由于所任公司职务可以获取公司有关内幕信息的人员。

(5) 证券监督管理机构工作人员以及由于法定职责对证券的发行、交易进行管理的其他人员。

(6) 保荐人、承销的证券公司、证券交易所、证券登记结算机构证券服务机构的有关人员。

(7) 国务院证券监督管理机构规定的其他人。

内幕信息是指证券交易活动中涉及公司的经营、财务或者对该公司证券的市场价格有重大影响的尚未公开的信息。内幕信息包括：

(1) 法律规定上市公司必须公开的、可能对股票价格产生较大影响而投资者尚未得知的重大事件。

(2) 公司分配股利或者增资的计划。

(3) 公司股权结构的重大变化。

(4) 公司债务担保的重大变更。

(5) 公司营业用主要资产的抵押、出售或者报废一次超过该资产30%。

(6) 公司的董事、监事、经理、副经理或者其他高级管理人员的行为可能依法承担损害赔偿责任。

(7) 上市公司收购的有关方案。

(8) 国务院证券监督管理机构认定的对证券交易价格有显著影响的其他重要信息。

知悉证券交易内幕信息的知情人员或者非法获取内幕信息的其他人员，不得买入或者卖出所持有的该公司的证券，或者泄露该信息或者建议他人买卖该证券，没收违法所得，并处以违法所得1倍以上5倍以下的罚款；没有违法所得或者违法所得不足3万元的，处以3万元以上30万以下的罚款。单位从事内幕交易的，还应当对直接负责的主管人员和其他直接责任人员给予警告，并处以3万元以上30万元以下的罚款。证券被监督管理机构工作人员进行内幕交易的，从重处罚。内幕交易行为给投资者造成损失的，行为人应依法承担赔偿责任。

【案例7-4】 戴某在担任甲上市公司董事期间，利用甲上市公司与乙上市公司进行资产重组，乙上市公司主营业务将要发生重大变化这一信息，于2012年11月18日至20日期间，在某证券公司营业部投入资金350万元，以平均6元的价格买入乙上市公司股票80万股，信息公开后以每股7元的价格全部卖出，共计获利80万元。同年12月，甲上市公司与乙上市公司相继公告进行了资产重组的信息。

问题：戴某的行为是否合法？

解析：戴某的行为属于利用内部信息进行证券交易、非法获利的行为。根据《证券法》的规定，证券交易内幕的知情人，在内幕信息公开前，不得买入和卖出该公司的证券。

2. 禁止操纵证券市场行为

操纵市场的行为包括：

(1) 单独或者通过合谋集中资金优势、持股优势或者利用信息优势联合或者连续买卖，操纵证券交易价格或者证券交易量。

(2) 与人串通，以事先约定的时间、价格和方式相互进行证券交易，影响证券交易价格或者证券交易量。

(3) 在自己实际控制的账户之间进行证券交易，影响证券交易价格或者交易量。

(4) 以其他手段操纵证券市场。

有上述行为之一的，责令依法处理非法持有债券，没收违法所得，并处以违法所得 1 倍以上 5 倍以下的罚款；没有违法所得或者违法所得不足 30 万元的，处以 30 万元以上 300 万元以下的罚款。单位操纵证券市场的，还应当对直接负责的主管人员和其他直接责任员给予警告，并处以 10 万元以上 60 万元以下的罚款。给投资者造成损失的，行为人应当依法承担赔偿责任。

3. 禁止虚伪陈述和信息误导行为

《证券法》规定：禁止国家工作人员、传播媒介从业人员和有关人员编造、传播虚假信息，扰乱证券市场。

禁止证券交易所、证券公司、证券登记结算机构、证券服务机构及其从业人员、证券协会、证券监督管理机构及其人员在证券交易活动中作出虚假陈述或者信息误导。

各种传播媒介传播证券市场信息必须真实、客观，禁止误导。违反相关规定、在证券交易活动中作出虚假陈述或者信息误导的，责令改正，处以 3 万元以上 20 万元以下的罚款；属于国家工作人员的，还应当依法给予行政处分。

4. 禁止欺诈顾客行为

欺诈顾客是指证券公司及其从业人员在证券交易及相关活动中，为了谋取不法利益而违背客户的真实意思进行代理的行为，以及诱导顾客进行不必要的证券交易的行为。《证券法》规定：在证券交易中，禁止证券公司及其从业人员从事下列损害客户利益的欺诈行为：

(1) 违背客户的委托为其买卖证券。

(2) 不在规定时间内向顾客提供交易的书面确认文件。

(3) 挪用客户所委托买卖的证券或者客户账户上的资金。

(4) 未经客户的委托，擅自为客户买卖证券，或者假借客户的名义买卖证券。

(5) 为牟取佣金收入，诱使客户进行不必要的证券买卖。

(6) 利用传播媒介或者通过其他方式提供、传播虚假广告者误导投资者的信息。

(7) 其他违背客户意愿，损害客户利益的行为。

5. 其他禁止行为

在证券交易中的其他禁止行为，是指除上述所列禁止行为之外的其他可能影响正常证券交易或者损害投资者利益的行为。例如，在证券交易中，严禁账外交易，另立非法账户；禁止法人以个人名义开立账户，买卖证券；禁止任何人挪用公款买卖证券；以及国有企业和国有资产控股的企业买卖上市交易的股票，必须遵守国家有关规定等。

另外，关于禁止的证券交易行为，《证券法》规定：证券交易所、证券公司、证券登记结算机构、证券交易服务机构、社会中介机构及其从业人员对证券交易中发现的禁止交易的行为，应当及时向证券监督机构报告。

五、证券上市

(一) 证券上市的申请、条件与公告

证券上市是指已公开发行的股票、债券等有价证券，符合法定条件，经证券主管机关

核准后，在证券交易所集中竞价交易的行为。

(二) 信息公开制度

信息公开制度是指上市公司在证券发行和交易过程中，必须真实、准确、完整、及时的按照法律规定的形式向公众投资者公开一切有关公司的重要信息，从而使上市公司的证券能够在有效、公开、知情的市场中进行交易。

1. 公开文件

(1) 发行股票公司债券的公司，必须依照《公司法》的规定，经中国证监会批准后，公开必须具备的文件，发行人必须根据事实、完整的原则公告招股说明书，公司债券募集办法，依法发行新股或者公司债券的，还应当公告财务会计报告，发行人在此过程中，不得在文件上有虚假记载、误导性描述或者重大遗漏。

(2) 招股说明书。股份有限公司发行股票应该按规定编制招股说明书，向社会公开发布有关信息，其股票获准在证券交易所上市时，上市公司应当编制上市公告书，向社会公开发布有关信息。

(3) 公司债券募集办法。这是发行公司在发行公司债券时，根据法律法规规定制作的记载于公司债券发行相关的实质性重大信息的一种规范性文件，公司债券募集办法应当载明的事项包括：公司各项名称；债权总额和债券的票面金额；债券的利率；还本付息的期限和方式；债券发行的起止日期；公司净资产；已发行的尚未到期的公司债券总额；公司债券的承销机构。

2. 公开报告

(1) 定期报告。所谓定期报告，是指上市公司定期公布其财务和经营状况的文件，包括年度报告，中期报告和季度报告。上市公司董事、高级管理人员应当对公司定期报告签署书面确认意见。监事会应当提出书面审核意见，说明董事会的编制和审核程序是符合法律、行政法规和中国证监会的规定，报告内容是否能够真实、准确、完整地反映上市公司的实际情况。

(2) 临时报告。当发生可能对上市公司股票交易价格产生较大影响而投资者尚未得知的重大事件时，上市公司应当立即将有关重大事件的情况向国务院证券监督管理机构和证券交易所提交临时报告，并予公告，说明事件的实质。所为重大事件，包括：公司的经营方针和经营范围的重大变化，公司发生重大亏损或者遭受超过净资产 10%以上的重大损失，公司减资、合并、分立、解散及申请破产的规定等。

3. 信息公开不实的法律后果

根据《证券法》的规定，发行人、上市公司公告的招股说明书、公司债券募集办法、财务会计账务报表、上市报告文件、年度报告、中期报告、临时报告以及其他信息泄漏资料，有虚假记载、误导性简述以及重大遗漏，致使投资者在证券交易中遭受损失的，发行人、上市公司应承担理赔责任；发行人，上市公司的董事、监事、高级管理人员和其他直接责任人员以及保荐人，承销的证券公司应当与发行人、上市公司承担连带赔偿责任，但是能够证明自己没有过错的除外；发行人、上市公司的控股股东或实际控制人有过错的，应当与发行人、上市公司承担连带赔偿责任。

(三) 上市公司的收购

1. 上市公司的收购方式

上市公司收购是指投资者以法定程序公开收购股份有限公司已经发行上市的股份以达到对其公司控股或兼并目的的行为。投资者可以采取要约收购、协议收购及其他合法方式收购上市公司。

采取要约收购方式的，收购人必须遵守《证券法》规定的程序和规则，在收购要约期限内，不得采取要约规定以外的形式和超出要约的条件买卖被收购公司的股票。

采取协议收购方式的，收购人可以依照法律、行政法规的规定同被收购公司的股东以协议方式进行股权转让。以协议方式收购上市公司时，达成协议后，收购人必须在 3 日内将该收购协议向国务院证券管理机构及证券交易所出书面报告，并予公告。在未做出公告前不得履行收购协议。

2. 上市公司收购的程序和规则

(1) 报告和公告持股情况。通过证券交易所的证券交易，投资者持有或者通过协议其他安排与他人共同持有一个上市公司已发行的股份达到 5% 时，应当在该事实发生之日起 3 日内，向国务院证券监督管理机构、证券交易所作出书面报告，通知该上市公司，并予公告。在上述期限内，不得再行买卖该上市公司的股票。

投资者持有或者通过协议其他安排与他人共同持有一个上市公司已发行的股份达到 5% 以后，其所持该上市公司已发行的股份比例每增加或者减少 5%，应当依照前款规定进行报告和公告，在报告期限内以及作出报告、公告 2 日内，不得再行买卖该上市公司的股票。

(2) 收购要约。所为收购要约是指根据《证券法》规定，通过证券交易所的证券交易，投资者持有一个上市公司已发行股份的 30% 时，继续进行收购的，应当依法向该上市公司所有股东发出收购要约。依照规定发出收购要约，收购人必须事先向国务院证券监督管理机构报送上市公司收购报告书，并应遵守公告其收购要约。

收购要约的期限不得少于 30 日，并不得超过 60 日。在收购要约的有效期限内，收购人不得退回其收购要约；收购人需要变更收购要约中的事项的，必须事先向国务院证券监督管理机构及证券交易所提出报告，经获准后，予以公告。

(3) 终止上市交易和应当收购。所谓终止上市交易是指根据《证券法》的规定，收购要约的期限届满，收购人持有的被收购公司的股份数达到该公司已发行的股份总额的 75% 以上的，该上市公司的股票应当在证券交易所终止上市交易。

所谓应当收购是指根据《证券法》的规定，收购要约的期限届满，收购人持有的被收购公司的股份数达到该公司发行的股份总数的 90% 以上的，其余仍持有被收购公司股票的股东，有权向收购人以收购要约的同等条件出售其股票，收购人应当收购。

(4) 报告和公告收购情况。收购上市公司的行为结束后，收购人应当在 15 日内将收购情况报告国务院证券监督管理机构和证券交易所，并予公告。

(5) 上市公司收购的法律后果。上市公司收购结束，依法产生如下法律后果：

① 收购成功。根据《股票发行与交易管理暂行办法》的规定，收购结束后，收购人所

持有的被收购的上市公司股份比例达 50%时，为收购成功，收购人取得被收购公司的控股权。在收购行为完成后，如果被收购公司不再具有《公司法》规定的条件的，则应当依法变更其企业形式。

② 收购失败。当要约收购期满，收购人持有的普通股未达到该公司发行在外的股份总数 50%的为收购失败。收购要约人除发出新的收购要约外，其以后每年购买的该公司发行在外的普通股，不得超过该公司发行在外的普通股总数的 5%。

③ 公司合并。根据《证券法》第 99 条相关规定，收购行为完成后，收购人与被收购公司合并，并将该公司解散的，被解散公司原有股票由收购人依法更换。

【案例 7-5】 A 公司欲收购 B 上市公司，在其持有 B 公司已发行股份的 35%时，向国务院证券监督管理机构报送了上市公司收购报告书，并向 B 公司的所有股东发出收购要约。在依法报送上市公司收购报告书的第 10 日，A 公司公告了其收购要约，规定收购要约的期限为 90 日。在此基础上，A 公司开展了对 B 公司的收购行为。

问题：本案收购过程中有哪些地方不符合法律规定？

解析：本案在收购过程中存在以下不符合法律规定之处：

(1) A 公司在其持有 B 公司已发行股份的 30%时，即进入要约收购程序，而不是在持有 B 公司已发行股份的 35%之时。

(2) A 公司必须在发出收购要约之前向国务院证券监督管理机构报送上市公司收购报告书，而不是同时进行。

(3) A 公司还应当将上市公司收购报告书提交证券交易所。

(4) A 公司在报送上市公司收购报告书之日起 15 日后，应公告其收购要约，而不应该在第 10 日。

(5) 收购要约公告有效的期限不得少于 30 日，也不得超过 60 日。

六、证券公司

(一) 证券公司概述

证券公司是指依照《公司法》和《证券法》的规定设立的并经国务院证券监督管理机构审查批准而成立的专门经营证券业务，具有独立法人地位的有限责任公司或者股份有限公司。设立证券公司，必须经国务院监督管理机构审查批准。未经国务院监督管理机构审查批准，任何单位和个人不得经营证券业务。

证券公司分为经纪类证券公司和综合类证券公司。经纪类证券公司为仅能经营经纪业务的证券公司。综合类证券公司是可以经营证券经纪业务、证券自营业务、证券承销业务以及经国务院证券监督管理机构核定的其他证券业务的证券公司。

(二) 证券公司的设立条件

设立证券公司，应当具备下列条件：
(1) 有符合法律、行政法规规定的公司章程。
(2) 主要股东具有持续盈利能力，信誉良好，无重大违法违规记录，净资产不低于人民币 2 亿元。

(3) 有符合本法规定的注册资本。

(4) 董事、监事、高级管理人员具备任职资格，从业人员具有证券从业资格。

(5) 有完善的风险管理与内部控制制度。

(6) 有合格的经营场所和业务设施。

(7) 法律、行政法规规定的和经国务院批准的国务院证券监督管理机构规定的其他条件。

七、证券业的监督管理

(一) 证券监管概述

1. 证券监管的概念

证券监管是指监管机构依据证券法规，对证券发行、交易和服务活动实施的监督与管理。证券监管制度就是关于证券监管机构对证券发行、交易与服务活动实施监督管理的一系列规范的总称。它包括证券监管的目标和原则、证券监管体制、证券监管机构的性质、职责权限、法律责任以及证券监管的国际合作等内容。

2. 证券监管的原则

证券监管原则是指证券监管活动本身应当遵循的基本准则。它贯穿于证券监管活动的始终，对证券监管行为具有指导性作用，有助于保障证券监管目标的实现。证券监管原则主要包括：依法监管原则、适当监管原则、效率原则、自律管理与政府监管相结合原则等。

3. 证券监督管理机构的职责

我国证券监管机构的职责范围较为广泛，主要包括以下几项：

(1) 依法制定有关证券市场监督管理的规章、规则。证券市场要规范化、法制化，仅有狭义的证券法是不够的，还需要一系列配套的行政法规和部门规章，以及各种规则。同时，证券监管机构要依法监督管理证券市场，也必须通过制定规章和准则来实现，但前提是必须依法制定，不能超越立法权限。

(2) 依法行使审批或者核准权。根据《证券法》的规定，证券监督管理机构依法对证券公司的设立、变更、终止，在境外设立、收购或者参股证券经营机构为客户买卖证券提供融资融券服务，证券登记结算机构的设立、解散等行使审批或者核准权。

(3) 依法对证券的发行、交易、登记、存管、结算进行监督管理。《证券法》对证券的发行、交易、登记、存管、结算等环节均有详尽的规定，为保证证券法的实施，维护证券市场的秩序，《证券法》赋予证券监管机构在证券发行与交易诸环节中的监管职责。

(4) 依法对证券发行人、上市公司、证券公司、证券投资基金管理公司、证券服务机构、证券交易所、证券登记结算机构的证券业务活动进行监督管理。

(5) 依法监督检查证券发行、上市和交易的信息公开情况。信息公开有利于提高证券市场的透明度，从而有利于保护证券投资者。为保证证券发行、上市、交易的信息公开，并做到及时、真实、准确，使投资者得到平等的信息获取机会和交易机会，国务院证券监督管理机构负有依法监督检查证券发行、上市和交易信息公开情况的职责。

(6) 依法对违反证券市场监督管理法律、行政法规的行为进行查处。

(7) 法律、行政法规规定的其他职责。

此外，随着我国证券市场的对外开放，证券监管的国际合作问题日益突出。新修订的《证券法》适应我国证券市场发展的趋势，规定国务院证券监督管理机构可以和其他国家或者地区的证券监督管理机构建立监督管理合作机制，实施跨境监督管理。

【课后练习】

一、单项选择题

1. 中国人民银行不能从事的业务是(　　)。
A. 再贴现　　　　　　　　　　　B. 经理国库
C. 公开市场业务　　　　　　　　D. 向地方政府贷款

2. 证券在证券交易所挂牌交易采取的交易方式是(　　)。
A. 集中竞价　　　B. 政府定价　　　C. 明码标价　　　D. 自由定价

3. (　　)是我国的中央银行。
A. 中国人民银行　　　　　　　　B. 中国银行
C. 中国建设银行　　　　　　　　D. 中国农业银行

4.《商业银行法》规定，设立城市商业银行的最低注册资本是(　　)。
A. 10 亿　　　　B. 3 亿元　　　C. 1 亿元　　　　D. 5000 万元

5. 广义证券包括三种类型(　　)。
A. 实体证券、货币证券、资本证券　　B. 资本证券、货币证券、货物证券
C. 资本证券、实体证券、货物证券　　D. 货物证券、实际证券、名义证券

6. 到目前为止，我国保险法历经(　　)次修订。
A. 1 次　　　　B. 2 次　　　　C. 3 次　　　　　D. 4 次

7. 保险合同成立后，除法律或保险合同另有规定外，(　　)不得解除保险合同
A. 投保人　　B. 被保险人　　C. 受益人　　D. 保险人

8. 人身保险的投保人在(　　)时，对被保险人应当具有保险利益。
A. 保险合同订立　　　　　　　　B. 保险事故发生
C. 合同有效期内　　　　　　　　D. 以上都对

9. 投保人故意或者因重大过失未履行如实告知义务而引发的保险人的合同解除权，自保险人知道有解除事由之日起，超过(　　)不行使而消灭。
A. 30 日　　　　B. 半年　　　　C. 1 年　　　　　D. 2 年

10. 投保人因重大过失未履行如实告知义务，对保险事故的发生有严重影响的，保险人对于合同解除前发生的保险事故，(　　)。
A. 不承担赔偿或者给付保险金的责任，并不退还保险费
B. 不承担赔偿或者给付保险金的责任，退还保险费
C. 承担赔偿或者给付保险金的责任
D. 以上都不对

二、多项选择题

1. 人民币的发行原则是(　　)。

A. 集中发行
B. 计划发行
C. 市场发行
D. 经济发行

2. 公司债券上市的条件包括(　　)。

A. 公司债券的期限为 2 年以上

B. 累计债券总额不得超过公司净资产额的 40%

C. 公司债券实际发行额不少于人民币 5000 万元

D. 最近三年平均可分配利润足以支付公司债券 1 年的利息

3. 根据《中国人民银行法》的规定,中国人民银行为执行货币政策,可以运用以下(　　)货币政策。

A. 法定存款准备金
B. 基准利率
C. 再贴现
D. 向商业银行提供贷款

4. 下列行为中违反人民币管理规定的是(　　)。

A. 王某在一次买卖中因疏忽收到了一张面值 50 元的假币

B. 李某用几十张面值一角的人民币制作一条工艺船

C. 郑某在挂历上印制面值 100 元的人民币图案并予以销售

D. 张某在清明节时,为纪念过世的亲人在亲人墓前焚烧了一捆面值 10 元的人民币

5. 假设王某为自己的汽车投保之后,汽车的危险程度增加,以下说法正确的是(　　)。

A. 王某应及时通知保险公司

B. 保险公司只能增加保险费

C. 保险公司有权解除合同

D. 若王某未通知保险公司,保险事故发生后,保险公司有权不赔偿

三、案例分析题

甲于 2002 年 4 月 20 日经其婆婆乙同意后为乙投了一份简易人身保险,指定受益人为乙之孙、甲之子丙,丙当时 10 岁。保险费从甲的工资中扣缴。交费 2 年后,甲与乙之子丁离婚,法院判决丁享有对丙的抚养权。离婚后甲仍自愿按每月从自己工资中扣交这笔保险费,从未间断。2005 年 10 月 1 日乙病故,12 月甲向保险公司申请给付保险金,认为自己是投保人,一直交纳保险费,而且自己是受益人丙的母亲;与此同时,丁提出本保险合同的受益人是丙,自己作为丙的监护人,这笔保险金应由他领取;保险公司则以甲因离婚而对乙无保险利益为由拒绝给付保险金。

问题:

(1) 甲要求给付保险金的请求是否合法? 为什么?

(2) 丁要求给付保险金的请求是否合法? 为什么?

(3) 保险公司拒付的理由是否成立? 为什么?

(4) 本案应当如何处理? 为什么?

(5) 假设甲为其婆婆乙投保时,申报的年龄为 60 岁,而乙当时真实的年龄是 70 岁,保险合同约定的最高年龄限制是 65 岁,那么该案如何处理? 保险公司应否给付保险金?

第八章　税　　法

【学习目标】

　　了解税收的概念、特征及分类，掌握税法的构成要素；掌握增值税的主体、征收对象、税率、减免税规定以及增值税的计算；了解营业税改为增值税的政策；掌握消费税的主体、征收对象、税率以及消费税的计算规定；掌握个人所得税的主体、征收对象、税率、税收减免以及个人所得税的计算；掌握企业所得税的主体、税率、减免税规定以及企业所得税的计算；理解税收征收管理法的相关规定。

【案例导入】

　　蓝天粮油公司(增值税一般纳税人)在一定纳税期限内发生了以下业务：

　　(1) 购进压面机一台，价值 42 000 元，取得增值税专用发票，发票注明税款为 6350 元。

　　(2) 从农民手中购进 100 吨小麦，每吨 2500 元(有收购凭证注明价款)。

　　(3) 从某粮店(一般纳税人)购进黄豆 20 吨，每吨 2000 元(不含税)，增值税专用发票上注明税款 6500 元。

　　(4) 本期内向一般纳税人销售豆油 50 吨，每吨不含税价格 6000 元。

　　(5) 本期内向消费者个人销售豆油 4 吨，每吨 6200 元(含税)。

　　请根据以上资料，计算该企业应纳的增值税，并说明理由。

第一节　税法概述

一、税收概述

(一) 税收的概念

　　税收是国家为了实现其职能的需要，凭借政治权利，依照法律规定的程序，参与国民收入分配，强制地、无偿地取得财政收入的一种方式。它体现了一定社会制度下国家与纳税人在征收、纳税的利益分配上的一种特定分配关系。

(二) 税收的特征

税收与其他分配方式相比，具有强制性、无偿性和固定性的特征，习惯上称为税收的"三性"。

1. 强制性

税收的强制性是指税收是国家以社会管理者的身份，凭借政权力量，依据政治权力，通过颁布法律或政令来进行强制征收。强制性主要体现在两个方面：一方面税收分配关系的建立具有强制性，即税收征收完全是凭借国家拥有的政治权力；另一方面是税收的征收过程具有强制性，即如果出现了税务违法行为，国家可以依法进行处罚。

2. 无偿性

税收的无偿性是指通过征税，社会集团和社会成员的一部分收入转归国家所有，国家不向纳税人支付任何报酬或代价。无偿性体现在两个方面：一方面是指政府获得税收收入后无需向纳税人直接支付任何报酬；另一方面是指政府征得的税收收入不再直接返还给纳税人。税收的无偿性是区分税收收入和其他财政收入形式的重要特征。

3. 固定性

税收的固定性是指税收是按照国家法令规定的标准征收的，即纳税人、课税对象、税目、税率、计价办法和期限等，都是税收法令预先规定的，有一个比较稳定的试用期间，是一种固定的连续收入。

税收的三个基本特征是统一的整体。其中，强制性是实现税收无偿征收的强有力保证，无偿性是税收本质的体现，固定性是强制性和无偿性的必然要求。

(三) 税收的职能

税收主要用于国防建设、政府性支出、基础设施建设、教育科学、文化体育、卫生防疫、救灾赈济、环境保护等领域。一般来说，税收主要有以下基本职能。

1. 组织财政收入的职能

组织财政收入职能是税收的首要职能。税收是政府凭借国家强制力参与社会分配、集中一部分剩余产品(不论货币形式或者是实物形式)的一种分配形式。税收筹集财政收入稳定可靠，目前已经成为世界各国政府组织财政收入的基本形式。在我国税收收入占国家财政收入的90%以上。

2. 调控经济运行的职能

税收作为经济杠杆，通过增税与减免税等手段来影响社会成员的经济利益，引导企业、个人的经济行为，对资源配置和社会经济发展产生影响，从而达到调控经济运行的目的。在我国，税收已经成为社会主义市场经济宏观调控的重要杠杆，适度运用税收杠杆对调控宏观经济发挥着积极的作用。

3. 调节收入分配的职能

税收作为国家参与国民收入分配最主要、最规范的形式，能够规范政府、企业和个人之间的分配关系。如个人所得税实行超额累进税率，具有高收入者适用高税率、低收入者适用低税率或不征税的特点，有助于调节个人收入分配，促进社会公平。

4. 监督经济活动的职能

税收涉及社会生产、流通、分配、消费各个领域，能够综合反映国家经济运行的质量和效率。既可以通过税收收入的增减及税源的变化，及时掌握宏观经济的发展变化趋势，也可以在税收征管活动中了解微观经济状况，发现并纠正纳税人在生产经营及财务管理中存在的问题，从而促进国民经济持续健康发展。

(四) 税收的分类

· 按课税对象的不同，分为流转税、所得税、财产税、行为税与资源税。这是目前税收的最重要、最基本的分类。

(1) 流转税是以商品生产流转额和非生产流转额为课税对象征收的一类税，包括增值税、消费税、营业税和关税等税种。

(2) 所得税是指以各种所得额为课税对象的一类税，包括企业所得税、个人所得税等税种。

(3) 财产税是指以纳税人所拥有或支配的财产作为课税对象的一类税，包括遗产税、房产税、契税、车辆购置税和车船税等税种。

(4) 行为税是指以纳税人的某些特定行为为课税对象的一类税，包括城市维护建设税、印花税、屠宰税和筵席税等税种。

(5) 资源税是指对在我国境内从事资源开发的单位和个人征收的一类税，包括资源税、土地增值税、耕地占用税和城镇土地使用税等税种。

· 按税收的管理权限不同，分为中央税、地方税、中央与地方共享税。

(1) 中央税又称"国税"，是指由中央政府征收和管理使用或由地方政府征收后全部划归中央政府所有并支配使用的一类税，包括关税和消费税等税种。

(2) 地方税又称"地税"，是指由地方政府征收和管理使用的一类税，包括个人所得税、屠宰税和筵席税等税种(严格来讲，我国的地方税目前只有屠宰税和筵席税)。

(3) 中央与地方共享税简称"共享税"，是指税收的管理权和使用权属中央政府和地方政府共同拥有的一类税，包括增值税和资源税等税种。

· 按税收的计算依据，分为从量税、从价税。

(1) 从量税是指以课税对象的数量(重量、面积、件数)为依据，按固定税额计征的一类税。从量税实行定额税率，具有计算简便等优点，其包括资源税、车船使用税和土地使用税等税种。

(2) 从价税是指以课税对象的价格为依据，按一定比例计征的一类税。从价税实行比例税率和累进税率，税收负担比较合理，其包括增值税、营业税、关税和各种所得税等税种。

· 按税收与价格的关系，分为价内税、价外税。

(1) 价内税是指税款在应税商品价格内，作为商品价格一个组成部分的一类税，包括消费税、营业税和关税等税种。

(2) 价外税是指税款不在商品价格之内，不作为商品价格的一个组成部分的一类税，比如增值税。

二、税法概述

(一) 税法的概念

税法是调整税收关系的法律规范的总称。具体而言，是指国家制定的调整国家与纳税人之间在征纳税方面的权利及义务关系的法律规范的总称。税法规范既包括实体性规范，如《中华人民共和国企业所得税法》(以下简称《企业所得税法》)，又包括程序性规范，如《中华人民共和国税收征收管理法》(以下简称《税收征收管理法》)。

(二) 税法的基本原则

1. 税收法定原则

税收法定是税法的最高法律原则，指一切税收的课征都必须有法律依据，没有相应的法律依据，纳税人有权拒绝。这是由税收的本质所决定的。

税收法定原则的内容由税收要素法定、税收要素明确、征税合法性三项具体原则组成。

2. 税收公平原则

税收公平原则指国家征税要使各个纳税人承受的负担与其经济状况相适应，并使各个纳税人之间的负担水平保持均衡。

税收公平原则中公平包括两层含义：一是横向的公平，二是纵向的公平。横向的公平是指处于同等经济负担能力的人应纳同等的税收；而纵向公平的目的在于让经济负担能力不同的人应缴纳不同等的税收。

3. 税收效率原则

税收效率原则是指以最小的费用获取最大的税收收入，并利用税收的经济调控作用最大限度地减轻税收对经济发展的妨碍。它包括税收行政效率和税收经济效率两个方面。

税收的行政效率可以从征税费用方面来考察。为了提高税收的行政效率，一方面应当采用先进的征收手段、节约费用、提高效率、堵塞漏洞；另一方面，也应尽可能简化税制，使纳税手续简便、透明，降低纳税人的纳税成本。

税收的经济效率主要通过优化税制，尽可能地减少税收对社会经济的不良影响。国家征税时，不能使纳税人承担其他的额外负担或经济损失。把对纳税人的生产和消费决策的影响，减小到最低限度。

(三) 税法的构成要素

税法构成要素又称课税要素，一般包括税收主体、征税对象、税目、税率、计税依据、纳税环节、纳税期限、减免税、法律责任等。

1. 税收主体

税收主体是指税法规定的享有权利和承担义务的当事人，包括征税主体和纳税主体。征税主体是指法律、行政法规规定代表国家行使征税权的征税机关，包括各级税务机关、财政机关和海关。纳税主体是指法律、行政法规规定负有纳税义务的单位和个人以及扣缴义务人。其中扣缴义务人是指法律、行政法规规定负有代扣代缴、代收代缴税款义务的单位和个人，包括代扣代缴义务人和代收代缴义务人。前者指税法规定的有义务从持有的纳税人收入中，扣除其应纳税款并代为缴纳的单位或个人；后者指税法规定的有义务借助经济往来关系，向纳税人收取应纳税款并代为缴纳的单位或个人。

2. 征税对象

征税对象又称纳税客体，主要是指税收法律关系中征纳双方权利义务所指向的物或行为。征税对象是税收制度最基本的要素，也是一种税收区别于另一种税收的主要标志。征税的对象按其性质的不同，通常划分为流转额、所得额、财产、资源及行为五大类。

3. 税目

税目是指税法中规定的征税对象的具体项目，是征税对象的具体化。例如，我国税制中的消费税的征税对象是生产和进口的应税消费品，对消费品共设计了 15 个税目。规定税目的目的：一是明确征税的范围，体现征税的广度，凡属于列举税目之内的产品或收入即为课税对象；二是对具体征税项目进行归类和界定，以便针对不同的税目确定差别税率。

4. 税率

税率是应纳税额与计税依据之间的比例。税率是国家税收制度的核心，它反映征税的深度，体现国家的税收制度。一般来说，税率可分为比例税率、累进税率、定额税率三种。

(1) 比例税率。比例税率是对同一征税对象不分数额大小，规定相同的征税比例的税率。比例税率包括一般比例税率和差别比例税率。前者如我国增值税一般纳税人，不论其销售额的大小，规定适用 17% 的基本税率或 13% 的低税率。后者如以前的营业税根据行业不同设置了不同的税率，建筑业的税率为 3%，服务业的税率为 5% 等。

(2) 累进税率。累进税率是根据征税对象的数额，确定不同等级，依次递进计征的税率。具体形式是将征税对象按数额大小划分若干等级，针对不同等级规定由低到高的不同税率。累进税率又分为全额累进税率、超额累进税率和超率累进税率。

全额累进税率是指以征税对象的全部数额为基础计征税款的累进税款。凡税基超过某个级距，即以其全额适用相应级距的税率征税。目前我国已经不采用该税率。

超额累进税率是指将同一征税对象划分为若干个等级，每个等级规定相应的税率，如我国个人所得中的工资薪金所得、个体工商户的生产经营所得以及个人所得、个体工商户的生产经营所得以及个人对企事业单位的承包、承租经营所得等都采用这种税率。

超率累进税率是指将征税对象数额的相对率划分成若干个等级，每个等级规定相应的税率，一定数量的征税对象，可以同时适用几个等级部分的税率，如我国现行土地增值税就采用该税率。

(3) 定额税率。定额税率又称固定税率，它是对征税对象每一单位，规定固定税额的税率。征税对象的计量单位可以是重量、数量、面积、体积等自然单位，也可以是专门规定的复合单位。如消费税中无铅汽油的税率是 0.2/升。定额税率一般适用于从量定额计征的某些课税对象，实际是从量比例税率，如资源税、城镇土地使用税等。

5. 计税依据

计税依据又称税基，是指计算应纳税额根据的标准，即根据什么来计算纳税人应缴纳的税额。计税依据与征税对象是不相同的。征税对象是指对什么征税的问题，计税依据则是解决如何计量的问题。计税依据分为从价计征和从量计征两种类型。

6. 纳税环节

纳税环节是指法律、行政法规规定商品从生产到消费的过程中应当缴纳税款的环节。如流转税在生产和流通环节纳税，所得税在分配环节纳税等。

7. 纳税期限

纳税期限是税法规定的纳税主体向税务机关缴纳税款的具体时间。纳税人的具体纳税期限，由主管税务机关根据纳税人应纳税额的大小分别核定，一般分为按次征税和按期征税两种。

8. 减免税

减免税主要是对某些纳税人和征税对象采取减少征税或者免予征税的特殊规定。免税只能由法律、行政法规作出规定，对减免税权限规定的非常严格。减免税是对某些纳税人和征税对象给予鼓励和照顾的一种措施。减免税的类型有：一次性减免税、一定期限的减免税、困难照顾型减免税、扶持发展型减免税等。

9. 法律责任

法律责任是税收法律关系的主体因违反税法所应当承担的法律后果。税法规定的法律责任形式主要有三种：一是经济责任，包括补缴税款、加收滞纳金等；二是行政责任，包括吊销税务登记证、罚款、税收保全及强制执行等；三是刑事责任，对违反税法情节严重构成犯罪的行为，要依法承担刑事责任。无论是国家税务机构工作人员，还是纳税人，只要违反税法的规定，均应依法承担相应的法律责任。

第二节 流 转 税 法

一、流转税概述

(一) 流转税的概念

流转税又称流转课税、流通税，指以纳税人商品生产、流通环节的流转额或者数量以及非商品交易的营业额为征税对象的一类税收。流转税是商品生产和商品交换的产物，各种流转税(如增值税、消费税、营业税、关税等)是政府财政收入的重要来源。

(二) 流转税的特点

(1) 以商品生产、交换和提供商业性劳务为征税前提，征税范围较为广泛，既包括第一产业和第二产业的产品销售收入，也包括第三产业的营业收入；既对国内商品征税，也对进出口的商品征税，税源比较充足。

(2) 以商品、劳务的销售额和营业收入作为计税依据，一般不受生产、经营成本和费用变化的影响，可以保证国家能够及时、稳定、可靠地取得财政收入。

(3) 一般具有间接税的性质，特别是在从价征税的情况下，税收与价格的密切相关，便于国家通过征税体现产业政策和消费政策。

(4) 同有些税类相比，流转税在计算征收上较为简便易行，也容易为纳税人所接受。

(三) 流转税的作用

(1) 广泛筹集财政资金。

(2) 能够保证国家及时稳定地取得财政收入。

(3) 配合价格调节生产和消费。

(四) 流转税法

流转税法是调整以商品流转额和非商品流转额为征税对象的一系列税收关系的法律、法规的总称。所谓商品流转额是指在商品流转中因销售或购进商品而发生的货币收入或支出金额。所谓非商品流转额是指各种劳务或服务性业务的收入金额。

流转税法主要包括增值税、消费税、营业税、关税等，是我国税收的主要来源。流转税法律制度在整个税法体系中也占有重要地位。

二、增值税

我国对增值税的征收主要是两个法律依据：一个是 1993 年 12 月 13 日中华人民共和国国务院令第 134 号发布，2008 年 11 月 5 日国务院第三十四次常务会议修订通过的《中华人民共和国增值税暂行条例》(以下简称《增值税暂行条例》)及其实施细则，该《增值税暂行条例》自 2009 年 1 月 1 日起施行。另一个是 2016 年 3 月 24 日财政部、国家税务总局联合制定，国务院批准的《营业税改征增值税试点实施办法》(以下简称《营改增试点实施办法》)，该办法自 2016 年 5 月 1 日起施行。

(一) 增值税的概念

增值税是以从事商品生产、商品流通和劳务各环节的增值额为征税对象的一种税。

所谓增值额是指纳税人在我国境内在销售货物或者提供加工、修理修配劳务以及进口货物的过程中新增加的价值额，即纳税人在一定时期内销售产品或提供劳务所取得的收入大于购进商品或取得劳务时所支付的金额的差额。但单位或者个体工商户聘用的员工为本单位或者雇主提供加工、修理修配劳务，不包括在内。

具有下列行为之一的，视同销售货物：将货物交付其他单位或者个人代销；销售代销货物，设有两个以上机构并实行统一核算的纳税人，将货物从一个机构移送其他机构用于销售，但相关机构设在同一县(市)的除外；将自产或者委托加工的货物用于非增值税应税项目；将自产、委托加工的货物用于集体福利或者个人消费；将自产、委托加工或者购进的货物作为投资，提供给其他单位或者个体工商户；将自产、委托加工或者购进的货物分配给股东或者投资者；将自产、委托加工或者购进的货物无偿赠送其他单位或者个人。

(二) 增值税的纳税人

根据《增值税暂行条例》第 1 条规定，在中华人民共和国境内销售货物或者提供加工、修理修配劳务以及进口货物的单位和个人，为增值税的纳税人。

另外，根据《营业税改征增值税试点实施办法》第 1 条规定，在中华人民共和国境内销售交通运输服务、邮政服务、电信服务、建筑服务、金融服务、现代服务、生活服务、无形资产或者不动产的单位和个人，也为增值税的纳税人。

有关《营改增试点实施办法》的特别规定：

1. 关于单位和个人的规定

这里的"单位"包括：企业、行政单位、事业单位、军事单位、社会团体及其他单位。"个人"包括：个体工商户和其他个人，其他个人是指除了个体工商户外的自然人。

2. 关于纳税人分类的规定

按照我国现行增值税的管理模式，对增值税纳税人实行分类管理，在本次营业税改增值税(简称"营改增")的改革中，仍予以沿用，将纳税人分为一般纳税人和小规模纳税人。小规模纳税人与一般纳税人的划分，以发生应税行为年应税销售额为标准，其计税方法、凭证管理等方面都不同，需作区别对待。

3. 关于纳税人适用小规模纳税人标准的规定

根据《营业税改征增值税试点有关事项的规定》的规定，纳税人发生应税行为年应税销售额标准为 500 万元(含本数)。年应税销售额超过 500 万元的纳税人为一般纳税人；年应税销售额未超过 500 万元的纳税人为小规模纳税人。财政部和国家税务总局可以根据试点情况对年应税销售额标准进行调整。

年应税销售额是指纳税人在连续不超过 12 个月的经营期内累计应征增值税销售额，含减免税销售额、发生境外应税行为销售额以及按规定已从销售额中差额扣除的部分。如果该销售额为含税的，应按照适用税率或征收率换算为不含税的销售额。

4. 两个特殊的规定

(1) 年应税销售额超过规定标准的其他个人不属于一般纳税人。

(2) 不经常发生应税行为的单位和个体工商户可选择按照小规模纳税人纳税。另外，兼有销售货物、提供加工修理修配劳务以及应税行为，且不经常发生应税行为的单位和个体工商户也可选择按照小规模纳税人纳税。

(三) 增值税税率

增值税采用比例税率，设置了基本税率、低税率和零税率三个档次。

根据《增值税暂行条例》以及《营改增试点实施办法》的规定，增值税的税率和征收率如下：

(1) 纳税人销售或者进口货物，提供有形动产租赁服务，税率为 17%。

(2) 纳税人销售或者进口下列货物：粮食、食用植物油；自来水、暖气、冷气、热水、煤气、石油液化气、天然气、沼气、居民用煤炭制品；图书、报纸、杂志；饲料、化肥、农药、农机、农膜；国务院规定的其他货物，税率为 13%。

(3) 提供交通运输、邮政、基础电信、建筑、不动产租赁服务，销售不动产，转让土地使用权，税率为11%。

(4) 纳税人发生应税行为，除《营改增试点实施办法》15条第(2)、(3)、(4)项规定外，税率为6%。

(5) 境内单位和个人发生的跨境应税行为，税率为零。具体范围由财政部和国家税务总局另行规定。

(6) 除部分不动产销售和租赁行为的征收率为5%以外，小规模纳税人发生的应税行为以及一般纳税人发生特定应税行为，增值税征收率为3%。

另外，自2009年1月1日起，金属矿采选产品、非金属矿采选产品增值税税率由13%恢复到17%。食用盐仍适用13%的增值税税率。

(四) 增值税的计算

根据对外购固定资产处理方式的不同，增值税分为生产型增值税、收入型增值税和消费型增值税。

按照增值税的计税原理，增值税应按全部销售额计算税款，但只对货物或劳务价值中新增价值部分征税；实行税款抵扣制度，对以前环节已纳税款予以扣除。

1. 一般纳税人

一般纳税人销售货物或者提供应税劳务(以下简称销售货物或者应税劳务)，应纳税额为当期销项税额抵扣当期进项税额后的余额。应纳税额计算公式为

$$应纳税额 = 当期销项税额 - 当期进项税额$$

$$销项税额 = 销售额 \times 税率$$

$$进项税额 = 买价 \times 扣除率$$

纳税人销售货物或者应税劳务，按照销售额和相应税率计算并向购买方收取的增值税额，为销项税额。销售额为纳税人销售货物或者应税劳务向购买方收取的全部价款和价外费用，但是不包括收取的销项税额。

纳税人购进货物或者应税劳务，取得的增值税扣税凭证不符合法律、行政法规或者国务院税务主管部门有关规定的，其进项税额不得从销项税额中抵扣。下列项目的进项税额不得从销项税额中抵扣：用于非增值税应税项目、免征增值税项目、集体福利或者个人消费的购进货物或者应税劳务；非正常损失的购进货物及相关的应税劳务；非正常损失的在产品、产成品所耗用的购进货物或者应税劳务；国务院财政、税务主管部门规定的纳税人自用消费品。

当期销项税额小于当期进项税额不足抵扣时，其不足部分可以结转下期继续抵扣。

【案例8-1】某小五金制造企业为增值税一般纳税人，2015年5月发生经济业务如下：

(1) 购进一批原材料，取得增值税专用发票注明的金额为50万元，增值税为8.5万元。支付运费，取得增值税普通发票注明的金额为2万元，增值税为0.22万元。

(2) 接受其他企业投资转入材料一批，取得增值税专用发票注明的金额为100万元，增值税为17万元。

(3) 购进低值易耗品，取得增值税专用发票注明的金额6万元，增值税为1.02万元。

(4) 销售产品一批，取得不含税销售额为 200 万元，另外收取包装物租金 1.17 万元。

(5) 采取以旧换新方式销售产品，新产品含税售价为 8.19 万元，旧产品作价 2 万元。

(6) 因仓库管理不善，上月购进的一批工具被盗，该批工具的采购成本为 8 万元(购进工具的进项税额已抵扣)。

已知：该企业取得增值税专用发票均符合规定，并已认证；购进和销售产品适用的增值税税率为 17%。计算该企业当月应纳增值税税额。

解析：根据增值税法法律制度规定：

(1) 购进材料的进项税额允许抵扣，支付运费未取得增值税专用发票，进项税额不允许抵扣。

(2) 接受投资的材料的进项税额和购进低值易耗品的进项税额均可以抵扣。

(3) 包装物租金属于价外费用，应当按照含税价计算增值税销项税额。

(4) 以旧换新应当按照新产品的价格计算增值税销项税额。

(5) 购进工具因管理不善被盗，按照规定应将进项税额转出。

计算过程：

(1) 进项税额 $= 8.5 + 17 + 1.02 = 26.52$ (万元)

(2) 销项税额 $= 200 \times 17\% + 1.17 \div (1 + 17\%) \times 17\% + 8.19 \div (1 + 17\%) \times 17\%$

$= 34 + 0.17 + 1.19 = 35.36$ (万元)

(3) 进项税转出 $= 8 \times 17\% = 1.36$ (万元)

(4) 应纳增值税税额 $= 35.36 - 26.52 + 1.36 = 10.2$ (万元)

2. 小规模纳税人

小规模纳税人销售货物或者应税劳务，实行按照销售额和征收率计算应纳税额的简易办法，并不得抵扣进项税额。应纳税额计算公式为

$$应纳税额 = 销售额 \times 征收率$$

在实际业务中，小规模纳税人销售货物或者应税劳务一般多采用销售额和应纳税额合并定价方法的，按下列公式计算销售额：

$$销售额 = \frac{含税销售额}{1 + 征收率}$$

【案例 8-2】 某商业零售企业为增值税小规模纳税人。2011 年 3 月，该商业零售企业销售商品收入(含增值税) 31 200 元。已知该商业零售企业增值税征收率为 4%，该企业 3 月应缴纳的增值税额为( )元。

A. 1248   B. 1872

C. 1766.04   D. 1200

解析：对增值税小规模纳税人，实行简易办法计算应纳税额，并且对销售货物采取价税合计的方法，要分离出不含税销售额。因此，

$$应纳税额 = \frac{含税销售额}{1 + 征收率} \times 征收率 = \frac{31200}{1 + 4\%} \times 4\% = 1200(元)$$

故选 D。

（五）减免税

增值税制度实行价外征收以及多环节多次征收，中间环节减免税没有任何意义，为此增值税的减免税是指最终环节的减免。

免征增值税的项目有：农业生产者销售的自产农产品；避孕药品和用具；古旧图书；直接用于科学研究、科学试验和教学的进口仪器、设备；外国政府、国际组织无偿援助的进口物资和设备；由残疾人组织直接进口供残疾人专用的物品；销售的自己使用过的物品。

纳税人销售额未达到财政部规定的增值税起征点的，免征增值税。

除上述规定外，增值税的免税项目由国务院规定。任何地区、部门均不得规定免税、减税项目。纳税人兼营免税、减税项目的，应当分别核算免税、减税项目的销售额。未分别核算销售额的，不得免税，依照《增值税暂行条例》的规定缴纳增值税。放弃免税后，36 个月内不得再申请免税。

（六）"营改增"政策

1. "营改增"的概念

营业税和增值税是我国两大主体税种。营改增就是原来按照营业税征收的部分行业，现在改为按增值税征收。营改增的最大特点是减少重复征税，可以促使社会形成更好的良性循环，有利于企业降低税负。营改增可以说是一种减税的政策。

2. "营改增"的政策实施

2011 年，经国务院批准，财政部、国家税务总局联合下发营业税改增值税试点方案。从 2012 年 1 月 1 日起，在上海交通运输业和部分现代服务业开展营业税改征增值税试点。至此，货物劳务税收制度的改革拉开序幕。截至 2013 年 8 月 1 日，"营改增"范围已推广到全国试行。国务院决定从 2014 年 1 月 1 日起，将铁路运输和邮政服务业纳入营业税改征增值税试点，至此交通运输业已全部纳入营改增范围。

国务院决定自 2016 年 5 月 1 日起，中国全面实施"营改增"，营业税将退出历史舞台，增值税制度将更加规范。这是自 1994 年分税制改革以来，财税体制的又一次深刻变革。

"营改增"试点后中央地方增值税五五分成，即把之前的中央分享收入的 75%，地方分享收入的 25%，变为目前的中央分享收入的 50%，地方分享收入的 50%的格局。

3. "营改增"的试点范围

(1) 交通运输业：交通运输业是指使用运输工具将货物或者旅客送达目的地，使其空间位置得到转移的业务活动。包括陆路运输服务、水路运输服务、航空运输服务和管道运输服务。

(2) 邮政业：邮政业是指中国邮政集团公司及其所属邮政企业提供邮件寄递、邮政汇兑、机要通信和邮政代理等邮政基本服务的业务活动，包括邮政普遍服务、邮政特殊服务和其他邮政服务。

(3) 部分现代服务业：部分现代服务业是指围绕制造业、文化产业、现代物流产业等提供技术性、知识性服务的业务活动，包括研发和技术、信息技术、文化创意、物流辅助、有形动产租赁、鉴证咨询、广播影视服务以及电信业。

(4) 其他：此次扩围主要纳入了生产性服务业，生活性服务业、金融业并未纳入试点范围。纳税人发生应税行为是以"营改增"试点行业税目注释为准，而不是以原有的营业税的税目注释为准。

三、消费税

消费税是我国 1994 年税制改革中新设置的一个税种，目的是为了调节产品结构，引导消费方向，保证国家财政收入。我国对消费税的征收主要依据是 1993 年 12 月 13 日国务院发布，2008 年 11 月 5 日国务院修订的《中华人民共和国消费税暂行条例》(以下简称《消费税暂行条例》)和财务部修订的《中华人民共和国消费税暂行条例实施细则》(以下简称《消费税暂行条例实施细则》)，自 2009 年 1 月 1 日起施行。

(一) 消费税的概念和特征

消费税就是以特定消费品和消费行为为课税对象所征收的一种税，其特征如下。

1. 征收范围具有选择性

消费税只是对一部分消费品和消费行为征收，而不是对所有的消费品和消费行为征收。

2. 征收环节具有单一性

消费税只是在消费品生产、流通或消费的某一环节一次征收，而不是在消费品生产、流通和消费的每一个环节征收。

3. 征收方法具有灵活性

消费税可以根据每一课税对象的不同特点，选择不同的征收方法。即可以采取对消费品指定单位税额依消费品的数量实行从量定额的征收方法，也可以采取对消费品或消费行为制定比例税率，依消费品或消费行为的价格从价定率的征收方法。

4. 税率、税额具有差别性

消费税可以根据消费品的不同种类、档次(豪华程度、结构性能)或者消费品中某一物质成分的含量，以及消费品的市场供求状况、价格水平、国家的产业政策和消费政策等情况，对消费品制定高低不同的税率、税额。

5. 税负具有转嫁性

消费税无论是在哪个环节征收，也无论是实行价内征收还是价外征收，消费品中所含的消费税最终要转嫁到消费者身上。有些消费税，直接由消费者负担，例如就消费行为征收的筵席税。

(二) 消费税的作用

消费税的立法主要集中体现国家的产业政策和消费政策，以及强化消费税作为国家对经济进行宏观调控手段的重要性。其作用具体表现在以下几个方面。

1. 体现消费政策，调整产业结构

消费税的立法主要集中体现国家的产业政策和消费政策。如：为了抑制对人体健康不利或者是过度消费会对人体有害的消费品的生产，将烟、酒及酒精、鞭炮、焰火列入征税范围；为了调节特殊消费，将摩托车、小汽车、贵重首饰及珠宝玉石列入征税范围；为了节约一次性能源，限制过量消费，将汽油、柴油等油品列入征税范围。

2. 正确引导消费，抑制超前消费

目前我国正处于社会主义初级阶段，总体财力还比较有限，个人的生活水平还不够宽裕，需要在政策上正确引导人们的消费方向。在消费税立法过程中，对人们日常消费的基本生活用品和企业正常的生产消费物品不征收消费税，只对目前属于奢侈品或超前消费的物品以及其他非基本生活品征收消费税，特别是对其中的某些消费品如烟、酒、高档次的汽车等适用较高的税率，加重调节，增加购买者(消费者)的负担，适当抑制高水平或超前的消费。

3. 稳定财政收入，保持原有负担

消费税是在原流转税制进行较大改革的背景下出台的。原流转税主要税种之增值税和产品税的收入主要集中在卷烟、酒、石化、化工等几类产品上，且税率档次多，税率较高。实行新的、规范化的增值税后，不可能设置多档次、相差悬殊的税率。所以，许多原高税率产品改征增值税后，基本税率 17%，税负下降过多，对财政收入的影响较大。为了确保税制改革后尽量不减少财政收入，同时不削弱税收对某些产品生产和消费的调控作用，需要通过征收消费税，把实行增值税后由于降低税负而可能减少的税收收入征收上来，基本保持原产品的税收负担，并随着应税消费品生产和消费的增长，使财政收入也保持稳定增长。

4. 调节支付能力，缓解分配不公

个人生活水平或贫富状况很大程度体现在其支付能力上。显然，受多种因素制约，仅依靠个人所得税不可能完全实现税收的公平分配目标，也不可能有效缓解社会分配不公的问题。通过对某些奢侈品或特殊消费品征收消费税，立足于从调节个人支付能力的角度间接增加某些消费者的税收负担或增加消费支出的超额负担，使高收入者的高消费受到一定抑制，低收入者或消费基本生活用品的消费者则不负担消费税，支付能力不受影响。所以，开征消费税有利于配合个人所得税及其他有关税种进行调节，缓解目前存在的社会分配不公矛盾。

(三) 纳税人

消费税的纳税人是指我国境内生产、委托加工和进口应税消费品的单位和个人，以及销售应税消费品的其他单位和个人。

这里的单位是指企业、行政单位、事业单位、军事单位、社会团体及其他单位；个人是指个体工商户及其他个人。

(四) 征税对象

现行消费税的征收范围主要包括以下产品：

(1) 第一类是一些过度消费会对人类健康、社会秩序、生态环境等方面造成危害的特殊消费品，如烟、酒、鞭炮、焰火等。

(2) 第二类是奢侈品、非生活必需品，如贵重首饰、化妆品等。

(3) 第三类是高能耗及高档消费品，如小轿车、摩托车等。

(4) 第四类是不可再生和替代的石油类消费品，如汽油、柴油等。

自 2009 年 1 月 1 日起实施成品油税费改革，取消原在成品油价外征收的公路养路费、航道养护费、公路运输管理费、公路客货运附加费、水路运输管理费、水运客货运附加费等六项收费，逐步有序取消政府还贷二级公路收费；同时，将价内征收的汽油消费税单位税额每升提高 0.8 元，即由每升 0.2 元提高到 1 元；柴油消费税单位税额每升提高 0.7 元，即由每升 0.1 元提高到 0.8 元；其他成品油消费税单位税额也相应提高。

经国务院批准，自 2014 年 12 月 1 日起，将消费税政策调整如下：

(1) 取消气缸容量 250 毫升(不含)以下的小排量摩托车消费税，气缸容量 250 毫升和 250 毫升(不含)以上的摩托车继续分别按 3% 和 10% 的税率征收消费税。

(2) 取消汽车轮胎税目。

(3) 取消车用含铅汽油消费税，汽油税目不再划分二级子目，统一按照无铅汽油税率征收消费税。

(4) 取消酒精消费税。取消酒精消费税后，"酒及酒精"品目相应改为"酒"，并继续按现行消费税政策执行。

(五) 税率

根据《消费税暂行条例》的规定，消费税共设置了 15 个税目。消费税的税目、税率依照《消费税暂行条例》所附的"消费税税目税率表"执行。消费税税目、税率的调整由国务院决定。纳税人兼营不同税率的应当缴纳消费税的消费品(简称应税消费品)，应当分别核算不同税率应税消费品的销售额、销售数量，或者将不同税率的应税消费品组成成套消费品销售的，从高适用税率。消费税税目与税率如表 8-1 所示。

表 8-1 消费税税目与税率一览表

税 目	税 率
一、烟	
1. 卷烟	
(1) 甲类卷烟	56%加 0.003 元/支(生产环节)
(2) 乙类卷烟	36%加 0.003 元/支(生产环节)
(3) 批发环节	5%
2. 雪茄烟	36%
3. 烟丝	30%

税　　目	税　　率
二、酒	
1. 白酒	20%加 0.5 元/500 克(500 毫升)
2. 黄酒	240 元/吨
3. 啤酒	
(1) 甲类啤酒	250 元/吨
(2) 乙类啤酒	220 元/吨
4. 其他酒	10%
三、化妆品	30%
四、贵重首饰及珠宝玉石	
1. 金银首饰、铂金首饰和钻石及钻石饰品	5%
2. 其他贵重首饰和珠宝玉石	10%
五、鞭炮、焰火	15%
六、成品油	
1. 汽油	
(1) 含铅汽油	1.40 元/升
(2) 无铅汽油	1.00 元/升
2. 柴油	0.80 元/升
3. 航空煤油	0.80 元/升
4. 石脑油	1.00 元/升
5. 溶剂油	1.00 元/升
6. 润滑油	1.00 元/升
7. 燃料油	0.80 元/升
七、气缸容量在 250 毫升以上的摩托车	10%
八、小汽车	
1. 乘用车	
(1) 气缸容量(排气量，下同)在 1.0 升(含 1.0 升)以下的	1%
(2) 气缸容量在 1.0 升以上至 1.5 升(含 1.5 升)的	3%
(3) 气缸容量在 1.5 升以上至 2.0 升(含 2.0 升)的	5%
(4) 气缸容量在 2.0 升以上至 2.5 升(含 2.5 升)的	9%
(5) 气缸容量在 2.5 升以上至 3.0 升(含 3.0 升)的	12%
(6) 气缸容量在 3.0 升以上至 4.0 升(含 4.0 升)的	25%
(7) 气缸容量在 4.0 升以上的	40%
2. 中轻型商用客车	5%
九、高尔夫球及球具	10%
十、高档手表	20%
十一、游艇	10%
十二、木制一次性筷子	5%
十三、实木地板	5%
十四、电池	4%
十五、涂料	4%

(六) 税额的计算

消费税实行从价定率、从量定额或者从价定率和从量定额复合计税(以下简称复合计税)三种办法计算应纳税额。实行从价定率征收的，其计税依据为含消费税不含增值税的销售额。实行从量定额征收的，其计税依据为应税消费品数量。纳税人销售的应税消费品，以人民币计算销售额。

【案例 8-3】 下列应税消费品中，实行复合计征消费税的有( )。

A. 卷烟   B. 鞭炮

C. 化妆品   D. 白酒

解析：根据消费税法律制度的规定，卷烟和白酒实行从价定率和从量定额相结合的复合计征办法征收消费税。其他应税消费品实行从价定率或者从量定额办法征收消费税，故选 AD。

1. 一般销售应纳消费税的计算

消费税的应纳税额计算公式为

$$应纳税额 = 销售额 × 比例税率 \quad (实行从价定率办法计算)$$

$$应纳税额 = 销售数量 × 定额税率 \quad (实行从量定额办法计算)$$

$$应纳税额 = 销售额 × 比例税率 + 销售数量 × 定额税率 \quad (实行复合计税办法计算)$$

销售额包括价款和价外费用。价外费用是指价外向购买方收取的手续费、补贴、基金、集资费、返还利润、奖励费、违约金、滞纳金、延期付款利息、赔偿金、代收款项、代垫款项、包装费、包装物租金、储备费、优质费、运输装卸费以及其他各种性质的价外收费。

这里的销售额不包括应向购货方收取的增值税税款。如果纳税人应税消费品的销售额中未扣除增值税税款或者因不得开具增值税专用发票而发生价款和增值税税款合并收取的，在计算消费税时，应当换算为不含增值税税款的销售额。其换算公式为

$$应税消费品的销售额 = \frac{含增值税的销售额}{1 + 增值税税率或者征收率}$$

应税消费品连同包装物销售的，无论包装物是否单独计价以及在会计上如何核算，均应并入应税消费品的销售额中缴纳消费税。如果包装物不作价随同产品销售，而是收取押金，此项押金则不应并入应税消费品的销售额中征税。但对因逾期未收回的包装物不再退还的或者已收取的时间超过 12 个月的押金，应并入应税消费品的销售额，按照应税消费品的适用税率缴纳消费税。

对既作价随同应税消费品销售，又另外收取押金的包装物的押金，凡纳税人在规定的期限内没有退还的，均应并入应税消费品的销售额，按照应税消费品的适用税率缴纳消费税。

现行消费税的征税范围中，只有卷烟、白酒采用复合计算方法。

【案例 8-4】 某木地板厂为增值税一般纳税人。2015 年 3 月 15 日向某建材商场销售实木地板一批，取得含增值税销售额 105.3 万元。已知实木地板适用的增值税税率为 17%，

消费税税率为 5%。计算该厂当月应纳消费税税额。

解析： 根据消费税法律制度规定，从价计征消费税的销售额中不包括向购货方收取的增值税款，所以，在计算消费税时，应将增值税款从计税依据中剔除。

计算过程如下：

(1) 不含增值税销售额 $= \dfrac{105.3}{1+17\%} = 90$ (万元)

(2) 应纳消费税税额 $= 90 \times 5\% = 4.5$ (万元)

【案例 8-5】 某白酒生产企业为增值税一般纳税人，2015 年 1 月销售粮食白酒 30 吨，取得不含增值税销售额 180 万元；薯类白酒 50 吨，取得不含增值税销售额 150 万元。已知白酒消费税比例税率为 20%；定额税率为 0.5 元/500 克。计算该企业当月应纳消费税税额。

解析： 根据消费税法律制度的规定，白酒实行从价定率和从量定额复合方法计征消费税。计算过程如下：

(1) 从价定率应纳税额 $= (180 + 150) \times 20\% = 66$ (万元)

(2) 从量定额应纳税额 $= \dfrac{(30+50) \times 2000 \times 0.5}{10000} = 8$ (万元)

(3) 应纳消费税税额合计 $= 66 + 8 = 74$ (万元)

2. 自产自用应纳消费税的计算

纳税人自产自用的应纳消费品，用于连续生产应税消费品的，不纳税；凡用于其他方面的，自移送使用时，按照纳税人生产的同类消费品的销售价格计算纳税，没有同类消费品销售价格的，按照组成计税价格计算纳税。

(1) 实行从价定率办法计征消费税的，其计算公式为

$$组成计税价格 = \dfrac{成本 + 利润}{1 - 比例税率}$$

$$应纳税额 = 组成计税价格 \times 比例税率$$

(2) 实行复合计税办法计征消费税的，其计算公式为

$$组成计税价格 = \dfrac{成本 + 利润 + 自产自用数量 \times 定额税率}{1 - 比例税率}$$

$$应纳税额 = 组成计税价格 \times 比例税率 + 自产自用数量 \times 定额税率$$

上述公式中所说的"成本"是指应税消费品的产品生产成本。"利润"是指根据应税消费品的全国平均成本利润率计算的利润。应税消费品全国平均成本利润率由国家税务总局确定。具体标准如表 8-2 所示。

表 8-2　平均成本利润率表

货物名称	利润率	货物名称	利润率
1. 甲类卷烟	10%	10. 贵重首饰及珠宝	6%
2. 异类卷烟	5%	11. 摩托车	6%
3. 雪茄烟	5%	12. 高尔夫球及球具	10%
4. 烟丝	5%	13. 高档手表	20%

续表

货物名称	利润率	货物名称	利润率
5. 粮食白酒	10%	14. 游艇	10%
6. 薯类白酒	5%	15. 木制一次性筷子	5%
7. 其他酒	5%	16. 实木地板	5%
8. 化妆品	5%	17. 乘用车	8%
9. 鞭炮、焰火	5%	18. 中轻型商用客车	5%

同类消费品的销售价格是指纳税人或者代收代缴义务人当月销售的同类消费品的销售价格，如果当月同类消费品各期销售价格高低不同，应按销售数量加权平均计算。但销售的应税消费品有下列情况之一的，不得列入加权平均计算：

① 销售价格明显偏低又无正当理由的。

② 无销售价格的。

如果当月无销售或者当月未完结，应按照同类消费品上月或者最近月份的销售价格计算纳税。

【案例 8-6】 某白酒厂 2015 年春节前，将新研制的薯类白酒 1 吨作为过节福利发放给员工饮用，该薯类白酒无同类产品市场销售价格。已知该批薯类白酒生产成本 20 000 元，成本利润率为 5%，白酒消费税比例税率为 20%，定额税率为 0.5 元/500 克。计算该批薯类白酒应纳消费税税额。

解析： 根据消费税法律制度的规定，纳税人自产自用的应税消费品，用于企业员工福利的，应按照同类消费品的销售价格计算缴纳消费税；没有同类消费品销售价格的，按照组成计税价格计算纳税。计算过程如下：

(1) 组成计税价格 $= \dfrac{20000 \times (1+5\%) + (1 \times 2000 \times 0.5)}{1-20\%} = \dfrac{21000+1000}{1-20\%} = 27500$（元）

(2) 应纳消费税税额 $= 27500 \times 20\% + 1 \times 2000 \times 0.5 = 6500$（元）

3. 委托加工应纳消费税的计算

委托加工的应纳消费品，按照受托方的同类消费品的销售价格计算纳税，没有同类消费品销售价格的，按照组成计税价格计算纳税。

(1) 实行从价定率办法计征消费税的，其计算公式为

$$组成计税价格 = \frac{材料成本 + 加工费}{1-比例税率}$$

$$应纳税额 = 组成计税价格 \times 比例税率$$

(2) 实行复合计税办法计征消费税的，其计算公式为

$$组成计税价格 = \frac{材料成本 + 加工费 + 委托加工数量 \times 定额税率}{1-比例税率}$$

$$应纳税额 = 组成计税价格 \times 比例税率 + 委托加工数量 \times 定额税率$$

材料成本是指委托方所提供加工材料的实际成本。委托加工应税消费品的纳税人必须在委托加工合同上如实注明(或以其他方式提供)材料成本，凡未提供材料成本的，委托方

主管税务机关有权核定其材料成本。加工费是指委托方加工应税消费品向委托方所收取的全部费用(包括代垫辅助材料的实际成本),不包括增值税税款。

【案例8-7】 某化妆品企业2015年3月委托为某商场加工一批化妆品,收取不含增值税的加工费13万元,商场提供的原材料金额为50万元。已知该化妆品企业无同类产品销售价格,消费税税率为30%。计算该化妆品企业应代收代缴的消费税。

解析: 根据消费税法律制度的规定,委托加工的应税消费品,应按照受托方的同类消费品的销售价格计算缴纳消费税,没有同类消费品销售价格的,按照组成计税价格计算纳税。计算过程如下:

(1) 组成计税价格 $= \dfrac{50+13}{1-13\%} = 90$ (万元)

(2) 应代收代缴消费税: $90 \times 30\% = 27$(万元)

4. 进口环节应纳消费税的计算

纳税人进口应税消费品,按照组成计税价格和规定的税率计算应纳税额。

(1) 从价定率计征消费税的,其计算公式为

$$组成计税价格 = \frac{关税完税价格 + 关税}{1 - 消费税比例税率}$$

$$应纳税额 = 组成计税价格 \times 消费税比例税率$$

公式中"关税完税价格"是指海关核定的关税计税价格。

(2) 实行复合计税办法计征消费税的,其计算公式为

$$组成计税价格 = \frac{关税完税价格 + 关税 + 进口数量 \times 定额税率}{1 - 消费税比例税率}$$

$$应纳税额 = 组成计税价格 \times 消费税比例税率 + 进口数量 \times 定额税率$$

进口环节消费税除国务院另有规定外,一律不得给予减税、免税。

【案例8-8】 某汽车贸易公司2015年4月从国外进口小汽车50辆,海关核定的每辆小汽车关税完税价为28万元,已知小汽车关税税率为20%,消费税税率为25%。计算该公司进口小汽车应纳消费税税额。

解析: 根据消费税法律制度的规定,纳税人进口应税消费品,按照组成计税价格和规定的税率计算应纳税额。计算过程如下:

(1) 应纳关税税额 $= 50 \times 28 \times 20\% = 280$(万元)

(2) 组成计税价格 $= \dfrac{50 \times 28 + 280}{1 - 25\%} = 2240$ (万元)

(3) 应纳消费税税额 $= 2240 \times 25\% = 56$(万元)

第三节　所得税法

所得税又称所得课税、收益税,是指国家对自然人、法人和其他经济组织在一定时期

内的各种所得征收的一类税收。目前,所得税是我国的主体税种之一,主要包括个人所得税和企业所得税。

一、个人所得税

个人所得税是调整征税机关与自然人(居民与非居民)之间在个人所得税的征纳与管理过程中所发生的社会关系的法律规范的总称。我国规范个人所得税的基本法律规范主要有:1980年9月10日通过的《中华人民共和国个人所得税法》(以下简称《个人所得税法》),该法在1993年10月30日、1999年8月30日、2005年10月27日、2007年6月29日、2007年12月29日、2011年6月30日分别进行了六次修改,自2011年9月1日起施行;1994年1月28日国务院通过的《个人所得税法实施条例》,该条例在2005年12月18日、2011年6月30日进行了两次修改,自2011年9月1日起施行。与此同时,中国内地个人所得税免征额调至3500元,外籍人士的个人所得税起征点为4800元。

(一) 纳税人

个人所得税的纳税义务人包括中国公民、个体工商户以及在中国有所得的外籍人员(包括无国籍人员)和香港、澳门、台湾同胞。上述纳税人又可分为居民纳税人和非居民纳税人两类。

居民纳税人是在中华人民共和国境内有住所或者无住所而在境内居住满1年的个人,居民纳税义务人负有无限纳税义务,其所取得的应纳税所得,无论是来源于中国境内还是中国境外,都要在中国境内缴纳个人所得税。

非居民纳税人是在中国境内无住所又不居住或者无住所而在境内居住不满1年但有来源于中国境内所得的个人。非居民纳税义务人负有有限纳税义务,即仅就其来源于中国境内的所得,向中国缴纳个人所得税。

另外,个人独资企业和合伙企业的投资者,也为个人所得税的纳税义务人。

(二) 证税对象

个人所得税以个人取得的各项所得为征税对象,一共包括11个应税项目。

1. 工资、薪金所得

工资、薪金所得是指个人因任职或者受雇而取得的工资、薪金、奖金、年终加薪、劳动分红、津贴、补贴以及与任职或者受雇有关的其他所得。

2. 个体工商户的生产、经营所得

个体工商户的生产、经营所得是指: (1) 个体工商户从事工业、手工业、建筑业、交通运输业、商业、饮食业、服务业、修理业以及其他行业生产、经营取得的所得; (2) 个人经政府有关部门批准,取得执照,从事办学、医疗、咨询以及其他有偿服务活动取得的所得; (3) 其他个人从事个体工商业生产、经营取得的所得; (4) 上述个体工商户和个人取得的与生产、经营有关的各项应纳税所得。

3. 对企事业单位的承包经营、承租经营所得

对企事业单位的承包经营、承租经营所得是指个人承包经营、承租经营以及转包、转租取得的所得，包括个人按月或者按次取得的工资、薪金性质的所得。

4. 劳务报酬所得

劳务报酬所得是指个人从事设计、装潢、安装、制图、化验、测试、医疗、法律、会计、咨询、讲学、新闻、广播、翻译、审稿、书画、雕刻、影视、录音、录像、演出、表演、广告、展览、技术服务、介绍服务、经纪服务、代办服务以及其他劳务的所得。

5. 稿酬所得

稿酬所得是指个人因其作品以图书、报刊形式出版、发表而取得的报酬。

6. 特许权使用费所得

特许权使用费所得是指个人提供专利权、商标权、著作权、非专利技术以及其他特许权的使用权取得的所得；提供著作权的使用权取得的所得报酬，不包括稿酬所得。

7. 利息、股息、红利所得

利息、股息、红利所得是指个人拥有债权、股权而取得的利息、股息、红利所得。

8. 财产租赁所得

财产租赁所得是指个人出租建筑物、土地使用权、机器设备、车船以及其他财产取得的报酬。

9. 财产转让所得

财产转让所得是指个人转让有价证券、股权、建筑物、土地使用权、机器设备、车船以及其他财产取得的报酬。

10. 偶然所得

偶然所得是指个人得奖、中奖、中彩以及其他偶然性质的所得。

11. 其他

经国务院财政部门确定征税的其他所得。

(三) 税率

个人所得税根据不同的税目适用不同的税率：
(1) 工资、薪金所得适用超额累进税率，税率为 3%～45%(见表 8-3)。
(2) 个体工商户的生产、经营所得和对企事业单位的承包经营、承租经营所得，适用 5%～35%的超额累进税率(见表 8-4)。
(3) 稿酬所得适用比例税率，税率为 20%，并按应纳税额减征 30%。
(4) 劳务报酬所得适用比例税率，税率为 20%，对劳务报酬所得一次收入略高的，可以实行加成征收。所谓"劳务报酬所得一次收入略高的"是指个人一次取得劳务报酬，其应纳税所得额过 20 000 元。劳务报酬所得加成征税采取超额累进办法，即个人取得劳务报酬收入的应纳税所得额单次超过 20 000～50 000 元的部分，按照税法规定计算应纳税额后，

再按照应纳税额加征 5%；超过 50 000 元的部分，加征 10%(见表 8-5)。

(5) 特许权使用费所得，利息、股息、红利所得，财产租赁所得，财产转让所得，偶然所得和其他所得，适用比例税率，税率为 20%。

自 2008 年 3 月 1 日起，对个人出租住房的所得暂按 10%的税率征收个人所得税。

表 8-3　税率表(一)　(工资、薪金所得适用)

级数	全月应纳税所得额	税率/%	速算扣除数
1	不超过 1500 元的	3	0
2	超过 1500 元至 4500 元的部分	10	105
3	超过 4500 元至 9000 元的部分	20	555
4	超过 9000 元至 35 000 元的部分	25	1005
5	超过 35000 元至 55 000 元的部分	30	2775
6	超过 55000 元至 80 000 元的部分	35	5505
7	超过 80 000 元	45	13 505

注：本表所称全月应纳税所得额是指依照《个人所得税法》第 6 条的规定，以每月收入额减除费用标准(自 2011 年 9 月 1 日起为 3500 元)后的余额，为应纳税所得额。

表 8-4　税率表(二)　(个体工商户生产、经营所得和对企事业单位承包经营、承租经营所得适用)

级数	全年应纳税所得额	税率/%	速算扣除数
1	不超过 15 000 元的	5	0
2	超过 15 000 元至 30 000 元的部分	10	750
3	超过 30 000 元至 60 000 元的部分	20	3750
4	超过 60 000 元至 100 000 元的部分	30	9750
5	超过 100 000 元的部分	35	14 750

注：本表所称全年应纳税所得额是指依照《个人所得税法》第 6 条的规定，以每年纳税年度的收入总额，减除成本、费用以及损失后的余额，为应纳税所得额。

表 8-5　税率表(三)　(劳务报酬所得)

级数	每次应纳税所得额	税率/%	速算扣除数
1	不超过 20 000 元的	20	0
2	超过 20 000 元至 50 000 元的部分	30	2000
3	超过 50 000 元	40	7000

注：本表所称每次应纳税所得额是指依照《个人所得税法》第 6 条的规定，每次收入不超过 4000 元的，减除费用 800 元；4000 元以上的，减除 20%的费用，其余额为应纳税所得额。

(四) 计税依据

计税依据为个人取得的各项应税收入减去规定扣除项目或金额的余额，即为应纳税所得额。个人取得的应纳税所得包括现金、实物和有价证券。个人所得项目应纳税所得额的计算方法如下：

(1) 工资、薪金所得，以每月收入额减除费用 3500 元后的余额，为应纳税所得额。外籍人员和在境外工作的中国公民，每月在减除 3500 元的基础上，再减除 1300 元的附加减除费用，费用扣除总额为 4800 元。

(2) 个体工商户的生产、经营所得，以每一纳税年度的收入总额减除成本、费用以及损失后的余额，为应纳税所得额。

(3) 对企事业单位的承包、承租经营所得，以某一纳税年度的收入总额，减除成本、费用以及损失后的余额，为应纳税所得额。

(4) 劳务报酬所得、稿酬所得、特许权使用费所得、财产租赁所得，每次收入不超过 4000 元的，减除费用 800 元；4000 元以上的，减除 20% 的费用，其余额为应纳税所得额。

(5) 财产转让所得，以转让财产的收入额减除财产原值和合理费用后的余额，为应纳税所得额。

(6) 利息、股息、红利所得，偶然所得和其他所得，以每次收入额为应纳税所得额。

（五）个人所得税的计算

个人所得税应纳税额以应纳税所得额为计税依据，基本计算公式为

$$全月应纳税所得额 = 月薪金收入总额(包括加班费等) - 3500$$
$$- 个人支付的社保和公积金费用$$
$$全月应纳税额 = 全月应纳税所得额 × 适用税率 - 速算扣除数$$

年终奖金应纳税额为

$$年终奖应纳税额 = 年终奖金总额 × 年终奖适用税率 - 速算扣除数$$

年终奖金的个人所得税适用的税率：年终奖金总额除以 12 后，再对应计算适用税率。

【案例 8-9】 某员工 2013 年 1 月份工资收入 5000 元，并同时获发 2012 年度年终奖总额 10 000 元。计算员工 2013 年 1 月份的个人所得税。

解析：　　当月工资收入的个人所得税

$$= [5000 - 3500 - 5000 × 10\%(个人社保部分)$$
$$- 5000 × 5\%(个人住房公积金部分)] × 3\% - 0(速算扣除数)$$
$$= 22.5(元)$$

该员工年度奖金的个人所得税适用的税率：$\dfrac{10\,000}{12} = 833.33$ (元)，其相对应的适用税率是 3%，速算扣除数为 0。

该员工年终奖金应纳个人所得税 = 10 000 × 3% - 0 = 300(元)。

总纳税额：2013 年 1 月份共应纳个人所得税 = 22.5 + 300 = 322.5(元)。

（六）税收减免

下列各项个人所得，免纳个人所得税：

(1) 省级人民政府、国务院部委和中国人民解放军军以上单位，以及外国组织、国际组织颁发的科学、教育、技术、文化、卫生、体育、环境保护等方面的奖金。

(2) 国债和国家发行的金融债券利息。

(3) 按照国家统一规定发给的补贴、津贴。

(4) 福利费、抚恤金、救济金。

(5) 保险赔款。

(6) 军人的转业费、复员费。

(7) 按照国家统一规定发给干部、职工的安家费、退职费、退休工资、离休工资、离休生活补助费。

(8) 按照我国有关法律规定应予免税的各国驻华使馆、领事馆的外交代表、领事官员和其他人员的所得。

(9) 中国政府参加的国际公约、签订的协议中规定免税的所得。

(10) 经国务院财政部门批准免税的所得。

有下列情形之一的，经批准可以减征个人所得税：

(1) 残疾、孤老人员和烈属的所得。

(2) 因严重自然灾害造成重大损失的。

(3) 其他经国务院财政部门批准减税的。

二、企业所得税

(一) 企业所得税的概念

企业所得税是指对中华人民共和国境内的企业(居民企业及非居民企业)和其他取得收入的组织以其生产经营所得为课税对象所征收的一种所得税。

我国现行企业所得税法是以 2007 年 3 月 16 日第十届全国人民代表大会第五次会议审议通过并于 2008 年 1 月 1 日起施行的《中华人民共和国企业所得税法》(以下简称《企业所得税法》)，以及国务院 2007 年 11 月 28 日通过并于 2008 年 1 月 1 日起施行的《企业所得税法实施条例》为法律依据。随后国家财政、税务主管部门又制定了一系列部门规章和规范性文件。这些法律法规、部门规章及规范性文件构成了我国的企业所得税法律制度。

(二) 纳税主体

纳税主体又称为纳税人，凡是在中华人民共和国境内的企业和其他取得收入的组织均为企业所得税的纳税人，依照法律的规定缴纳企业所得税。个人独资企业、合伙企业不适用《企业所得税法》。

企业分为居民企业和非居民企业。居民企业是指依法在中国境内成立，或者依照外国(地区)法律成立但实际管理机构在中国境内的企业。非居民企业是指依照外国(地区)法律成立且实际管理机构不在中国境内，但在中国境内设立机构、场所的，或者在中国境内未设立机构、场所，但有来源于中国境内所得的企业。实际管理机构是指对企业的生产经营、人员、财务、财产等实施实质性全面管理和控制的机构。

企业所得税的纳税人必须同时具备以下条件：

(1) 在银行开设结算账户。

(2) 独立建账，编制财物会计报表。

(3) 独立计算盈亏。

(三) 证税对象

居民企业应当就其来源于中国境内、境外的所得缴纳企业所得税；非居民企业在中国境内设立机构、场所的，应当就其所设机构、场所取得的来源于中国境内的所得，以及发生在中国境外但与其所设机构、场所有实际联系的所得缴纳企业所得税；非居民企业在中国境内未设立机构、场所的，或者虽设立机构、场所但取得的所得与其所设机构、场所没有实际联系的，应当就其来源于中国境内的所得缴纳企业所得税。

企业所得包括销售货物所得、提供劳务所得、转让财产所得、股息红利等权益性投资所得、利息所得、租金所得、特许权使用费所得、接收捐赠所得和其他所得。实际联系是指非居民企业在中国境内设立的机构、场所拥有据以取得所得的股权、债权，以及拥有、管理、控制据以取得所得的财产等。

(四) 税率

企业所得税的税率为 25%。非居民企业在中国境内未设立机构、场所的，或者虽设立机构、场所但取得的所得与其所设机构、场所没有实际联系的，应当就其来源于中国境内的所得按照 20%的税率缴纳企业所得税。符合条件的小型微利企业，减按 20%的税率征收企业所得税。国家需要重点扶持的高新技术企业，减按15%的税率征税企业所得税。

(五) 企业所得税应纳税所得额的计算

企业所得税的计税依据是应纳税所得额。企业每一纳税年度的收入总额减除不征税收入、免税收入、各项扣除以及允许弥补的以前年度亏损后的余额，为应纳税所得额。用公式表示为

应纳税所得额＝每一纳税会计年度的收入总额 – 准予扣除项目金额 – 以前年度亏损

企业应纳税所得额的计算，以权责发生制为原则，属于当期的收入和费用，不论款项是否收付，均作为当期的收入和费用；不属于当期的收入和费用，即使款项已经在当期收付，均不作为当期的收入和费用。

1. 收入总额的确定

企业以货币形式和非货币形式从各种来源取得的收入，为收入总额，其包括：

(1) 销售货物收入。

(2) 提供劳务收入。

(3) 转让财产收入。

(4) 股息、红利等权益性投资收益。

(5) 利息收入。

(6) 租金收入。

(7) 特许权使用费收入。

(8) 接受捐赠收入。

(9) 其他收入。

但下列收入为不征税收入：

(1) 财政拨款。

(2) 依法收取并纳入财政管理的行政事业性收费、政府性基金。

(3) 国务院规定的其他不征税收入。

2. 准予扣除项目

企业实际发生的与取得收入有关的、合理的支出，包括成本、费用、税金、损失和其他支出，准予在计算应纳税所得额时扣除。这里的成本是指企业在生产经营活动中发生的销售成本、销货成本、业务支出以及其他耗费；费用是指企业在生产经营活动中发生的销售费用、管理费用和财务费用，已经计入成本的有关费用除外；税金是指企业发生的除企业所得税和允许抵扣的增值税以外的各项税金及其附加；损失是指企业在生产经营活动中发生的固定资产和存货的盘亏、毁损、报废损失，转让财产损失，呆账损失，坏账损失，自然灾害等不可抗力因素造成的损失以及其他损失。

准予扣除项目具体为：

(1) 企业发生的合理的工资薪金支出。

(2) 企业依照国务院有关主管部门或者省级人民政府规定的范围和标准为职工缴纳的基本养老保险费、基本医疗保险费、失业保险费、工伤保险费、生育保险费等基本社会保险费和住房公积金。

(3) 企业在生产经营活动中发生的合理的不需要资本化的借款费用。

(4) 企业在生产经营活动中发生的利息支出。

(5) 企业发生的职工福利费支出，不超过工资薪金总额 14%的部分。

(6) 企业拨缴的工会经费，不超过工资薪金总额 2%的部分，准予扣除。

(7) 企业发生的职工教育经费支出，不超过工资薪金总额 2.5%的部分(超过部分，准予在以后纳税年度结转扣除)。

(8) 企业发生的与生产经营活动有关的业务招待费支出，按照发生额的 60%扣除，但最高不得超过当年销售(营业)收入的 5‰。

(9) 企业发生的符合条件的广告费和业务宣传费支出，不超过当年销售(营业)收入 15%的部分(超过部分，准予在以后纳税年度结转扣除)。

(10) 企业依照法律、行政法规有关规定提取的用于环境保护、生态恢复等方面的专项资金(专项资金提取后改变用途的，不得扣除)。

(11) 企业参加财产保险，按照规定缴纳的保险费；企业发生的合理的劳动保护支出。

(12) 非居民企业在中国境内设立的机构、场所，就其中国境外总机构发生的与该机构、场所生产经营有关的费用，能够提供总机构出具的费用汇集范围、定额、分配依据和方法等证明文件，并合理分摊的。

(13) 企业发生的公益性捐赠支出，不超过年度利润总额 12%的部分。

3. 不得扣除项目

在计算应纳税所得额时，下列支出不得扣除：

(1) 向投资者支付的股息、红利等权益性投资收益款项。

(2) 企业所得税税款。

(3) 税收滞纳金。

(4) 罚金、罚款和被没收财物的损失。

(5) 公益性捐赠支出以外的捐赠支出。

(6) 企业发生的与生产经营活动无关的各种非广告性质支出，即赞助支出。

(7) 未经核定的准备金支出，主要是不符合国务院财政、税务主管部门规定的各项资产减值准备、风险准备等准备金支出。

在计算应纳税所得额时，企业财务、会计处理办法与税收法律、行政法规的规定不一致的，应当依照税收法律、行政法规的规定计算纳税。

4. 以前年度亏损

企业纳税年度发生的亏损，准予向以后年度结转，用以后年度的所得弥补，但结转年限最长不得超过 5 年。

(六) 应纳税额

企业的应纳税所得额乘以适用税率，减除依照本法关于税收优惠的规定减免和抵免的税额后的余额，为应纳税额。

$$应纳税额 = 应纳税所得额 \times 税率$$

企业取得的下列所得已在境外缴纳的所得税税额，可以从其当期应纳税额中抵免，抵免限额为该项所得依照本法规定计算的应纳税额(超过抵免限额的部分，可以在以后 5 个年度内，用每年度抵免限额抵免当年应抵税额后的余额进行抵补)：(1) 居民企业来源于中国境外的应税所得；(2) 非居民企业在中国境内设立机构、场所，取得发生在中国境外但与该机构、场所有实际联系的应税所得。

(七) 税收优惠

国家对重点扶持和鼓励发展的产业和项目，给予企业所得税优惠。企业的下列收入为免税收入：

(1) 国债利息收入。

(2) 符合条件的居民企业之间的股息、红利等权益性投资收益。

(3) 在中国境内设立机构、场所的非居民企业从居民企业取得与该机构、场所有实际联系的股息、红利等权益性投资收益。

(4) 符合条件的非营利公益组织的收入。

企业的下列所得，可以免征、减征企业所得税：

(1) 从事农、林、牧、渔业项目的所得。

(2) 国家重点扶持的公共基础设施项目投资经营的所得。

(3) 从事符合条件的环境保护、节能节水项目的所得。

(4) 符合条件的技术转让所得。

(5)《企业所得税法》第 3 条第 3 款规定的所得。

　　民族自治地方的自治机关对本民族自治地方的企业应缴纳的企业所得税中属于地方分享的部分，可以决定减征或者免征。自治州、自治县决定减征或者免征的，须报省、自治区、直辖市人民政府批准。

　　企业购置用于环境保护、节能节水、安全生产等专用设备的投资额，可以按一定比例实行税额抵免。

　　根据国民经济和社会发展的需要，或者由于突发事件等原因对企业经营活动产生重大影响的，国务院可以制定企业所得税专项优惠政策，报全国人民代表大会常务委员会备案。

第四节　税收征收管理法

　　税收征收管理法是指调整税收征收与税收管理过程中发生的社会关系的法律规范的总称。

　　我国关于税收征收管理的法律规范主要有：1992 年 9 月 4 日第七届全国人民代表大会常务委员会第二十七次会议通过的《中华人民共和国税收征收管理法》(以下简称《税收征收管理法》)，该法自 1993 年 1 月 1 日起施行。1995 年 2 月 28 日第八届全国人民代表大会常务委员会第十二次会议对该法作了修改，2001 年 4 月 28 日第九届全国人民代表大会常务委员会第二十一次会议对该法再次作了修改，并自 2001 年 5 月 1 日起施行。2002 年 9 月 7 日年国务院公布了《税收征收管理法实施细则》。并自 2002 年 10 月 15 日起施行。

一、税务管理

　　国务院税务主管部门主管全国税收征收管理工作，各地国家税务局和地方税务局各自在税收征收管理范围分别进行征收管理。

(一) 税务登记

　　凡是税法规定的应当纳税的个人、企业及其分支机构，都必须在领取营业执照之日起 30 日内，持有关证件向税务机关申请办理税务登记。纳税人如发生需要改变税务登记的情形时，也应当在有关部门批准或者自宣告之日起 30 日内，向主管税务机关申报办理变更登记或者注销税务登记。

(二) 账簿、凭证管理

　　账簿、凭证是纳税人生产经营的重要管理工具，也是税务机关进行税务监督的主要依据。纳税人必须按国家财务、会计法规和税务主管部门的规定设置账簿，根据合法、有效的凭证记账，进行核算，并按规定完整地保存账簿、记账凭证等纳税资料。个体工商户确实不能设置账簿的，经税务机关批准可以不设。

(三) 纳税申报

　　纳税人必须依照法律、行政法规规定或者税务机关依照法律、行政法规的规定确定的申报期限、申报内容如实办理纳税申报，报送纳税申报表、财务会计报表以及税务机关根据实际需要要求纳税人报送的其他纳税资料。

扣缴义务人必须依照法律、行政法规规定或者税务机关依照法律、行政法规的规定确定的申报期限、申报内容如实报送代扣代缴、代收代缴税款报告表以及税务机关根据实际需要要求扣缴义务人报送的其他有关资料。

纳税人、扣缴义务人不能按期办理纳税申报或者报送代扣代缴、代收代缴税款报告表的，经税务机关核准，可以延期申报。

二、税款征收

(一) 征收方式

根据《税收征收管理法》及《税收征收管理法实施细则》的规定，税务机关可以采取查账征收、查定征收、查验征收、定期定额征收、代扣代缴以及委托征收等方式征收税款。

(二) 征收期限

纳税人应按照法定或者税务机关依法确定的期限缴纳税款。纳税人未按照上述期限缴纳税款的，税务机关除责令其期限缴纳外，从滞纳税款之日起，按日加收滞纳税款 0.5‰ 的滞纳金。对纳税人因不可抗力导致发生较大损失、正常生产经营活动受到较大影响，或当期货币资金在扣除应付职工工资、社会保险费后，不足以缴纳税款的，经县级以上税务局(分局)批准，可以延期缴纳税款，但最长不得超过 3 个月。经批准延期缴纳的税款不加收滞纳金。

(三) 减、免、退、补规定

纳税人可以依法向税务机关书面申请减税、免税。减税、免税的申请须经法律、行政法规规定的机关审批。

纳税人超过应纳税额缴纳的税款，税务机关发现后，应当立即退还；纳税人自结算缴纳税款之日起 3 年内发现的，可以向税务机关要求退还，税务机关查实后应当立即返还。由于税务机关的责任，致使纳税人、扣缴义务人未缴或少缴税款的，税务机关在 3 年内可以要求其补缴税款，但不得加收滞纳金(每日征收欠款的 0.5‰)。由于纳税人、扣缴义务人计算错误等失误，未缴或少缴税款的，税务机关在 3 年内可以追征，有特殊情况的，追征期可以延长到 5 年。

【案例8-10】 甲公司 100 万元税款拖欠了 24 天，税务机关依法加收该公司滞纳税款的滞纳金为(　　)元。

A. 11 000　　　　　　B. 12 000　　　　　　C. 13 000　　　　　　D. 14 000

解析：滞纳金 $= \dfrac{100\,万元 \times 0.5}{10\,000} \times 24\,天 = 12\,000(元)$，故选 B。

(四) 关于征收保全的规定

税收保全措施是税务机关在纳税期限以前，为预防纳税人逃避税款缴纳义务而采取的措施。包括：(1) 责令限期缴纳税款；(2) 责成提供纳税担保；(3) 通知金融机构暂停支付相当于应缴税额的存款金额；(4) 扣押、查封纳税人的价值相当于应纳税款的商品、财产等；(5) 附条件限制出境。

(五) 关于强制执行的规定

在纳税人超过纳税期限仍未缴纳税款的情况下，税务机关在符合法定条件时，可以采取以下强制措施：

(1) 书面通知其开户银行或其他金融机构从其存款中扣缴税款。

(2) 扣押、查封、拍卖价值相当于应缴税款的商品、财产等，以拍卖所得抵缴税款。

三、税务检查

税务检查是指税务机关依法对纳税主体履行纳税义务的情况所进行的检验、核查。税务检查是税收征收管理的重要内容。

我国税务机关的税务检查权包括：

(1) 资料检查权。

(2) 实地检查权。

(3) 资料取得权。

(4) 单证查核权。

(5) 税情询问权。

(6) 存款查核权。

在税务机关依法进行税务检查时，纳税人必须依法接受检查，据实报告情况和提供有关资料，并为查验盘点实物提供方便，不得隐瞒、阻碍、刁难。同时税务机关派员对纳税人进行检查时，应当出示证件并负有退还资料和保守秘密的义务。

四、争议的处理

纳税人、扣缴义务人、纳税担保人同税务机关在纳税上发生争执时，必须依照税务机关的纳税决定缴纳或者解缴税款及滞纳金或者提供相应的担保，然后可以在收到税务机关填发的缴纳凭证之日起 60 日内申请行政复议。复议机关应当在收到复议申请之日起 60 日内作出复议决定。情况复杂，不能在规定期限作出复议决定的，经复议机关负责人批准，可以适当延长，但是延长的期限最多不超过 30 日。对行政复议决定不服的，可以自收到复议决定之日起 15 日内向人民法院起诉。

当事人对税务机关的处罚决定、强制执行措施或者税收保全措施不服的，可以依法申请行政复议，也可以依法直接向人民法院起诉。当事人对税务机关处罚的处罚决定逾期不申请行政复议也不向人民法院起诉、又不履行的，作出处罚决定的税务机关可以采取法律规定的强制执行措施，或者申请人民法院强制执行。

五、法律责任

(一) 纳税人违反税法的法律责任

1. 纳税人违反税务管理规定的法律责任

纳税人违反税务管理规定的行为，主要包括违反税务登记、账证管理的规定以及违反纳税申报的规定。对于前一类情况，税务机关有权责令其期限改正，逾期不改正的，可以处以 2000 元以下的罚款；情节严重的，处以 2000 元以上 10 000 元以下的罚款。对后一类情况，由税务机关责令其期限改正，可以并处与前一类相同的罚款。

2. 纳税人违反税款征收规定的法律责任

纳税人违反税款征收规定应承担的法律责任主要包括以下几种情况：

(1) 偷税行为：即纳税人采用伪造、变造、隐匿、擅自销毁账簿、记账凭证，在账簿上多列支出或者不列、少列收入，或者经税务机关通知申报而拒不申报，或者进行虚假的纳税申报，不缴或少缴应纳税款的行为。偷税行为未构成犯罪的除追缴其偷税款、滞纳金外，应处以偷税数额 50%以上 5 倍以下的罚款；构成犯罪的，依法追究其刑事责任。

(2) 欠税行为：即纳税人在纳税期限届满后，仍未缴或少缴应纳税款的行为，税务机关应责令欠税人限期缴纳并加收滞纳金，逾期仍未缴纳的，除采取强制措施追缴外，应处以不缴或少缴的税款 5 倍以下的罚款。如果欠税人采取转移或者隐匿财产的手段，致使税务机关无法追缴税款，则构成妨碍追缴欠税的行为。未构成犯罪的，除追缴所欠税款、滞纳金外，还应处以欠缴税款 50%以上 5 倍以下的罚款；构成犯罪的，依法追究刑事责任。

(3) 抗税行为：即以暴力、威胁方法拒不缴纳税款的行为。抗税行为未构成犯罪的，追缴税款，并处拒缴税款 1 倍以上 5 倍以下的罚款；构成犯罪的依法追究其刑事责任。

(二) 扣缴义务人违反税法的法律责任

扣缴义务人是税法规定的负有代扣代缴、代收代缴税款义务的单位和个人。扣缴义务人违反税法规定的法律责任主要有以下几种情况：

(1) 未按规定设置和保管代扣代缴、代收代缴税款的账簿、记账凭证以及有关资料的，或者未按有关规定报送代扣代缴、代收代缴报告表的，由税务机关限期改正，逾期不改正的，处以 2000 元以下的罚款；情节严重的，可以在法定限度内处以高额度的罚款。

(2) 扣缴义务人具有偷税行为的，其法律责任与纳税人偷税的法律责任相同。

(3) 扣缴义务人应扣未扣、应收未收税款的，由扣缴义务人缴纳该税款，除非其已经将纳税人拒绝代扣、代收的情况及时报告税务机关。

(三) 税务人员违反税法的法律责任

税务人员违反税法的行为主要有：

(1) 唆使或协助纳税人、扣缴义务人实施偷税、骗税和妨碍追缴欠税。

(2) 收受或索取纳税人、扣缴义务人的财物。

(3) 玩忽职守，不征或者少征税款，使国家税收受到重大损失。

(4) 私分所扣押、查封的商品、货物或其他财产。

(5) 违法擅自决定税收的开征、停征或者减免、退补。

(6) 滥用职权，故意刁难纳税人、扣缴义务人。

对于上述前 4 项行为，构成犯罪的，依法追究刑事责任；未构成犯罪的，给予行政处分；对于第(5)项行为，除撤销其决定外，应追究直接责任人员的行政责任；对于第(6)项行为，应给予行为人行政处分。

【课后练习】

一、单项选择题

1. 下列各项税法原则中，属于税法基本原则核心的是(　　)。

A. 税收公平原则　　　　　　　　　　B. 税收效率原则

C. 实质课税原则　　　　　　　　　　D. 税收法定原则

2. 下列项目中不属于免征增值税的有(　　)。

A. 古旧图书　　　　　　　　　　　　B. 避孕药品

C. 直接用于科学研究的科学仪器　　　D. 个人销售使用过的游艇

3. 我国增值税的基本税率为(　　)。

A. 10%　　　　　　B. 13%　　　　　　C. 17%　　　　　　D. 20%

4. 下列各项收入中，不应纳增值税的是(　　)。

A. 广告公司广告费收入　　　　　　　B. 邮政部门邮政储蓄收入

C. 某房地产开发公司销售办公楼收入　D. 某商店零售化妆品收入

5. 某电梯销售公司为增值税一般纳税人，2014 年 7 月购进 5 部电梯，取得的增值税专用发票注明价款 400 万元、税额 68 万元；当月销售 5 部电梯并开具普通发票，取得含税销售额 526.5 万元、安装费 29.25 万元、保养费 11.7 万元、维修费 5.85 万元。该公司 7 月应缴纳的增值税为(　　)。

A. 8.5 万　　　　　B. 12.75 万　　　　C. 14.45 万元　　　D. 15.3 万元

6. 下列不属于消费税征税范围的有(　　)。

A. 大米　　　　　　B. 烟　　　　　　　C. 化妆品　　　　　D. 小汽车

7. 某啤酒厂销售 A 型啤酒 20 吨给副食品公司，开具税控专用发票收取价款 58 000 元，收取包装物押金 3000 元，该啤酒厂应缴纳的消费税是(　　)。

A. 3000 元　　　　　B. 4400 元　　　　C. 5000 元　　　　D. 6000 元

8. 稿酬所得适用(　　)税率，税率为(　　)，并按应纳税额减征(　　)。

A. 比例，20%，30%　　　　　　　　B. 固定，20%，30%

C. 比例，20%，20%　　　　　　　　D. 固定，30%，20%

9. 某事业单位职工李某，12 月份取得工资 750 元，另取得全年一次性奖金 2800 元。李某应纳个人所得税(　　)。

A. 137.5 元　　　　B. 420 元　　　　　C. 295 元　　　　　D. 412.5 元

10. 按照《企业所得税暂行条例》规定，企业所得税采用比例税率，税率为(　　)。

A. 30%　　　　　　B. 20%　　　　　　C. 25%　　　　　　D. 33%

二、多项选择题

1. 我国现行税法采用的税率有(　　)。

A. 约定税率　　　　　　　　　　　　B. 比例税率

C. 定额税率　　　　　　　　　　　　D. 累进税率

2. 纳税人销售或者进口下列货物，税率为 13%的有(　　)。

A. 粮食、食用植物油

B. 自来水、暖气、冷气、热水、煤气、石油液化气、天然气、沼气、居民用煤炭制品

C. 图书、报纸、杂志

D. 应征资源税的应税矿产品

3. 下列应税消费品中，采用复合计税方法计算消费税的有( )。

A. 烟丝   B. 卷烟

C. 白酒   D. 酒精

4. 按照企业所得税法和实施条例规定，下列各项中属于居民企业的有( )。

A. 在江苏省工商局登记注册的企业

B. 在日本注册但实际管理机构在南京的日资独资企业

C. 在美国注册的企业设在苏州的办事处

D. 在江苏省注册但在中东开展工程承包的企业

5. 按照企业所得税法和实施条例规定，在计算应纳税所得额时，下列支出不得税前扣除的有( )。

A. 土地增值税税款   B. 企业所得税税款

C. 税收滞纳金   D. 向环保部门缴纳的罚款

三、案例分析题

1. 某化妆品厂 3 月销售一批化妆品，适用消费税税率为 30%，不含税价款 100 万元，货款已收到，货物已经发出，增值税税率为 17%，同时两个月前收取包装物租金 2340 元，押金 23400 元，购销双方约定，两个月归还包装物并退还押金，但购货方违约逾期未归还包装物，没收押金。根据上述资料回答下列问题(本月无进项税额)：

(1) 收取包装租金应纳的增值税和消费税为多少元？

(2) 没收包装物押金应纳增值税和消费税为多少元？

(3) 化妆品厂 3 月应纳增值税为多少元？

(4) 化妆品厂 3 月应纳消费税为多少元？

2. 张某 2015 年 10 月份取得以下几笔收入：

(1) 张某于 2015 年 10 月发表一部长篇小说，获得稿酬 10 000 元(已纳个人所得税)，因该小说畅销，本月又加印该小说取得稿酬 2000 元。并且，该小说在本月获得国家文学奖，取得奖金 5000 元。

(2) 张月本月将一篇短篇小说文稿拍卖，取得收入 30 000 元。

(3) 张某本月初将其于市中心自有两间 120 平方米的门面房，出租给陈经营服装。协议规定，租用期一年，年租金 96 000 元，本月取得租金收入 8000 元。另外，本月支付该出租房发生的修缮费用 500 元，取得普通发票，本月允许扣除的税费合计 1496 元均已缴纳，并取得税票。

(4) 张某因购买体育彩票中奖取得奖金 100 000 元，其中 40 000 元通过民政部门捐赠给灾区。

(5) 张某在自己本单位取得本月工资收入 8800 元(现金)。按照该单位内部的规定，员工工资收入应纳税额的 30%由单位负担，其余 70%的应纳税额由员工自己负担。

根据上述资料，计算张某 2015 年 10 月本人实际负担的个人所得税额。

第九章　劳动合同法

【学习目标】

掌握劳动合同概念及特征；掌握劳动合同法的适用范围；掌握劳动合同订立和劳动合同的内容；理解劳动合同的效力以及劳动合同的解除；培养通过劳动合同争议的途径来解决劳动争议问题的能力。

【案例导入】

2005年2月陈某到某学校打扫卫生，双方签订了卫生保洁合同，协议期限约定为1年，协议中要求陈某每日早晚各打扫卫生1次，每月由学校支付陈某报酬800元。以后卫生保洁协议一年一签。陈某与学校均按保洁合同履行了相应义务。在协议履行期间，陈某从未参加过学校组织的任何活动。2012年2月，学校通知陈某不再雇佣他了。后陈某即向当地劳动争议仲裁委员会申请仲裁，要求学校支付解除劳动合同的经济补偿金。劳动争议仲裁委员会以不属于受理范围而驳回了陈某的申请。陈某不服，又于2007年12月初以学校为被告诉至法院，要求被告支付经济补偿金1万元。

法院是否会支持陈某的请求？

第一节　劳动合同法概述

一、劳动合同概述

（一）劳动合同的概念

劳动合同是指劳动者和用人单位签订的，确定双方劳动关系、明确双方劳动权利和义务的书面协议。

劳动关系是劳动者和用人单位在劳动过程中建立的社会经济关系。《中华人民共和国劳动法》（以下简称《劳动法》）第10条规定：建立劳动关系，应当订立书面劳动合同。但是，劳动关系不以书面劳动合同的签订为其前提条件，而是依据双方的用工事实。《中华人民共和国劳动合同法》（以下简称《劳动合同法》）第7条规定：用人单位自用工之日起即与劳动者建立劳动关系。用人单位应当建立职工名册备查。要求用人单位建立职工名册备查目的是为了解决劳动者在发生劳动纠纷时举证困难，难以证明双方劳动关系的存续情况，有这个规定，发生纠纷时用人单位就负有举证义务了。

劳动关系以是否订立劳动合同为标准，可分为劳动法律关系和事实劳动关系。

1. 劳动法律关系

劳动法律关系是指在实现劳动过程中依然按照法律规范而形成的劳动权利和劳动义务关系。劳动法律关系包括主体、内容和客体三个构成要素。

(1) 劳动法律关系的主体。劳动法律关系的主体是指在实现劳动过程中按照劳动法律法规享有权利并承担义务的人，包括劳动者和用人单位。

劳动者是指达到法定年龄、具有劳动能力、以从事某种社会劳动获得收入为主要生活来源的自然人，包括我国公民、外国人和无国籍人。《劳动法》禁止用人单位招用未满 16 周岁的未成年人，但文艺、体育和特种工艺单位在依照国家有关规定、履行审批手续的情况下，可招用未满 16 周岁的未成年人，招用后，须保障其接受义务教育的权利。因此，我国公民的法定就业年龄为年满 16 周岁。用人单位非法招用未满 16 周岁的未成年人的，由劳动行政部门责令改正，处以罚款；情节严重的，由工商管理行政部门吊销其营业执照。

用人单位是指依法招用和管理劳动者，并依照法律规定或合同约定向劳动者提供条件和劳动保护、支付劳动报酬的组织。按照《劳动合同法》规定，用人单位包括以下三类：① 中华人民共和国境内的企业、个体经济组织、民办非企业单位等；② 与劳动者建立关系的国家机关、事业单位、社会团体等；③ 与实行聘用制的工作人员订立劳动合同且法律、行政法规或者国务院未作特别规定的事业单位。

(2) 劳动法律关系的内容。劳动法律关系的内容是指劳动法律关系主体双方依法享有的劳动权利和承担的劳动义务。

(3) 劳动法律关系的客体。劳动法律关系的客体是指劳动法律关系双方的权利和义务所共同指向的对象，按照其在法律关系中的地位和作用，可以分为基本客体和辅助客体。其中，基础客体是指劳动行为，辅助客体是指劳动待遇和劳动条件。

2. 事实劳动关系

事实劳动关系是指用人单位和劳动者没有订立书面合同，但双方实际履行了劳动权利义务而形成的劳动关系。

在某种情况下，如果双方没有签订劳动书面合同，一旦发生纠纷，用人单位可能会否认双方存在的劳动关系，以逃避法律责任。根据 2005 年 5 月原劳动和社会保障部颁布的《关于确立劳动关系有关事项的通知》第 1 条的规定，用人单位招用劳动者未订立书面劳动合同，但同时具备下列情形的，劳动关系成立：

(1) 用人单位和劳动者符合法律、法规规定的主体资格。

(2) 用人单位依法规定的各项劳动规章制度适用于劳动者，劳动者受用人单位的劳动管理，从事用人单位安排的有报酬的劳动，即劳动者具有用人单位的成员身份。

(3) 劳动者提供的劳动是用人单位业务的组成部分。

(二) 劳动合同的特证

劳动合同有其独有的特征。

1. 主体特殊性

劳动合同的当事人一方必定是劳动者，而另一方必定为用人单位。在我国用人单位是指中华人民共和国境内的企业、个体经济组织、民办非企业单位等组织，劳动者是指依法与用人单位建立劳动关系的自然人。

2. 内容法定性

劳动合同的内容明确了双方当事人的权利和义务，合同条款的内容是由法律强制性规定的，例如休息休假制度、合同的解除等内容。

3. 时间连续性

一般来说，劳动合同的完成不是一次性交易，而是劳动者持续付出劳动的连续性过程，即使是以完成一定工作任务为期限的劳动合同亦是如此。这种连续性也决定了即使劳动合同无效，如果双方存在事实劳动关系的，用人单位就应当向劳动者支付报酬。

（三）劳动合同的种类

根据《劳动合同法》第 12 条的规定，劳动合同分为固定期限劳动合同、无固定期限劳动合同和以完成一定工作任务为期限的劳动合同三种。

1. 固定期限劳动合同

固定期限劳动合同是指用人单位和劳动者约定合同终止时间的劳动合同。连续两次订立固定期限劳动合同后续订的，劳动者提出要求签订无固定期限劳动合同的，用人单位应当按照法律规定签订无固定期限劳动合同。

2. 无固定期限劳动合同

无固定期限劳动合同是指用人单位和劳动者约定无确定终止时间的劳动合同。无固定期限劳动合同的目的在于保护劳动者的"黄金年龄"，保护劳动者的职业稳定权，解决劳动合同短期化问题。

《劳动合同法》第 14 条规定，有下列情形之一，劳动者提出或者同意续订、订立劳动合同的，除劳动者提出订立固定期限劳动合同外，应当订立无固定期限劳动。

(1) 劳动者在该用人单位连续工作 10 年。

(2) 用人单位初次实行劳动合同合作制度或者国有企业改制重新订立劳动合同时，劳动者在该单位连续工作满 10 年且距法定退休年龄不足 10 年的。

(3) 连续订立两次固定期限劳动合同，且劳动者没有《劳动合同法》第 39 条、第 40 条第 1 项、第 2 项规定的情形，续订劳动合同的。

3. 以完成一定工作任务为期限的劳动合同

以完成一定工作任务为期限的劳动合同，是指用人单位与劳动者约定以某项工作的完成为合同期限的劳动合同。此类劳动合同由双方当事人协商订立，便于用人单位根据工作性质和工作任务的完成情况，灵活确定劳动合同的起止时间，具有较大的灵活性。

以完成一定工作任务为期限的劳动合同本质上仍然是一种固定期限的合同，但不存在续订问题。它是适用于铁路、公路、桥梁、水利、建筑等以及工作无连续性的特定项目，如"农副产品收购期间"。

二、劳动合同法概述

1.《劳动合同法》的颁布与实施

随着我国市场经济的建立和发展，劳动用工情况多样化，劳动关系发生了巨大的变化，出现一些新型的劳动关系，如非全日制用工、劳务派遣工、家庭用工、个人用工等。同时，在实行劳动合同制的过程中出现一些问题，如用人单位不签订劳动合同、劳动合同短期化、滥用试用期、用人单位随意解除劳动合同、将正常的劳动用工变为劳务派遣等，侵害了劳动者的合法权益，破坏了劳动关系的和谐稳定，也给整个社会的稳定带来隐患。在这种背景下，有必要根据现实存在的问题对劳动合同制度做进一步的完善。

为此，2007年全国人大常委会审议通过了《劳动合同法》，自2008年1月1日起施行。第十一届全国人民代表大会常务委员会第三十次会议于2012年12月28日对《劳动合同法》进行了修改，自2013年7月1日起施行。《劳动合同法》的颁布实施，更加明确了双方当事人的权利和义务，有利于预防和减少劳动争议的发生，构建和谐稳定的劳动关系。

2.《劳动合同法》的适用范围

(1) 中华人民共和国境内的企业、个体经济组织、民办非企业单位、依法成立的会计师事务所、律师事务所等合伙组织和基金会等组织(简称用人单位)与劳动者建立劳动关系，订立、履行、变更、解除或者终止劳动合同，适用《劳动合同法》。

(2) 国家机关、事业单位、社会团体和与其建立劳动关系的劳动者，订立、履行、变更、解除或者终止劳动合同，依照《劳动合同法》执行。

(3) 事业单位与实行聘用制的工作人员订立、履行、变更、解除或者终止劳动合同，法律、行政法规或者国务院另有规定的，依照其规定；未作规定的，依照《劳动合同法》有关规定执行。

(4) 非全日制用工和劳务派遣工的订立、履行、变更、解除或者终止劳动合同，依照《劳动合同法》执行。

公务员、农村劳动者(乡镇企业职工和进城务工、经商的农民除外)、现役军人和个人雇佣关系、在中国境内享有外交特权和豁免权的外国人等不适用我国《中华人民共和国劳动法》。

第二节　劳动合同的订立

一、劳动合同订立的原则

《劳动合同法》第3条规定：订立劳动合同，应当遵循合法、公平、平等自愿、协商一致、诚实信用的原则。

(一) 合法原则

合法原则是指劳动合同订立要遵守国家的法律、法规的要求，包括劳动合同主体、形式以及内容必须合法。

(二) 公平原则

公平原则是指在劳动力市场，用人单位不能采取歧视性的态度对待不同的劳动者，应该一视同仁地提供相同的劳动工资、福利待遇。双方在符合法律规定的前提下，公正合理地确定双方的权利和义务。

(三) 平等自愿原则

平等原则是指劳动合同的缔约双方具有平等的法律地位，享受同等的法律保护；自愿原则是劳动合同当事人完全按照个人意志自主决定是否订立合同、订立合同的内容等，是意思自治的体现。

(四) 协商一致原则

协商一致原则是指劳动者与用人单位在订立劳动合同的过程中，双方通过协商，就合同内容达成一致的原则。任何一方不得把自己的意志强加给另一方，不得强迫订立劳动合同，也不能命令、胁迫对方订立劳动合同。

(五) 诚实信用原则

诚实信用原则是指当事人双方要诚实、守信，不欺诈不隐瞒，在履行劳动合同中，能按照双方的约定如实地履行自己的义务。《劳动合同法》第 8 条规定：用人单位招用劳动者时，应当如实告知劳动者工作内容、工作条件、工作地点、职业危害、安全生产状况、劳动报酬，以及劳动者要求了解的其他情况；用人单位有权了解劳动者与劳动合同直接相关的基本情况，劳动者应当如实说明。

二、劳动合同订立的形式

《劳动合同法》第 10 条规定：建立劳动关系，应当订立书面劳动合同。已建立劳动关系，未同时订立书面劳动合同的，应当自用工之日起 1 个月内订立书面劳动合同。用人单位与劳动者在用工前订立劳动合同的，劳动关系自用工之日起建立。

非全日制用工双方当事人可以订立口头协议。

三、劳动合同的内容

劳动合同的内容可分为必备条款和约定条款。必备条款是劳动合同一般应当具有的条款；约定条款是当事人可以选择适用的条款。

(一) 必备条款

《劳动合同法》规定，劳动合同应当具备以下条款：
(1) 用人单位的名称、住所和法定代表人或者主要负责人。
(2) 劳动者的姓名、住址和居民身份证或者其他有效身份证件号码。
(3) 劳动合同期限。
(3) 工作内容和工作地点。
(4) 工作时间和休息休假。
(5) 劳动报酬。
(6) 社会保险。

(7) 劳动保护、劳动条件和职业危害防护。

(8) 法律、法规规定应当纳入劳动合同的其他事项。

(二) 约定条款

根据《劳动合同法》第 17 条第 2 款的规定，劳动合同除前款规定的必备条款外，用人单位与劳动者可以约定试用期、培训、保守秘密、补充保险和福利待遇等其他事项。

1. 试用期

劳动合同的试用期是指用人单位与劳动者依法约定在劳动合同期内互相考察的期间。《劳动合同法》对此作了明确的规定：

(1) 对试用期的长短作出限制性规定。劳动合同期限 3 个月以上不满 1 年的，试用期不得超过 1 个月；劳动合同期限 1 年以上不满 3 年的，试用期不得超过 2 个月；3 年以上固定期限和无固定期限的劳动合同，试用期不得超过 6 个月。

(2) 限制试用期的约定次数。同一用人单位与同一劳动者只能约定一次试用期。

(3) 规定不得约定试用期的情形。以完成一定工作任务为期限的劳动合同或者劳动合同期限不满 3 个月的，不得约定试用期。非全日制用工也不得约定试用期。

(4) 明确试用期与劳动合同的关系。试用期包含在劳动合同期限内。劳动合同仅约定试用期的，试用期不成立，该期限为合同期限。

(5) 规定试用期的工资标准。劳动者在试用期的工资不低于本单位相同岗位最低档工资或者劳动合同约定工资 80%，并不得低于用人单位所在地的最低工资标准。

【案例 9-1】 根据《劳动合同法》的规定，下列有关劳动合同试用期的说法中，符合规定的有(　　)。

A. 劳动合同可以约定试用期，也可以不约定试用期

B. 无固定期限的劳动合同不得约定试用期

C. 劳动合同期限不满 3 个月的，不得约定试用期

D. 劳动者在试用期内提前 3 日通知用人单位，可以解除劳动合同

解析： 根据《劳动合同法》的规定，劳动合同试用期不是其必备条款，是否约定由当事人决定。无固定期限的劳动合同，试用期不得超过 6 个月，故选 ABD。

2. 培训

培训是指劳动合同中约定由用人单位为劳动者提供专项培训费用，对其进行专业技术培训。根据《劳动合同法》第 22 条的规定，用人单位为劳动者提供专项培训费用，对其进行专业技术培训的，可以与该劳动者订立协议，约定服务期。

3. 保守秘密

保守秘密指在劳动中约定由劳动者对用人单位的秘密负保密义务的合同条款。根据《劳动合同法》第 23 条的规定，用人单位与劳动者可以在劳动合同中约定保守用人单位的商业秘密和与知识产权相关的保密事项。对负有保密义务的劳动者，用人单位可以在劳动合同或者保密协议中与劳动者约定竞业限制条款，并约定在解除或者终止劳动合同后，在竞业限制期限内按月给予劳动者经济补偿。劳动者违反竞业限制约定的，应当按照约定向用人

单位支付违约金。

四、劳动合同的效力

(一) 劳动合同的生效

根据《劳动合同法》第 16 条的规定，劳动合同由用人单位与劳动者协商一致，并经用人单位与劳动者在劳动合同文本上签字或者盖章生效。劳动合同文本由用人单位和劳动者各执一份。

(二) 劳动合同的无效

根据《劳动合同法》第 26 条的规定，下列劳动合同无效或者部分无效：

(1) 以欺诈、胁迫的手段或者乘人之危，使对方在违背真实意思的情况下订立或者变更劳动合同的。

(2) 用人单位免除自己的法定责任、排除劳动者权利的。

(3) 违反法律、行政法规强制性规定的。

对劳动合同的无效或者部分无效有争议的，由劳动争议仲裁机构或者人民法院确认。

依据《劳动合同法》第 27 条的规定，劳动合同部分无效，不影响其他部分效力的，其他部分仍然有效。

依据《劳动合同法》第 28 条的规定，劳动合同被确认无效，劳动者已付出劳动的，用人单位应当向劳动者支付劳动报酬。劳动报酬的数额，参照本单位相同或者相近岗位劳动者的劳动报酬确定。

第三节　劳动合同的履行、变更、解除和终止

一、劳动合同的履行

(一) 劳动合同履行的概念及原则

1. 劳动合同履行的概念

劳动合同履行是指劳动合同的双方按照合同规定，履行各自应承担义务的行为。

2. 劳动合同履行的原则

劳动合同履行的原则主要有：

(1) 全面履行原则。劳动合同对双方当事人具有约束力。双方当事人均应按照劳动合同的约定履行各自应承担的义务。

(2) 实际履行原则。劳动合同双方当事人必须亲自履行劳动合同，而不能由第三人代替履行，也不能以履行其他义务来代替劳动合同约定的义务。

(3) 协作履行原则。劳动合同双方当事人在履行劳动合同的过程中应当互相给予对方必要的协作。双方应互相配合、互相体谅，为对方履行义务提供条件与必要的协助。

(二) 劳动合同履行的特殊规定

1. 用人单位变更名称情形

《劳动合同法》第 33 条规定：用人单位变更名称、法定代表人、主要负责人或者投资人等事项，不影响劳动合同的履行。

2. 用人单位合并或分立情形

《劳动合同法》第 34 条规定：用人单位发生合并或者分立等情况，原劳动合同继续有效，劳动合同由承继其权利和义务的用人单位继续履行。

二、劳动合同的变更

劳动合同的变更是指当事人双方对尚未履行或未完全履行的劳动合同，依照法律规定的条件和程序，对原劳动合同进行修改或增删的法律行为。

用人单位与劳动者协商一致，可以变更劳动合同约定的内容，变更劳动合同应当采用书面形式，变更后的劳动合同文体由用人单位和劳动者各执一份。

三、劳动合同的解除

劳动合同的解除是指劳动合同当事人在劳动合同期限届满之前依法提前终止劳动合同的法律行为。劳动合同的解除有三种情况。

1. 协商解除

《劳动合同法》第 36 条规定：用人单位与劳动者协商一致，可以解除劳动合同。法律对双方协商解除劳动合同没有限制性规定，只要双方当事人达成一致，且不违反法律、行政法规的强制性规定和禁止性规定，即可解除劳动合同。但如果用人单位提出解除劳动合同的要求，劳动者表示同意的，用人单位应当向劳动者支付经济补偿金。

2. 劳动者单方解除

《劳动合同法》第 37 条规定：劳动者提前 30 日以书面形式通知用人单位，可以解除劳动合同。劳动者在试用期内提前 3 日通知用人单位，可以解除合同。

劳动者单方解除劳动合同包括即时辞职和预告辞职两种情形。

(1) 即时辞职。《劳动合同法》第 38 条规定：如果用人单位以暴力、威胁或者非法限制人身自由的手段强迫劳动者劳动的，或者用人单位违章指挥、强令冒险作业危及劳动者人身安全的，劳动者可以立即解除劳动合同，不需事先告知用人单位。

(2) 预告辞职。《劳动合同法》第 38 条规定，有下列情形之一的，劳动者可以单方解除：用人单位未按照劳动合同约定提供劳动保护或者劳动条件的；用人单位未及时足额支付劳动报酬的；用人单位未依法为劳动者缴纳社会保险费的；用人单位的规章制度违反法律、法规的规定，损害劳动者权益的；因《劳动合同法》规定的情形致使劳动合同无效的；法律、行政法规规定劳动者可以解除劳动合同的其他情形。

【案例 9-2】 某甲在一企业工作，试用期未满便想解除劳动合同，下列各项表述中正确的是(　　)。

A. 甲应当提前 30 日以口头或书面形式通知企业解除合同

B. 甲应当提前 3 日以书面形式通知企业解除合同

C. 甲提前 3 日通知用人单位，可以解除劳动合同

D. 甲在试用期内不得解除合同

解析：试用期内劳动者解除劳动合同，法律没要求必须是书面方式，故选 C。

3. 用人单位单方解除

根据《劳动合同法》的规定，用人单位单方解除劳动合同包括以下情形：

(1) 即时辞退。《劳动合同法》第 39 条规定：劳动者在试用期间被证明不符合录用条件的；劳动者严重违反用人单位的规章制度的；劳动者严重失职、营私舞弊，给用人单位造成重大损害的；劳动者同时与其他用人单位建立劳动关系，对完成本单位的工作任务造成严重影响，或者经用人单位提出，拒不改正的；因劳动者采取欺诈、胁迫的手段或者乘人之危，使用人单位在违背真实意思的情况下订立或者变更劳动合同，致使劳动合同无效的；劳动者被依法追究刑事责任的。有以上情形之一，用人单位可以立即解除劳动合同。

(2) 预告辞退。《劳动合同法》第 40 条规定：劳动者患病或者非因工负伤，在规定的医疗期满后不能从事原工作，也不能从事由用人单位另行安排的工作的；劳动者不能胜任工作，经过培训或者调整工作岗位，仍不能胜任工作的；劳动合同订立时所依据的客观情况发生重大变化，致使劳动合同无法履行，经用人单位与劳动者协商，未能就变更劳动合同内容达成协议的。有以上情形之一，用人单位提前 30 日以书面形式通知劳动者本人或者额外支付劳动者 1 个月工资后，可以解除劳动合同。

(3) 经济性裁员。《劳动合同法》第 41 条规定：用人单位依照企业破产法规定进行重整的；生产经营发生严重困难的；企业转产、重大技术革新或者经营方式调整，经变更劳动合同后，仍需裁减人员的；其他因劳动合同订立时所依据的客观经济情况发生重大变化，致使劳动合同无法履行的。有以上情形之一，需要裁减人员 20 人以上或者裁减不足 20 人但占企业职工总数 10%以上的，用人单位提前 30 日向工会或者全体职工说明情况，听取工会或者职工的意见后，裁减人员方案经向劳动行政部门报告，可以裁减人员。

与此同时，裁减人员应当优先留用下列人员：与本单位订立较长期限的固定期限劳动合同的；与本单位订立无固定期限劳动合同的；家庭无其他就业人员，有需要扶养的老人或者未成年人的。

另外，用人单位在 6 个月内重新招用人员的，应当通知被裁减的人员，并在同等条件下优先招用被裁减的人员。

(4) 禁止解除劳动合同情形。《劳动合同法》第 42 条规定，劳动者有以下情形的，用人单位不得解除劳动合同：从事接触职业病危害作业的劳动者未进行离岗前职业健康检查，或者疑似职业病病人在诊断或者医学观察期间的；在本单位患职业病或者因工负伤并被确认丧失或者部分丧失劳动能力的；患病或者非因工负伤，在规定的医疗期内的；女职工在孕期、产期、哺乳期的；在本单位连续工作满 15 年，且距法定退休年龄不足 5 年的；法律、行政法规规定的其他情形。

【案例 9-3】 某公司欲解除与职工李某之间的劳动合同，其所提出的如下解约理由有法律依据的是(   )。

A. 李某经过培训仍不能胜任现工作

B. 李某不满 25 周岁而结婚，违反了公司关于男职工满 25 周岁才能结婚的规定

C. 公司因严重亏损而决定裁员，因此解除与李某的劳动合同

D. 李某非因公出车祸受伤住院，公司向李某送去 3 个月工资并通知其解除劳动合同

　　解析：《劳动合同法》第 43 条规定，用人单位单方解除劳动合同，应当事先将理由通知工会。用人单位违反法律、行政法规规定或者劳动合同约定的，工会有权要求用人单位纠正。用人单位应当研究工会的意见，并将处理结果书面通知工会，故选 AC。

四、劳动合同的终止

　　劳动合同终止是指劳动合同期满或者当事人约定的劳动合同终止条件出现，劳动合同即行终止的情况。

　　《劳动合同法》第 44 条规定，有下列情形之一的，劳动合同终止：

(1) 劳动合同期届满的。

(2) 劳动者开始依法享受基本养老保险待遇的。

(3) 劳动者死亡，或者被人民法院宣告死亡或者宣告失踪的。

(4) 用人单位被依法宣告破产的。

(5) 用人单位被吊销营业执照、责令关闭、撤销或者用人单位决定提前解散的。

(6) 法律、行政法规规定的其他情形。

五、经济补偿

1. 经济补偿的概念及情形

　　经济补偿是按照劳动合同法规定，在劳动者无过错的情况下，用人单位与劳动者解除或者终止劳动合同而依法应给予劳动者经济上补助的行为。其目的是从经济方面制约用人单位的解雇行为，并解决劳动合同短期化问题。

　　有下列情形之一的，用人单位应当向劳动者支付经济补偿：

(1) 因用人单位违法、违约迫使劳动者即时辞职的。

(2) 用人单位向劳动者提出解除劳动合同并与劳动者协商一致解除劳动合同的。

(3) 用人单位依法预告辞退劳动者的。

(4) 用人单位依法进行经济性裁员的。

(5) 劳动合同期满终止的，但用人单位维持或者提高劳动合同约定条件要求续订劳动合同的，劳动者不愿意续订的除外。

(6) 用人单位被依法宣告破产、吊销营业执照、责令关闭、撤销或者用人单位决定提前解散的。

(7) 法律、行政法规规定的其他情形。

2. 经济补偿的标准

　　经济补偿一般根据劳动者在用人单位的工作年限和工资标准来计算具体金额，并以货币形式支付给劳动者。

　　(1) 经济补偿按劳动者在本单位工作的年限，每满 1 年支付 1 个月工资的标准向劳动

者支付。6 个月以上不满 1 年的，按 1 年计算；不满 6 个月的，向劳动者支付半个月工资的经济补偿。

(2) 劳动者在劳动合同解除或者终止前 12 个月的平均工资低于当地最低工资标准的，按照当地最低工资标准计算。劳动者工作不满 12 个月的，按照实际工作的月数计算平均工资。

(3) 劳动者月工资高于用人单位所在直辖市、设区的市级人民政府公布的本地区上年度职工月平均工资 3 倍的，向其支付经济补偿的标准按职工月平均工资 3 倍的数额支付，向其支付经济补偿的年限最高不超过 12 年。

第四节　劳动争议的解决

一、劳动争议概述

(一) 劳动争议的概念

劳动争议是指劳动关系双方当事人在实现劳动权利和履行义务的过程中发生的劳动纠纷。

我国目前处理劳动争议的法律规范主要有两部分：一是中华人民共和国第十届全国人民代表大会常务委员会第三十一次会议于 2007 年 12 月 29 日通过了《中华人民共和国劳动争议调解仲裁法》，自 2008 年 5 月 1 日起施行。二是最高人民法院分别于 2001 年、2006 年、2010 年以及 2012 年通过了四个《最高人民法院关于审理劳动争议案件适用法律若干问题的解释》，自 2013 年 2 月 1 日起施行。以上法律规范为我国处理劳动争议，保护劳动者权益提供了法律保障。

(二) 劳动争议的范围

根据《中华人民共和国劳动争议调解仲裁法》第 2 条规定，劳动争议的范围包括：
(1) 因确认劳动关系发生的争议。
(2) 因订立、履行、变更、解除和终止劳动合同发生的争议。
(3) 因除名、辞退和辞职、离职发生的争议。
(4) 因工作时间、休息休假、社会保险、福利、培训以及劳动保护发生的争议。
(5) 因劳动报酬、工伤医疗费、经济补偿或者赔偿金等发生的争议。
(6) 法律、法规规定的其他劳动争议。

另外，《最高人民法院关于审理劳动争议案件适用法律若干问题的解释(三)》中又增加了三种劳动争议，即社会保险争议；企业改制引发的争议；加付赔偿金的争议。

我国劳动争议的解决方式主要有协商、调解、仲裁和诉讼，其中和解、调解属于可经程序，仲裁和诉讼是处理劳动争议案件的必经程序。

二、劳动争议协商

发生劳动争议后，劳动者可以与用人单位自行协商和解，也可以请工会或者第三方共同与用人单位协商，达成和解协议。

和解协议不具备法律约束力，但对支付工资报酬、加班费、经济补偿或赔偿金等特定事项达成的协议具有法律效力。

三、劳动争议调解

劳动争议调解是指当事人选择向企业劳动争议调解委员会、基层人民调解组织或者在乡镇、街道设立的具有劳动争议调解职能的组织申请调解，处理劳动纠纷的方式。

当事人申请劳动争议调解可以书面申请，也可以口头申请。

经调解达成协议的，应当制作调解协议书。调解协议书由双方当事人签名或者盖章，经调解员签名加盖调解组织印章后生效，对双方当事人具有约束力，当事人应当履行。

自劳动争议调解组织收到调解申请之日起 15 日内未达成调解协议的，当事人可依法申请仲裁。达成调解协议的，一方当事人在协议约定期限内不履行调解协议的，另一个当事人可以依法申请仲裁。

因支付拖欠劳动报酬、工伤医疗费、经济补偿或者赔偿金事项达成调解协议，用人单位在协议约定期限内不履行的，劳动者可以持调解协议书依法向人民法院申请支付令。人民法院应当依法发出支付令。

四、劳动争议仲裁

劳动争议仲裁是指劳动争议仲裁委员会根据当事人的申请，对双方的争议进行裁判，从而作出裁决的一种法律制度。

劳动纠纷适用于"先裁后审"的方式，因此仲裁程序成为劳动诉讼的前置程序。即劳动争议仲裁是人民法院受理劳动争议案件的前提条件。

当事人对劳动争议案件的仲裁裁决不服的，可以自收到仲裁裁决书之日起 15 日内向人民法院提起诉讼。

五、劳动争议诉讼

劳动争议诉讼指劳动争议当事人不服劳动争议仲裁委员会的裁决，在规定的期限内向人民法院起诉，人民法院依照民事诉讼程序，依法对劳动争议案件进行审理的活动。

人民法院对劳动争议案件进行审理，实现两审终审制，是处理劳动争议的最终程序。

劳动争议案件由用人单位所在地或者劳动合同履行地的基层人民法院管辖，劳动合同履行地不明确的，由用人单位所在地的基层人民法院管辖。

【课后练习】

一、单项选择题

1. 用人单位自用工之日起满一年不与劳动者订立书面劳动合同的，视为用人单位与劳动者(　　)。

A. 已订立无固定期限劳动合同

B. 已订立为期一年的固定期限劳动合同

C. 未订立劳动合同

D. 未建立劳动关系

2. 劳动者在试用期间被证明不符合录用条件的，用人单位可以按照以下方式解除劳动合同(　　)。

A. 与劳动者协商一致后解除

B. 提前 30 日以书面形式通知劳动者本人

C. 向劳动行政部门报告后解除

D. 无需提前通知，就可以解除合同

3. 劳动合同约定的试用期不得超过(　　)。

A. 3 个月　　　　　　　　　　　　B. 6 个月

C. 9 个月　　　　　　　　　　　　D. 12 个月

4. 下列(　　)纠纷属于劳动争议。

A. 某私营企业职工张某与地方劳动保障行政部门的工伤认定结论而发生的争议

B. 进城务工的农民黄某与其雇主个体户之间因支付工资报酬发生的争议

C. 某国有企业退休职工李某与社会保险经办机构因退休费用的发放而发生的争议

D. 某有限责任公司的职工李某是该公司的股东之一，因股息分配与该公司发生的争议

5. 下列情形中，订立劳动合同的当事人具备主体合法性的是(　　)。

A. 未满 16 岁的小王与某通信企业签订的劳动合同

B. 未满 16 岁的小张与某酒店签订的劳动合同

C. 未满 16 岁的小李与某杂技团签订的劳动合同

D. 未满 16 岁的小何与某食品公司签订的劳动合同

6. 下列关于无固定期限劳动合同的说法正确的是(　　)。

A. 劳动者可以随时解除无固定期限劳动合同

B. 用人单位与劳动者连续订立二次劳动合同，续订劳动合同时应订立无固定期限劳动合同

C. 用人单位自用工之日起满半年不与劳动者订立书面合同的，视为用人单位与劳动者已订立无固定期限劳动合同

D. 劳动者在同一用人单位工作满十年的，劳动者提出续订劳动合同的，除劳动者提出订立固定期限劳动合同外，用人单位应当与劳动者订立无固定期限劳动合同

7. 2011 年 5 月 4 日，某公司给小刘寄出一封录用通知书，并约定一个月后正式上班。2011 年 6 月 7 日，小刘到该公司报到上班，双方于 2011 年 6 月 10 日签订了劳动合同。该公司与小刘建立劳动关系的日期是(　　)。

A. 2011 年 5 月 4 日　　　　　　　B. 2011 年 6 月 4 日

C. 2011 年 6 月 7 日　　　　　　　D. 2011 年 6 月 10 日

8. 根据《劳动法》的规定，下列不属于劳动争议处理机构的是(　　)。

A. 县级以下地方人民政府

B. 劳动争议仲裁委员会

C. 企业劳动争议调解委员

D. 人民法院

9. 《劳动法》第 20 条第 2 款规定：劳动者在同一用人单位连续工作满(　　)以上、当事人双方同意续延劳动合同的，如果劳动者提出订立无固定期限的劳动合同，应当订立无固定期限的劳动合同。

A. 5 年　　　　　　　　　　　　　B. 10 年

C. 15 年　　　　　　　　　　　　D. 20 年

10. 劳动合同的下列条款中，不属于劳动法规定的必备条款的是(　　)。

A. 劳动报酬　　　　　　　　　　B. 劳动保护和劳动条件

C. 劳动合同终止的条件　　　　　D. 试用期条款

二、多项选择题

1. 根据《劳动合同法》的规定，下列属于劳动合同必备条款的是(　　)。

A. 工作内容和工作地点　　　　　B. 劳动报酬

C. 社会保险　　　　　　　　　　D. 保密条款

2. 根据《劳动合同法》的规定，下列劳动合同无效或者部分无效的有(　　)。

A. 黄某通过伪造的大学毕业证被某公司录用而签订的劳动合同

B. 某酒店与服务员张某在签订的劳动合同中约定"合同期间不得结婚生子"

C. 某建筑公司与农民工李某鉴定的劳动合同中约定"死伤概不负责"

D. 某企业与白某签订的劳动合同中约定"企业不负责为职工缴纳任何社会保险费用"

3. 根据《劳动合同法》的规定，以下属于用人单位可以单方解除劳动合同的情形的有(　　)。

A. 在试用期间被证明不符合录用条件的

B. 严重违反用人单位的规章制度的

C. 劳动者患病或者因工负伤，在规定的医疗期满后可以从事原工作的

D. 严重失职，营私舞弊，给用人单位造成重大损害的

4. 根据《劳动争议调解仲裁法》的规定，下列关于劳动争议仲裁裁决的表述中，正确的有(　　)。

A. 关于工伤医疗费的争议，其仲裁为终局裁决，双方当事人均不得起诉

B. 关于工伤医疗费的争议，其仲裁为终局裁决，但当事人不服的，可以起诉

C. 当事人对可诉的仲裁裁决不服的，可以自收到仲裁裁决书之日起 10 日内向人民法院提起诉讼

D. 当事人对可诉的仲裁裁决不服的，可以自收到仲裁裁决书之日起 15 日内向人民法院提起诉讼

5. 以下(　　)情形属于劳动合同的终止条件。

A. 劳动合同期满的

B. 劳动者开始依法享受基本养老保险待遇的

C. 劳动者死亡，或者被人民法院宣告死亡或者宣告失踪的

D. 劳动合同当事人约定劳动合同终止条件发生的

三、案例分析题

某市劳动行政部门在对甲公司进行例行检查时，发现甲公司存在以下问题：

(1) 2009年2月1日，甲公司在与王某签订劳动合同时，以工作证押金的名义向王某收取200元，至今尚未退还王某。

(2) 张某自2009年4月1日起开始在甲公司工作，月工资3000元。直到2009年7月1日，甲公司才与张某签订了书面劳动合同。

(3) 孙某自2008年7月1日起开始在甲公司工作，直到2009年7月1日，甲公司一直未与孙某签订书面劳动合同。2009年7月2日，孙某要求与甲公司签订无固定期限的劳动合同，遭到甲公司的拒绝。

(4) 2009年8月1日，甲公司与周某的劳动合同到期，已在甲公司连续工作12年的周某提出与甲公司签订无固定期限的劳动合同，遭到甲公司的拒绝。

(5) 2009年9月1日，甲公司与曹某的2年期劳动合同到期。曹某提出，由于自己与甲公司已经连续订立了2次固定期限劳动合同(合同订立日期分别为2005年9月1日、2007年9月1日)，而且自己在合同履行期间没有不良表现，因此，甲公司应当与自己订立无固定期限的劳动合同。

请根据劳动合同法律制度的规定，分别回答以下问题：

(1) 根据本案的提示，指出甲公司收取王某工作证押金的做法是否符合法律规定？甲公司应当承担何种法律责任？

(2) 根据本案的提示，指出甲公司于2009年7月1日与张某签订劳动合同的做法是否符合法律规定？并说明理由。甲公司自2009年4月1日～6月30日期间应向张某合计支付多少工资？并说明理由。

(3) 根据本案的提示，指出甲公司拒绝与孙某签订无固定期限劳动合同的做法是否符合法律规定？并说明理由。

(4) 根据本案的提示，指出甲公司拒绝与周某签订无固定期限劳动合同的做法是否符合法律规定？并说明理由。

(5) 根据本案的提示，指出曹某的主张是否成立？并说明理由。

第十章　经济纠纷的解决

【学习目标】

　　掌握经济仲裁的概念、特征；掌握经济仲裁范围、原则以及经济仲裁机构；了解仲裁程序的法律规定；掌握民事诉讼法的概念、特征以及民事诉讼管辖的法律规定；了解民事诉讼时效的重要性，理解民事诉讼证据以及民事诉讼程序等；学会应用仲裁法和民事诉讼法的理论知识分析及解决实际问题。

【案例导入】

　　原告甲公司向人民法院起诉被告乙及丙公司。起诉状中称，被告乙原是其营销部经理，被丙公司高薪挖去，在丙公司负责市场推销工作。乙利用其在甲公司所掌握的商业秘密，将甲公司的销售与进货渠道几乎全部提供给了丙公司，甲公司因而损失严重，请求乙和丙承担连带赔偿责任。同时申请不公开审理，保护商业秘密。

　　问题：人民法院能否同意原告不公开审理的要求？

第一节　经 济 仲 裁

　　为了保证公正、及时地仲裁经济纠纷，保护当事人的合法权益，保障社会主义市场经济健康发展。第八届全国人民代表大会常务委员会第九次会议于 1994 年 8 月 31 日通过了《中华人民共和国仲裁法》(以下简称《仲裁法》)，自 1995 年 9 月 1 日起施行。最高人民法院于 2005 年 12 月颁布了《关于适用〈中华人民共和国仲裁法若干问题〉的解释》，自 2006 年 9 月 8 日起施行。

一、经济仲裁概述

(一) 经济仲裁概念

　　经济仲裁是指经济纠纷的双方当事人通过协议将争议提交仲裁机构作出裁决的一种制度。经济仲裁作为解决经济纠纷的主要方式，具有以下特点。

1. 自愿性

　　仲裁须以双方当事人在自愿的基础上达成合意为基础，仅有一方当事人的意思表示不能启动仲裁程序。仲裁充分体现当事人的意思自治原则，相对诉讼而言，仲裁程序更加灵活并具有弹性。

2. 终局性

仲裁实行一裁终局制，裁决作出后，当事人就同一纠纷再申请仲裁或者向人民法院起诉的，仲裁委员会或人民法院不予受理。仲裁机构一旦作出裁决，立即生效。相对诉讼而言，仲裁方式更简单、快捷，更易降低纠纷成本。

3. 专业性

根据《仲裁法》的规定，仲裁委员会委员由法律、经济贸易专家和有实际工作经验的人员担任。由此可知，经济仲裁具有很强的专业性。

4. 独立性

仲裁机构之间也无隶属关系，其独立于行政机构和其他机构。仲裁庭仲裁案件依法独立进行，不受行政机关、社会团体和个人的干涉。

5. 民间性

仲裁机构是民间组织，组成仲裁庭的仲裁员由双方当事人选定，也不具有官方的身份。

6. 约束性

仲裁裁决一经作出即发生法律效力，与判决书具有同等的法律效力，对双方当事人均有约束力，一方不履行裁决所确定的义务，另一方可以向人民法院申请强制执行。

(二) 经济仲裁范围

《仲裁法》第 2 条规定：平等主体的公民、法人和其他组织之间发生的合同纠纷和其他财产权益纠纷，可以仲裁。

依据《仲裁法》第 3 条规定，下列纠纷不能提请仲裁：(1) 婚姻、收养、监护、扶养、继承纠纷；(2) 依法应当由行政机关处理的行政争议。

(三) 经济仲裁原则

仲裁机构和当事人应当遵循如下基本原则。

1. 自愿仲裁原则

当事人采用仲裁方式解决纠纷，应当双方自愿达成仲裁协议，没有仲裁协议的，仲裁委员会不予受理。

【案例 10-1】 甲厂与乙厂签订了一份买卖合同，双方约定发生争议由仲裁机关仲裁。后甲厂违约，乙厂根据仲裁协议向仲裁机关申请仲裁，该仲裁机关接受了申请并立案，向甲厂发出了通知书。甲厂拒绝接受仲裁，向本地法院起诉。则该合同纠纷应由谁解决？

A. 仲裁机关　　　B. 人民法院　　　C. 仲裁机关或人民法院　　　D. 双方协商解决

解析：《仲裁法》第 4 条规定：当事人采用仲裁方式解决纠纷，应当双方自愿，达成仲裁协议。没有仲裁协议一方申请仲裁的，仲裁委员会不予受理。第 5 条规定：当事人达成仲裁协议，一方向人民法院起诉的，人民法院不予受理，但仲裁协议无效的除外。故选 A。

自愿仲裁原则主要体现在：
(1) 由当事人双方决定是否将他们之间发生的纠纷提交仲裁。
(2) 由当事人双方约定将哪些争议事项提交仲裁。

(3) 由当事人双方决定将他们之间的纠纷提交哪个仲裁委员会仲裁。

(4) 由当事人自主选定仲裁庭及成员构成。

(5) 由当事人双方约定仲裁的审理方式等有关事项。

2. 独立仲裁原则

仲裁委员会独立于行政机关，与行政机关没有隶属关系，仲裁委员会之间也没有隶属关系。同时，仲裁庭仲裁案件依法独立进行，不受行政机关、社会团体和个人的干涉。

3. 公平合理原则

仲裁庭在处理争议时，要全面、深入、客观地查清与案件有关的事实情况，并以此为依据分清双方当事人的是非曲直，以此确定各方的责任，以达到解决双方争议的目的。

4. 一裁终局原则

仲裁实行一裁终局制度。裁决作出后，当事人就同一纠纷再申请仲裁或者向人民法院起诉的，仲裁委员会或人民法院不予受理。

(四) 经济仲裁机构

经济仲裁机构是指依法设立的，通过仲裁方式解决双方平等主体的自然人、法人和其他组织之间发生的合同争议和其他财产权益争议，并作出仲裁裁决的机构。我国的经济仲裁机构包括仲裁委员会和仲裁协会。

1. 仲裁委员会

仲裁委员会是我国的仲裁机构。仲裁委员会可以在省、直辖市和自治区人民政府所在地的市设立，也可以根据需要在其他设区的市设立，不按行政区划层层设立。

仲裁委员会应当从公道正派的人员中聘任仲裁员。仲裁委员会由主任 1 人，副主任 2～4 人和委员 7～11 人组成。仲裁委员会的主任、副主任和委员由法律、经济贸易学者和有实际工作经验的人员担任。仲裁委员会的组成人员中，法律、经济贸易学者不得少于 2/3。

根据《仲裁法》第 13 条规定，仲裁员应当符合下列条件之一：

(1) 从事仲裁工作满 8 年的。

(2) 从事律师工作满 8 年的。

(3) 曾任审判员满 8 年的。

(4) 从事法律研究、教学工作并具有高级职称的。

(5) 具有法律知识，从事经济、贸易等专业工作并具有高级职称或者具有同等专业水平的。

2. 仲裁协会

中国仲裁协会是社会团体法人。仲裁委员会是中国仲裁协会的会员。中国仲裁协会的章程由全国会员大会制定。仲裁委员会独立于行政机关，与行政机关没有隶属关系。仲裁委员会之间也没有隶属关系。

中国仲裁协会是仲裁委员会的自律性组织，根据章程对仲裁委员会及其组成人员、仲裁员的违纪行为进行监督。

(五) 仲裁协议

1. 仲裁协议的概念

仲裁协议是双方当事人自愿把他们之间已经发生或将来可能发生的财产权益争议提交仲裁机构裁决的书面约定。

2. 仲裁协议的形式和内容

仲裁协议应当采用书面形式，口头协议无效。仲裁协议内容包括：

(1) 请求仲裁的意思表示。

(2) 仲裁事项。

(3) 选定的仲裁委员会。

以上三项内容必须同时具备，否则仲裁协议无效。

3. 仲裁协议的效力

有效的仲裁协议，必须具备下列条件：

(1) 仲裁的事项属法定的仲裁范围。

(2) 仲裁协议必须由完全民事行为能力人订立。

(3) 仲裁协议必须是当事人真实的意思表示。

(4) 仲裁协议不得违反法律和社会公共利益，涉外仲裁不得违背国际公共秩序。

(5) 仲裁协议要符合法定形式，即书面形式。

根据《仲裁法》第 17 条规定，有下列情形之一的，仲裁协议无效：

(1) 约定的仲裁事项超出法律规定的仲裁范围的。

(2) 无民事行为能力人或者限制民事行为能力人订立的仲裁协议。

(3) 一方采取胁迫手段，迫使对方订立仲裁协议的。

【案例 10-2】 上海市某公司与宁波市某公司在东台市签订了一份合同，该合同履行地在温州市。合同中的仲裁条款约定：如本合同发生争议，提交东台市仲裁委员会仲裁。现上海某公司与宁波某公司发生合同纠纷，上海某公司欲申请仲裁，得知东台市未设仲裁委员会，但上海、宁波、温州三个市均设立了仲裁委员会。

问题：上海某公司应当怎么办？

A. 向上海市仲裁委员会申请仲裁　　　B. 向宁波市仲裁委员会申请仲裁

C. 向温州市仲裁委员会申请仲裁　　　D. 向宁波市或温州市的法院起诉

解析：此题测试仲裁协议的效力。最高人民法院《关于适用〈中华人民共和国民事诉讼法〉若干问题的意见》第 146 条规定：当事人在仲裁条款或协议中选择的仲裁机构不存在，或者选择裁决的事项超越仲裁机构权限的，人民法院有权依法受理当事人一方的起诉。据此，A、B、C 项可排除，故选 D。

二、仲裁程序

仲裁程序主要包括申请和受理、仲裁庭的组成、开庭和裁决等环节。

（一）仲裁的申请和受理

1. 申请

依据《仲裁法》第 21 条的规定，当事人申请仲裁应当符合下列条件：

(1) 有仲裁协议。

(2) 有具体的仲裁请求和事实、理由。

(3) 属于仲裁委员会的受理范围，当事人申请仲裁，应当向仲裁委员会递交仲裁协议、仲裁申请书及副本。

2. 受理

仲裁委员会收到仲裁申请书之日起 5 日内，认为符合受理条件的，应当受理，并通知当事人；认为不符合受理条件的，应当书面通知当事人不予受理，并说明理由。

（二）仲裁庭的组成

在我国，仲裁庭的组成有两种形式，即合议仲裁庭和独任仲裁庭。

仲裁庭可以由三名仲裁员或者一名仲裁员组成。由三名仲裁员组成的，设首席仲裁员。当事人约定由三名仲裁员组成仲裁庭的，应当各自选定或者各自委托仲裁委员会主任指定一名仲裁员，第三名仲裁员由当事人共同选定或者共同委托仲裁委员会主任指定。第三名仲裁员是首席仲裁员。当事人约定由一名仲裁员成立仲裁庭的，应当由当事人共同选定或者共同委托仲裁委员会主任指定仲裁员。

根据《仲裁法》第 34 条规定，仲裁员有下列情形之一的，必须回避，当事人也有权提出回避申请：

(1) 是本案当事人或者当事人、代理人的亲属。

(2) 与本案有利害关系。

(3) 与本案当事人、代理人有其他关系，可能影响公平仲裁的。

(4) 私自会见当事人、代理人，或者接受当事人、代理人的请客送礼的。

仲裁员是否回避，由仲裁委员会主任决定；仲裁委员会主任担任仲裁员时，由仲裁委员会集体决定。

（三）仲裁审理与裁决

1. 审理方式

仲裁应当开庭进行。当事人协议不开庭的，仲裁庭可以依据仲裁申请书、答辩书以及其他材料作出裁决。当事人协议公开的，可以公开进行，但涉及国家秘密的除外。

2. 仲裁开庭

仲裁庭开庭仲裁案件，应当按照仲裁规则规定的开庭日期提前通知双方当事人和其他仲裁参与人。当事人有正当理由的，可以申请延期或提前开庭，是否同意由仲裁庭决定。申请人经书面通知，无正当理由不到庭或者未经仲裁庭许可中途退庭的，可以缺席裁决。

3. 仲裁和解

仲裁和解是指仲裁当事人通过协商自行解决仲裁争议事项的行为。当事人申请仲裁后，可以自行和解。当事人达成和解协议的，可以请求仲裁庭根据和解协议作出裁决书，也可以撤回仲裁申请。当事人撤回仲裁申请后反悔的，可以根据原仲裁协议重新申请仲裁。

4. 仲裁调解

仲裁调解是指在仲裁庭主持下，仲裁当事人在自愿协商、互谅互让基础上达成协议，从而解决纠纷的一种制度。

《仲裁法》第 51 条规定：仲裁庭在作出裁决前，可以先行调解。当事人自愿调解的，仲裁庭应当调解。调解达成协议的，仲裁庭应当制作调解书或者根据协议的结果制作裁决书。调解书与裁决书具有同等的法律效力。在调解书签收前当事人反悔的，仲裁庭应当及时作出裁决。

调解书由仲裁员签名，加盖仲裁委员会印章，送达双方当事人。调解书经双方当事人签收后，即发生法律效力。

5. 仲裁裁决

仲裁裁决是指仲裁庭对当事人之间争议的事项进行审理后所作出的终局权威性判定。仲裁裁决的作出，标志着当事人之间纠纷的最终解决。《仲裁法》第 53 条规定：仲裁应当按照多数仲裁员的意见作出，少数仲裁员的不同意见可以记录笔录。仲裁庭不能形成多数意见时，裁决应当根据首席仲裁员的意见作出，独任仲裁的案件，裁决按照独任仲裁员的意见作出，裁决书自作出之日起发生法律效力。

当事人应当履行裁决。一方当事人不履行的，另一方当事人可以依照《民事诉讼法》的有关规定向法院申请执行，受申请的法院应当执行。当事人申请执行仲裁裁决案件，由被执行人住所地或者被执行的财产所在地的中级人民法院管辖。

第二节　民 事 诉 讼

一、民事诉讼法概述

(一) 民事诉讼法概念

民事诉讼法是国家制定的、规范法院与民事诉讼参与人的诉讼活动，调整法院与诉讼参与人法律关系的法律规范的总称。

民事诉讼法有狭义与广义之分。狭义的民事诉讼法是指国家制定的民事诉讼法典，如《民事诉讼法》。广义的民事诉讼法，不仅包括民事诉讼法典，而且还包括宪法，其他法律、法规中有关民事诉讼的规范，以及最高人民法院作出的有关民事诉讼的规范性文件，如最高人民法院《关于适用〈中华人民共和国民事诉讼法〉若干问题的意见》。

1991 年 4 月 9 日第七届全国人民代表大会第四次会议通过了《民事诉讼法》；该法根据 2007 年 10 月 28 日第十届全国人民代表大会常务委员会第三十次会议《关于修改〈中华人民共和国民事诉讼法〉的决定》第一次修正，根据 2012 年 8 月 31 日第十一届全国人民代表大会常务委员会第二十八次会议《关于修改〈中华人民共和国民事诉讼法〉的决定》第二次修正。

(二) 民事诉讼法的特征

1. 公权性

民事诉讼是以司法方式解决平等主体之间的纠纷，是由法院代表国家行使审判权解决民事争议。

2. 强制性

只要原告起诉符合民事诉讼法规定的条件，无论被告是否愿意，诉讼均会发生。当事人不自动履行生效裁判所确定的义务，法院可以依法强制执行。

3. 程序性

民事诉讼是依法定程序进行的诉讼活动，其主要内容是民事诉讼主体的诉讼权利和诉讼义务，以及保障民事诉讼主体诉讼权利和诉讼义务的落实。无论是法院还是当事人和其他诉讼参与人，都需要按照设定的程序实施诉讼行为，违反诉讼程序常常会引起一定的法律后果。

4. 广义性

民事诉讼法的广义性是与民事诉讼的广泛性相适应的。由于民事诉讼广泛适用于民事、经济、劳动争议、专利、商标、海事、债务催偿和法律规定的其他特殊类型的案件，因此民事诉讼法也就广泛地适用于民事诉讼范围内的各类案件的诉讼。

二、民事诉讼制度

(一) 公开审判制度

公开审判制度是指人民法院审理民事案件，除法律规定的情况外，审判过程及结果应当向社会公开，人民法院审理民事案件，除涉及国家秘密、个人隐私或者法律另有规定的除外，应当公开进行。此外离婚案件、涉及商业秘密的案件，当事人申请不公开审理的，可以不公开审理，对不公开审理的案件，法院应当公开宣告判决。

(二) 合议制度

合议制度是指由若干名审判人员组成合议庭，对民事案件进行审理的制度。人民法院审理第一审民事案件，除简易程序由审判员一人独任审理外，由审判员、陪审员共同组成合议庭或者由审判员组成合议庭；人民法院第二审民事案件，由审判员组成合议庭。合议庭的成员人数必须是单数，合议庭由三名以上的单数人员组成。

(三) 回避制度

回避制度是指审判人员和其他有关人员遇到法律规定不宜参加案件审理的情形时，退出案件审理活动的制度。

1. 回避的对象

适用回避的人员包括：审判人员、书记员、翻译人员、鉴定人、勘验人员等。

2. 回避的情形

根据《民事诉讼法》第44条的规定，具有下列情形之一的，应予以回避：

(1) 是本案当事人或当事人、诉讼代理人近亲属的。

(2) 与本案有利害关系的。

(3) 与本案当事人、诉讼代理人有其他关系，可能影响对案件公正审理的。

3. 回避的程序

当事人提出回避申请，应当说明理由，在案件开始审理时提出；回避事由在案件开始审理后知道的，也可以在法庭辩论终结前提出。

院长担任审判长时的回避，由审判委员会决定；审判人员的回避，由院长决定；其他人员的回避，由审判长决定。

人民法院对当事人提出的回避申请，应当在申请提出的3日内，以口头或者书面形式作出决定。申请人对决定不服的，可以在接到决定时申请复议一次。人民法院对复议申请应当在3日内作出复议决定，并通知复议申请人。

4. 回避的法律后果

被申请回避的人员在人民法院作出是否回避的决定前，应当暂停参与本案的工作，但案件需要采取紧急措施的除外。

法院决定同意申请人回避申请的，被申请回避人退出本案的审判或诉讼；法院决定驳回回避申请而当事人申请复议的，复议期间，被申请回避的人员，不停止参与本案的工作。

(四) 两审终审制度

两审终审制度是指一个民事案件经过两级法院的审判，案件的审判即宣告终结的制度。根据该制度，一个民事案件经第一审人民法院审判后，当事人如果不服，有权依法向上一级人民法院提出上诉，上一级人民法院对上诉案件审理后作出的判决和裁定，是终审判决、裁定，当事人不得再提起上诉。如果发现终审裁决确有错误，可以通过审判监督程序予以纠正。但是，下列民事案件实行一审终审：(1) 最高人民法院作为一审法院审理的民事案件；(2) 适用特别程序、督促程序、公示催告程序和企业法人破产还债程序审理的案件。

三、民事诉讼管辖

(一) 级别管辖

民事诉讼中的管辖是指各级人民法院之间和同级人民法院之间受理第一审民事案件的分工和权限。

基层人民法院管辖第一审民事案件，但本法另有规定的除外。

中级人民法院管辖下列第一审民事案件：重大涉外案件；在本辖区有重大影响的案件；最高人民法院确定由中级人民法院管辖的案件。

高级人民法院管辖在本辖区有重大影响的第一审民事案件。

最高人民法院管辖下列第一审民事案件：在全国有重大影响的案件；认为应当由本院审理的案件。

(二) 地域管辖

地域管辖是指同级人民法院之间在各自辖区受理第一审民事案件的分工和权限。

地域管辖又分为一般地域管辖和特殊地域管辖。特殊地域管辖又包括特别管辖、专属管辖、协议管辖、共同管辖、移送管辖和指定管辖。

1. 一般地域管辖

对公民提起的民事诉讼，由被告住所地人民法院管辖；被告住所地与经常居住地不一致的，由经常居住地人民法院管辖。

对法人或者其他组织提起的民事诉讼，由被告住所地人民法院管辖。

同一诉讼的几个被告住所地、经常居住地在两个以上人民法院辖区的，该人民法院都有管辖权。

下列民事诉讼，由原告住所地人民法院管辖；原告住所地与经常居住地不一致的，由原告经常居住地人民法院管辖：

(1) 对不在中华人民共和国领域内居住的人提起的有关身份关系的。

(2) 对下落不明或者宣告失踪的人提起的有关身份关系的诉讼。

(3) 对被采取强制性教育措施的人提起的诉讼。

(4) 对被监禁的人提起的诉讼。

2. 特殊地域管辖

(1) 特别管辖。特别管辖是指以被告住所地、诉讼标的物所在地或者法律事实所在地等为标准确定的管辖。主要有以下十类案件：

① 因合同纠纷提起的诉讼，由被告住所地或者合同履行地人民法院管辖。

② 因保险合同纠纷提起的诉讼，由被告住所地或者保险标的物所在地人民法院管辖。

③ 由票据纠纷提起的诉讼，由票据支付地或者被告住所地人民法院管辖。

④ 因公司设立、确认股东资格、分配利润、解散等纠纷提起的诉讼，由公司住所地人民法院管辖。

⑤ 因铁路、公路、水上、航空运输和联合运输合同纠纷提起的诉讼，由运输出发地、目的地或者被告住所地人民法院管辖。

⑥ 因侵权的行为提起的诉讼，由侵权行为地或者被告住所地人民法院管辖。

⑦ 因铁路、公路、水上和航空事故请求损害赔偿提起的诉讼，由事故发生地或者车辆、船舶最先到达地、航空器最先降落地或者被告住所地人民法院管辖。

⑧ 因船舶碰撞或者其他海事损害事故请求损害赔偿提起的诉讼，由碰撞发生地、碰撞船舶最先到达地、加害船舶被扣留地或者被告住所地人民法院管辖。

⑨ 因海难救助费用提起的诉讼，由救助地或者被救助船舶最先到达地人民法院管辖。

⑩ 因共同海损提起的诉讼，由船舶最先到达地、共同海损理算地或者航程终止地的人民法院管辖。

(2) 专属管辖。专属管辖是指法律规定某些特殊类型的案件专门由特定的人民法院管辖。主要有以下三类案件：

① 因不动产纠纷提起的诉讼，由不动产所在地人民法院管辖。

② 因港口作业中发生纠纷提起的诉讼，由港口所在地人民法院管辖。

③ 因继承遗产纠纷提起的诉讼，由被继承人死亡时住所地或者主要遗产所在地人民法院管辖。

(3) 协议管辖。协议管辖是指当事人在民事纠纷发生之前或之后，以书面协议形式约定解决他们之间的管辖法院。

合同或者其他财产权益纠纷的当事人可以书面协议选择被告住所地、合同履行地、合同签订地、原告住所地、标的物所在地等与争议有实际联系的地点的人民法院管辖，但不得违反本法对级别管辖和专属管辖的规定。

(4) 共同管辖。共同管辖是指对同一诉讼依照法律规定两个或两个以上人民法院都有管辖权。

两个以上人民法院都有管辖权的诉讼，原告可以向其中一个人民法院起诉；原告向两个以上有管辖权的人民法院起诉的，由最先立案的人民法院管辖。

(5) 移送管辖。人民法院发现受理的案件不属于本院管辖的，应当移送有管辖权的人民法院，受移送的人民法院应当受理。受移送的人民法院认为受移送的案件依照规定不属于本院管辖的，应当报请上级人民法院指定管辖，不得再自行移送。

上级人民法院有权审理下级人民法院管辖的第一审民事案件，确有必要将本院管辖的第一审民事案件交下级人民法院审理的，应当报请其上级人民法院批准。下级人民法院对它所管辖的第一审民事案件，认为需要由上级人民法院审理的，可以报请上级人民法院审理。

(6) 指定管辖。有管辖权的人民法院由于特殊原因，不能行使管辖权的，由上级人民法院指定管辖。人民法院之间因管辖权发生争议，由争议双方协商解决；协商解决不了的，报请它们的共同上级人民法院指定管辖。

【案例 10-3】 A 省的个体户姜某由 B 省的甲县运 5 吨化工原料到丙县，途经 B 省的甲、乙、丙三县交界时，化学原料外溢，污染了甲县村民王某、乙县李某和丙县张某的稻田，造成禾苗枯死。受害村民要求赔偿，但由于赔偿数额争议较大，未能达成协议。为此，甲县的王某首先向甲县人民法院提起诉讼。甲县人民法院受理后，认为该案应由被告所在地人民法院管辖，于是将案件移送到姜某所在地的基层人民法院。与此同时，村民李某、张某也分别向自己所在地的基层人民法院提起诉讼，要求赔偿损失。乙县和丙县人民法院都认为对该案有管辖权，与 A 省姜某住所地的基层人民法院就管辖问题发生争议，协商不成，A 省姜某住所地的基层法院即向 A 省某中级人民法院报请指定管辖。

问题：

(1) 哪个法院对此案有管辖权？

(2) 甲县人民法院的移送是否正确？

(3) A 省基层人民法院报请指定管辖是否正确？

解析：

(1) 甲县、乙县、丙县的人民法院和 A 省基层人民法院均有管辖权。因为本案是由侵权行为引起的诉讼，应适用《民事诉讼法》第 29 条的规定，由侵权行为地或者被告住所地人民法院管辖。

(2) 甲县人民法院的移送不正确。因为甲县人民法院对此案有管辖权，它不能以没有管辖权为由将案件移送其他法院。

(3) A 省基层人民法院报请 A 省某中级人民法院指定管辖的做法不正确。根据《民事诉讼法》第 37 条的规定，管辖权发生争议时，应协商解决，协商不成的，报请他们的共同上级人民法院指定管辖。本案中，A 省某中级人民法院并不是 A 省基层人民法院、B 省甲、乙、丙县人民法院的共同上级法院，他们的共同上级法院应当是最高人民法院。

四、民事诉讼时效

(一) 民事诉讼时效与民事诉讼时效期间

民事诉讼时效是指权利人经过法定期限不行使自己的权利，依法律规定其胜诉权便归于消灭的制度。

民事诉讼时效期间是指权利人请求人民法院保护其民事权利的法定期间。

在民事诉讼中，向人民法院请求保护民事权利的诉讼时效期间为 2 年，法律另有规定的除外。下列的诉讼时效期间为 1 年：身体受到伤害要求赔偿的；出售质量不合格的商品未声明的；延付或者拒付租金的；寄存财物被丢失或者损毁的。

诉讼时效期间从知道或者应当知道权利被侵害时起计算。但是，从权利被侵害之日起超过 20 年的，人民法院不予保护。有特殊情况的，人民法院可以延长诉讼时效期间。

超过诉讼时效期间，当事人自愿履行的，不受诉讼时效限制。

规定按照小时计算期间的，从规定时开始计算。规定按照日、月、年计算期间的，开始的当天不算入，从下一天开始计算。

期间的最后一天是星期日或者其他法定休假日的，以休假日的次日为期间的最后一天。期间的最后一天的截止时间为 24 点。有业务时间的，到停止业务活动的时间截止。

(二) 诉讼时效的中止、中断与延长

1. 诉讼时效的中止

诉讼时效的中止是指在诉讼时效进行中，因发生一定的法定事由而使权利人不能行使请求权，暂时停止计算诉讼时效期间，以前经过的时效期间仍然有效，待阻碍时效进行的事由消失后，继续计算诉讼时效期间。

根据《中华人民共和国民法通则》的规定，只有在诉讼时效期间的最后 6 个月内发生前述事由的，才能中止诉讼时效。如果在诉讼时效期间的最后 6 个月前发生上述法定事由，到最后 6 个月开始时法定事由已消除的，则不能发生诉讼时效中止。但如果该法定事由到最后 6 个月开始时仍然继续存在，则应自最后 6 个月开始时中止诉讼时效，直到该障碍消除。

2. 诉讼时效的中断

诉讼时效的中断是指在诉讼时效进行中，因发生一定的法定事由，致使已经经过的时效期间统归无效，待时效中断的法定事由消除后，诉讼时效期间重新计算。

下列事由可以引起诉讼时效中断：(1) 权利人提起诉讼；(2) 当事人一方向义务人提出请求履行义务的要求；(3) 当事人一方同意履行义务。

3. 诉讼时效的延长

诉讼时效的延长是指人民法院对已经完成的诉讼时效，根据特殊情况而予以延长。特

殊情况是指权利人由于客观的障碍在法定诉讼时效期间不能行使请求权的情形，具体由人民法院判定，这是法律赋予司法机关的一种自由裁量权。

五、民事诉讼证据

根据《民事诉讼法》的规定，我国民事诉讼证据的表现形式可以分为书证、物证、视听资料、证人证言、当事人的陈述、鉴定结论、勘验笔录七种。证据具有关联性、合法性和客观性三个特征。

1. 书证

书证是指以文字、符号、图形等所记载的内容或表达的思想来证明案件真实的证据。例如各种书面文件或纸面文字材料，例如合同文本、各种信函、电报、传真、图纸、图表、文件等。但书证内容的物质载体并不限于纸面材料，非纸类的物质也可成为载体，如木、竹、石、金属等。

2. 物证

物证是指以其存在的形状、质量、规格、特征等来证明案件事实的证据。

同其他证据相比，物证有如下特征：(1) 稳定性。物证是客观存在的物品或者痕迹，所以只要及时收集，用科学的方法提取和固定，就具有较强的稳定性。(2) 可靠性。物证是以其自身客观存在的形状、规格、痕迹等来证明案件事实，不受人们主观因素的影响和制约，因而具有很大的可靠性和较强的证明力。

3. 视听资料

视听资料是指利用录音、录像等技术手段反映的声音、图像以及电子计算机储存的数据证明案件事实的证据。它包括录像带、录音片、传真资料、电影胶卷、微型胶卷、电话录音、雷达扫描资料和电脑贮存数据及资料等。

4. 证人证言

证人是指了解案件情况并向法院或当事人提供证词的人。证言是指证人将其了解的案件事实向法院所做的称述。

以下几类人不能作为证人：(1) 不能正确表达意志的人，不能作为证人；(2) 诉讼代理人不能在一个案件中既作代理人又作证人；(3) 审判员、陪审员、书记员、鉴定人、翻译人员和参与民事诉讼的检察人员不能同时在自己参与的案件中作为证人。

5. 当事人的陈述

当事人的陈述是指当事人在诉讼中就与本案有关的事实，向法院所作的陈述。当事人对自己的主张，只有本人陈述而不能提出其他相关证据的，其主张不予支持。但对方当事人认可的除外。

6. 鉴定结论

鉴定结论是指鉴定人依据科学知识对案件中的相关专门性问题所做的分析、鉴别和判断。

7. 勘验笔录

所谓勘验笔录是指人民法院审判人员为了查明案件事实，对与案件争议有关的现场、物品或物体亲自或指定有关人员进行查验、拍照、测量，并就查验的情况与结果制成笔录的行为。

六、民事诉讼程序

人民法院审判民事诉讼案件实行四级二审终审制。民事诉讼的基本程序是第一审程序和第二审程序。除基本程序外，《民事诉讼法》规定了审判监督程序和执行程序两个特别程序。

(一) 基本程序

1. 第一审普通程序

第一审普通程序是指人民法院审理第一审民事案件所适用的最基本的程序。它具体包括：起诉、受理、审理前的准备以及开庭审理。

(1) 起诉。起诉是指原告依法向人民法院提出诉讼请求的行为。起诉必须具备的条件是：原告是与本案有直接利害关系的公民、法人和其他组织；有明确的被告；有具体的诉讼请求和事实、理由；属于人民法院受理民事诉讼的范围和受诉人民法院管辖。

(2) 受理。受理是指人民法院经过审查起诉，认为符合法定条件，予以立案的诉讼活动。人民法院收到民事诉状或者口头起诉，经审查符合起诉条件的，应当在 7 日内立案，并及时通知当事人，认为不符合起诉条件的，应当在 7 日内裁定不予受理；原告对裁定不服的，可以提起上诉。

(3) 审理前的准备。审理前的准备是指人民法院在受理案件后进入开庭审理之前所进行的准备工作。主要有以下几项：送达起诉状副本和提出答辩状；告知当事人诉讼权利义务及合议庭组成人员；审阅诉讼材料，调查收集必要的证据；当事人的追加。

(4) 开庭审理：

① 开庭准备。人民法院确定开庭日期后，应当在开庭 3 日前通知当事人和其他诉讼参与人。通知当事人用传票，通知其他诉讼参与人应用通知书。对于公开审理的案件，人民法院应当在开庭审理前 3 日发布公告，公告当事人姓名、案由和开庭的时间、地点，以便群众旁听、记者采访报道。

② 法庭调查。在开庭审理时，应进行法庭调查，包括：当事人陈述；证人出庭作证；出示物证、书证和视听资料；宣读鉴定结论；宣读勘验笔录。

当事人对自己提出的主张，有责任提供证据，即"谁主张、谁举证"。当事人及其诉讼代理人因客观原因不能自行收集的证据，或者人民法院认为审理案件需要的证据，人民法院应当调查收集。

当事人对自己提出的诉讼请求所依据的事实或者反驳对方诉讼请求所依据的事实有责任提供证据加以证明。没有证据或者证据不足以证明当事人的事实主张的，由负有举证责任的当事人承担不利后果。

③ 法庭辩论。作为定案的所有证据，都必须经过法庭的辩论和质证。即使是不得在公开开庭时出示的证据，也必须经过双方当事人的辩论和质证。

④ 评议和宣判。合议庭的人员在法庭调查和法庭辩论的基础上，认定案件事实，确定适用的法律，最后宣告案件的审理结果，这是开庭审理的最后阶段。

2. 简易程序

简易程序是指基层人民法院及其派出法庭审理简单民事案件和简单经济纠纷案件所适

用的程序。

对简单的民事案件，原告可以口头起诉。当事人双方可以同时到基层人民法院或者它派出的法庭请求解决纠纷。基层人民法院或者它派出的法庭可以当即审理，也可以另定日期审理。可以用简便方式随时传唤当事人、证人。简单的民事案件由审判员一人独任审理，但必须有书记员记录。审判人员可以根据案件的具体情况，简化案件审理的方式和步骤，不受普通程序中关于开庭审理阶段和顺序的限制。

3. 第二审程序

第二审程序是指人民法院审理上诉案件所适用的诉讼程序。在民事诉讼中，当事人不服人民法院第一审判决或裁定而提起上诉，人民法院受理后即进入第二审程序。

(1) 上诉的条件。法定的上诉对象是指依法可以上诉的判决和裁定。可以上诉的判决包括：① 地方各级人民法院适用普通程序和简易程序审理的第一审判决；② 第二审人民法院发回原审人民法院重审后所作出的判决。可以上诉的裁定有：① 人民法院作出的不予受理的裁定；② 人民法院对当事人的管辖异议作出的裁定；③ 驳回起诉的裁定。

(2) 上诉的受理。上诉的受理是指人民法院通过法律程序，对当事人提起的上诉进行审查，对符合上诉条件的案件予以受理的行为。上诉状应当通过原审人民法院提出，并按照对方当事人或者代表人的人数提出副本。当事人直接向第二审人民法院上诉的，第二审人民法院应当在 5 日内将上诉状移交原审人民法院。

(3) 上诉的审理。法院在审理前的准备工作有：组成合议庭；审阅案卷，询问当事人、证人，进行调查。第二审人民法院对上诉案件经过审理，按照下列情形分别处理：① 原判决认定事实清楚，适用法律正确的，判决驳回上诉，维持原判决；原判决适用法律错误的，依法改判；② 原判决认定事实错误，或者原判决认定事实不清、证据不足的，裁定撤销原判决，发回原审人民法院重审，或者查清事实后改判；③ 原判决违反法定程序，可能影响案件正确判决的，裁定撤销原判决，发回原审人民法院重审。当事人对重审案件的判决、裁定，可以上诉。

(二) 特别程序

1. 审判监督程序

审判监督程序又称再审程序，是指对已经发生法律效力的判决、裁定、调解书，人民法院认为确有错误，对案件再行审理的程序。审判监督程序只是纠正生效裁判错误的法定程序，它不是案件审理的必经程序，也不是诉讼的独立程序。

(1) 再审程序的启动：

① 法院提起再审。各级人民法院院长对本院已经发生法律效力的判决、裁定，发现确有错误，认为需要再审的，应当提交审判委员会讨论决定。

最高人民法院对地方各级人民法院已经发生法律效力的判决、裁定，上级人民法院对下级人民法院已经发生法律效力的判决、裁定，发现确有错误的，有权提审或者指令下级人民法院再审。

② 当事人申请再审。当事人对已经发生法律效力的判决、裁定，认为有错误的，可以向上一级人民法院申请再审，但不停止判决、裁定的执行。但是，对已经发生法律效力的

解除婚姻关系的判决，当事人不得申请再审。当事人申请再审，应当在判决、裁定发生法律效力后6个月内提出；有《民事诉讼法》第200条第1项第3项、第13项规定情形的，自知道或者应当知道之日起6个月内提出。

当事人申请再审的，应当提交再审申请书等材料。人民法院应当自收到再审申请书之日起3个月内审查。符合《民事诉讼法》第200条规定的情形之一的，裁定再审；不符合的，裁定驳回申请。

③ 检察院抗诉再审。最高人民检察院对各级人民法院已经发生法律的判决、裁定，上级人民检察院对下级人民法院已经发生法律效力的判决、裁定，发现有《民事诉讼法》第200条规定的情形之一的，应当提出抗诉。

地方各级人民检察院对同级人民法院已经发生法律效力的判决、裁定，发生有《民事诉讼法》第200条规定的情形之一的，应当提请上级人民检察院向其同级人民法院提出抗诉。

(2) 再审案件的处理。按照审判监督程序决定再审的案件，裁定中止原判决、裁定、调解书的执行，但追索赡养费、抚养费、抚育费、抚恤金、医疗费用、劳动报酬等案件，可以不中止执行。

人民法院按照审判监督程序再审的案件，发生法律效力的判决、裁定是由第一审法院作出的，按照第一审程序审理，所作的判决、裁定，当事人可以上诉；发生法律效力的判决、裁定是由第二审法院作出的，按照第二审程序审理，所作的判决、裁定是发生法律效力的判决、裁定。

人民法院审理再审案件，一律实行合议制。如果由原审人民法院再审的，应当另行组成合议庭。

2. 执行程序

民事执行是指人民法院的执行机构根据当事人申请或法院移送，以具有给付内容的生效法律文书为依据，运用国家强制力，采取强制性的执行措施，迫使不履行义务的当事人履行义务，实现法律文书所确定内容的活动。

(1) 执行管辖。执行管辖是指划分人民法院办理执行案件的权限和分工，即据以执行的法律文书具体由哪一个法院执行，根据《民事诉讼法》的规定，发生法律效力的民事判决以及刑事判决，判决中的财产部分，由第一审人民法院或者与第一审人民法院同级的被执行的财产所在地人民法院执行。法律规定由人民法院执行的其他法律文书，由被执行人住所地或者被执行的财产所在地人民法院执行。

(2) 申请执行的期间。申请执行的期间为2年，从法律文书规定履行期间的最后一日起计算；法律文书规定分期履行的，从规定的每次履行期间的最后一日起计算；法律文书为规定履行期间的，从法律文书生效之日起计算。申请执行时效的中止、中断，适用法律有关诉讼时效中止、中断的规定。

(3) 执行异议。当事人、利害关系人认为执行行为违反法律规定的，可以向负责执行的人民法院提出书面异议。当事人、利害关系人提出书面异议的，人民法院应当自收到书面异议之日起15日内审查，理由成立的，裁定撤销或者改正；理由不成立的，裁定驳回。当事人、利害关系人对裁定不服的，可以自裁定送达之日起10日内向上一级人民法院申请复议。

执行过程中，案外人对执行标的提出书面异议的，人民法院应当自收到书面异议之日起 15 日内审查，理由成立的，裁定中止对该标的的执行；理由不成立的，裁定驳回。案外人、当事人对裁定不服，认定原判决、裁定错误的，依照审判监督程序办理；与原判决、裁定无关的，可以自裁定送达之日起 15 日内向人民法院提起诉讼。

(4) 执行措施。执行措施是指人民法院依照法定程序，强制执行生效法律文书的方法和手段。《民事诉讼法》规定的执行措施主要有以下九种：① 查询、冻结、划拨被执行人的存款；② 扣留、提取被执行人的收入；③ 查封、扣押、拍卖、变卖被执行人的财产；④ 搜查被执行人的财产；⑤ 强制被执行人交付法律文书指定的财务或票证；⑥ 强制被执行人迁出房屋或退出土地；⑦ 强制被执行人履行法律文书指定的行为；⑧ 通知有关单位协助办理财产权证照转移手续；⑨ 强制被执行人支付延迟履行期间的债务利息及迟延履行金。

【案例 10-4】　关于现行民事执行制度，下列哪些选项是正确的？
A. 发生法律效力的判决的执行法院，包括案件的第一审法院和与第一审法院同级的被执行财产所在地的法院
B. 案外人对执行标的异议的裁定不服的，可以根据执行标的的不同情况，选择提起诉讼或通过审判监督程序进行救济
C. 申请执行人与被申请执行人达成和解协议的，在和解协议履行期间，执行程序终结
D. 申请执行的期限因申请人与被申请人为自然人或法人而不同

解析：根据《民事诉讼法》第 201 条的规定，发生法律效力的民事判决、裁定，以及刑事判决、裁定中的财产部分，由第一审人民法院或者与第一审人民法院同级的被执行的财产所在地人民法院执行，所以 A 的说法正确，当选。第 204 条规定，执行过程中，案外人对执行标的提出书面异议的，人民法院应当自收到书面异议之日起十五日内审查，理由成立的，裁定中止对该标的的执行；理由不成立的，裁定驳回。案外人、当事人对裁定不服，认为原判决、裁定错误的，依照审判监督程序办理；与原判决、裁定无关的，可以自裁定送达之日起 15 日内向人民法院提起诉讼，所以 B 的说法正确，当选。第 207 条规定，在执行中，双方当事人自行和解达成协议的，执行员应当将协议内容记入笔录，由双方当事人签名或者盖章。一方当事人不履行和解协议的，人民法院可以根据对方当事人的申请，恢复对原生效法律文书的执行。《最高人民法院关于适用〈中华人民共和国民事诉讼法〉若干问题的意见》第 266 条规定：一方当事人不履行或者不完全履行在执行中双方自愿达成的和解协议，对方当事人申请执行原生效法律文书的，人民法院应当恢复执行，但和解协议已履行的部分应当扣除。和解协议已经履行完毕的，人民法院不予恢复执行。也就是说，执行过程中，当事人双方达成和解协议，并不必然终结执行程序，只有当双方当事人按照和解协议完全履行完毕了，才能终结执行程序，C 的说法错误，不当选。《民事诉讼法》第 215 条规定：申请执行的期间为 2 年。申请执行时效的中止、中断，适用法律有关诉讼时效中止、中断的规定，所以 D 的说法错误，不当选。

【课后练习】

一、单项选择题
1. 我国仲裁实行(　　)。

A. 一裁终局原则　　　B. 二裁终局原则　C. 先裁后审原则　D. 裁前和解终局原则

2. 中国仲裁协会的性质是(　　)。

A. 企业法人　　　　　　　　　　　B. 社会团体法人

C. 机关法人　　　　　　　　　　　D. 事业单位法人

3. 下列各项中，符合《仲裁法》规定的有(　　)。

A. 仲裁实行自愿原则

B. 仲裁一律公开进行

C. 仲裁实行级别管辖和地域管辖

D. 当事人不服仲裁裁决可以向人民法院起诉

4. 下列纠纷中，可以适用《仲裁法》解决的是(　　)。

A. 甲乙之间的土地承包合同纠纷　　　B. 甲乙之间的货物买卖合同纠纷

C. 甲乙之间的遗产继承纠纷　　　　　D. 甲乙之间的劳动争议纠纷

5. 依照特别程序审理的案件，一律实行(　　)。

A. 一审终审　　　B. 两审终审　　　C. 独任制　　　D. 合议制

6. 申请执行的期限，双方是法人或者其他组织的为(　　)。

A. 3 个月　　　　B. 6 个月　　　　C. 1 年　　　　D. 2 年

7. 各级人民法院院长对本院已生效的判决、裁定，发现确有错误，认为需要再审的(　　)。

A. 有权决定再审　　　　　　　　　B. 指定审判员再审

C. 提交审判委员会讨论决定　　　　D. 提交上一级法院决定

8. 对下落不明或者宣告失踪的人提起的有关身份关系的诉讼，由(　　)人民法院管辖。

A. 原告住所地　　　　　　　　　　B. 被告住所地

C. 被告原来的居住地　　　　　　　D. 被告最后居住地

9. 人民法院发现所受理的案件不属于本院管辖的，应当(　　)。

A. 报请上级法院指定管辖　　　　　B. 移送给有管辖权的法院

C. 应当直接进行审理　　　　　　　D. 应当征求当事人的意见

10. 如果原告向两个以上有管辖权的人民法院起诉，该案件由(　　)人民法院管辖。

A. 最先收到诉状的　　　　　　　　B. 最先立案的

C. 审理案件最方便的　　　　　　　D. 最能保证公正审理的

二、多项选择题

1. 下列各项中，符合《仲裁法》规定，不能申请仲裁解决的是(　　)。

A. 公司某职员与公司发生的劳动合同纠纷

B. 甲、乙两企业间的货物买卖合同纠纷

C. 甲、乙两人的遗产继承纠纷

D. 对工商吊销营业执照不服而产生的纠纷

2. 根据规定，下列情形中，诉讼时效期间为 1 年的有(　　)。

A. 寄存财物被丢失或损毁的　　　　B. 延付或者拒付租金的

C. 货物买卖合同纠纷　　　　　　　D. 身体受到伤害要求赔偿的

3. 下列案件中，属于法定不公开审理的案件是(　　)。

A. 某公司总工程师吴某辞职后自己开公司，非法使用原单位技术秘密而引起诉讼

B. 周某因泄露他人个人隐私被起诉

C. 张某要求与其夫离婚，且申请不公开审理

D. 16 岁少年何某因侵权被告上法庭

4. 人民法院审理(　　)时，法律规定应当不公开进行。

A. 离婚案件　　　　　　　　　　　B. 涉及国家秘密的民事案件

C. 涉及商业秘密的民事案件　　　　D. 涉及个人隐私的民事案件

5. 下列关于回避申请效力的说法，(　　)正确。

A. 在当事人提出申请后，法院作出是否回避决定之前，被申请回避的人应暂停参与本案的工作

B. 在当事人提出申请后，法院作出是否回避决定之前，被申请回避的人应暂停参与本案的工作，但案件需要采取紧急措施的除外

C. 在当事人提出申请后，法院作出是否回避决定之前，被申请回避的人不停止参与本案的工作

D. 申请人对法院驳回回避申请决定不服的，可在接到决定时申请复议一次。复议期间，被申请回避的人，不停止参与本案的工作

三、案例分析题

A 市的左公司和 B 市的右运输公司在 A 市签订了左公司长期在 B 市内的货物运输合同，双方约定如果出现纠纷则交由北京仲裁委员会进行仲裁。在合同履行过程中，因为油价、养路费上涨的原因，双方就运输价格发生争议。于是，双方交由北京仲裁委员会进行仲裁。随后，左公司又向人民法院提起诉讼，要求与右公司解除合同，并赔偿左公司因此而受到的损失。法院在不知其有仲裁条款的情况下进行了审理。庭审过程中，右公司进行了答辩，表示不同意解除合同。一审法院经过审理，判决驳回原告的诉讼请求。原告不服，认为一审判决错误，提出上诉，并称双方当事人之间存在仲裁协议，法院对本案无诉讼管辖权。在二审中，右公司提出反诉，要求左公司支付运输款。二审法院经过对上诉案件的审理，判决驳回上诉，维持原判。

问题：

(1) 何地法院对本案具有诉讼管辖权？

(2) 假设本案起诉前双方当事人对仲裁协议的效力有争议，可以通过何种途径加以解决？

(3) 原告左公司主张双方之间存在仲裁协议，法院对本案无管辖权是否成立？为什么？

(4) 对于右公司的反诉，二审法院应当如何处理？

(5) 假设二审法院认为本案不应由人民法院受理，可以如何处理？

(6) 如果二审前双方进行了调解，为了达成和解，右公司认定的事实能否作为以后审理的依据？

全书课后习题答案

参 考 文 献

[1]　江平. 法人制度论[M]. 北京：中国政法大学出版社，2002.

[2]　王保树. 经济法原理[M]. 北京：社会科学文献出版社，1999.

[3]　漆多俊. 经济法学[M]. 北京：复旦大学出版社，2010.

[4]　李昌麟. 经济法学[M]. 北京：中国政法大学出版社，1998.

[5]　王利明. 违约责任论[M]. 北京：中国政法大学出版社，1996.

[6]　杨紫烜. 经济法[M]. 北京：北京大学出版社，2006.

[7]　王利明，郭明瑞. 中国民法案例与学理研究(总则篇). 北京：法律出版社，2003.

[8]　殷洁. 经济法[M]. 北京：法律出版社，2008.

[9]　季秀平. 物权之民法保护制度研究[M]. 北京：中国法制出版社，2006.

[10]　覃有土. 商法学[M]. 北京：中国政法大学出版社，2007.

[11]　朱大旗. 金融法[M]. 北京：中国人民大学出版社，2007.

[12]　郭捷. 劳动法学[M]. 北京：中国政法大学出版社，2007.

[13]　张京萍. 社会保障法教程[M]. 北京：首都经济贸易大学出版社，2004.

[14]　严振生.税法[M]. 北京：中国政法大学出版社，2007.

[15]　韩世远. 合同法总论[M]. 北京：法律出版社，2004.

[16]　沈四宝. 新公司法修改热点问题讲座[M]. 北京：中国法制出版社，2005.